中央民族大学本科教学研究 / 第二十五辑

# 加强教学建设 提高人才培养质量

JIAQIANG JIAOXUE JIANSHE TIGAO RENCAI PEIYANG ZHILIANG

中央民族大学本科教学研究

MINZU UNIVERSITY OF CHINA UNDERGRADUATE TEACHING RESEARCH

第二十五辑

宋 敏◎主编

中央民族大学出版社
China Minzu University Press

**图书在版编目（CIP）数据**

加强教学建设　提高人才培养质量：中央民族大学本科教学研究．第二十五辑/宋敏主编．—北京：中央民族大学出版社，2021.11

ISBN 978-7-5660-1982-0

Ⅰ．①加…　Ⅱ．①宋…　Ⅲ．①中央民族大学—教学研究—文集　Ⅳ．①G759.2-53

中国版本图书馆 CIP 数据核字（2021）第 221919 号

**加强教学建设　提高人才培养质量**

——中央民族大学本科教学研究/第二十五辑

| | |
|---|---|
| 主　　编 | 宋　敏 |
| 责任编辑 | 满福玺 |
| 责任校对 | 何晓雨 |
| 封面设计 | 汤建军 |
| 出版发行 | 中央民族大学出版社 |
| | 北京市海淀区中关村南大街 27 号　邮编:100081 |
| | 电话:(010)68472815(发行部)　传真:(010)68932751(发行部) |
| | (010)68932218(总编室)　(010)68932447(办公室) |
| 经 销 者 | 全国各地新华书店 |
| 印 刷 厂 | 北京鑫宇图源印刷科技有限公司 |
| 开　　本 | 787×1092　1/16　印张：17.25 |
| 字　　数 | 308 千字 |
| 版　　次 | 2021 年 11 月第 1 版　2021 年 11 月第 1 次印刷 |
| 书　　号 | ISBN 978-7-5660-1982-0 |
| 定　　价 | 79.00 元 |

# 目　录

## 混合式教学改革专题

## 课程思政专题



## 人才培养与学情研究



## 课程建设与改革

# 混合式教学改革专题

# 疫情背景下 MOOC 发展现状和趋势

## ——基于文献和课程个案的分析

卢杨均

MOOC 是 Massive Open Online Courses 的缩写，即大规模开放网络课程，2012 年以来它快速兴起，到 2018 年年底全球已经有 900 所大学推出了 MOOC。[①] 目前我国有中国大学 MOOC、学堂在线、智慧树、超星尔雅、网易公开课等众多在线课程平台，并有慕课堂、雨课堂、学习通等在线学习平台。[②] 2015—2017 年我国教育部大力推进慕课建设，到 2020 年以国家名义认定 3000 门“国家精品在线开放课程”。[③]

2020 年新冠肺炎疫情使大规模的网课成为师生的必选，进而推动了 MOOC 的发展。本文旨在对 MOOC 的现状和发展趋势进行综述，从 MOOC 研究涉及的领域、共被引文献分析、MOOC 研究的热点等方面进行文献分析和案例分析的混合研究。

## 一、研究设计

### （一）文献样本

本文采取 Web of Science 数据库的核心合集为样本来源，设置检索式为 TS = MOOC or Massive open online courses，设置时间跨度为 2009—2020 年，得到文献 565 条。

---

① 张文德、黄禹：《MOOC 课程评论可视化分析系统构建——以中国大学 MOOC 平台为例》，载《情报探索》2020 年第 5 期，第 59-64 页。

② 郭玉鹏、赵岩、高焓等：《基于中国大学 MOOC 和超星学习通平台的化学与社会课程在线教学实践》，载《大学化学》2020 年第 5 期，第 217-222 页。

③ 陈争峰、郑沛、刘楠：《后 MOOC 时代下 O2O 大学英语教学模式研究》，载《教育学术月刊》2020 年第 5 期，第 92-96 页。

根据 CiteSpace 的领域共现分析（表 1），MOOC 主要涉及的领域有计算机（computer science）、教育与教育研究（education & educational research）、工程学（engineering）、计算机跨学科应用（computer science & interdisciplinary applications）、科学教育（education & scientific discipline）。这说明慕课是人文与科技交叉的新兴领域，它很有价值，值得研究。

**表 1　研究领域共现表**

| 排序 | 频次 | 年份 | 领域 |
|---|---|---|---|
| 1 | 243 | 2012 | Computer Science |
| 2 | 141 | 2013 | Education & Educational Research |
| 3 | 117 | 2013 | Engineering |
| 4 | 97 | 2014 | Computer Science & Interdisciplinary Applications |
| 5 | 77 | 2013 | Education & Educational Research |
| 6 | 70 | 2013 | Education & Scientific Disciplines |

### （二）研究方法

本文使用文献计量法和个案分析法，使用 CiteSpace 软件得到研究领域共现、共被引文献分析、关键词共现网络等图谱，从而得到 MOOC 方向的研究前沿和热点。然后分析五门在线课程的具体案例，结合所在平台，通过爬虫采集数据，根据八边形模型进行分析比较。

### （三）理论基础

Khan 等学者针对数字化学习（E-leaning）提出了八边形模型，主张从八个角度分析数字教学，即教学、技术、界面设计、评估、管理、资源支持、伦理和机构。就教学而言，包括教学目的、教学过程、教学反思；就技术而言，包括软件或 App 的使用及相应学习平台的选择；就界面设计而言，要求界面用户友好、功能齐全；就评估而言，包括学生评价和教师评价；就管理而言，要求有效管理学生的学习活动；就资源支持而言，包括学习材料的丰富性及在线助教的帮助等；就伦理而言，要求考虑机会均等和文化多样性等问题；就机构而言，要求政府部门、校方管理层及工业界合作机构的参与。①

## 二、MOOC 文献研究

样本参数设置时间为 2009—2020 年。

### （一）共被引分析

对文献样本进行 CiteSpace 共被引文献分析，node type 选择 reference 并进行 pathfinder 和 pruning sliced network 裁剪。

从文献来看，引用多、热度高的论文主要是 Deconstruction Disengagement：Analyzing Learner Subpopulations in Massive Open Online Courses。Kizilcec 指出，未来的研究趋势可能是跨平台研究。② 这也是本文写作的出发点。还有 Engaging with Massive Online Courses 中 Anderson 等人将用户分为 5 类，并且在慕课平台 coursera 部署了勋章系统③，发现给用户颁发荣誉勋章有助于学习者的参与；热门论文还有 Initial Trends in Enrolment and Completion of Massive Open Online Courses。Katy Jordan 指出，MOOC 的入学率随着时间而降低，并且与课程时长成正相关。④ 这些文献主要发表于 2013—2014 年，说明 MOOC 方面的研究彼时有一些经典论文，也印证了 2012 年为“MOOC 元年”⑤ 的说法。高频文献前 5 位如表所示（表 2）。

**表 2　高被引文献前 5 位列表**

| 序号 | 频次 | 年份 | 文献 |
| --- | --- | --- | --- |
| 1 | 51 | 2013 | L. Breslow et al,“Studying Learning in the Worldwide Classroom Research into edX’s First MOOC,” *Research & Practice in Assessment* 8(2013):13-25. |

① Badurl H. Khan, *Managing E-Learning: Design, delivery, implementation and evaluation.* Hershey: Information Science Publishing, 2005: 14.

② René F. Kizilcec, Chris Piech, and Emily Schneider, “Deconstructing disengagement: analyzing learner subpopulations in massive open online courses,” Proceedings of the third international conference on learning analytics and knowledge, (2013):170-179.

③ Ashton Anderson, et al, “Engaging with massive online courses,” Proceedings of the 23rd international conference on World wide web, (2014):687-689.

④ Katy Jordan, “Initial trends in enrolment and completion of massive open online courses,” *International Review of Research in Open and Distributed Learning* 15. 1 (2014): 133-160.

⑤ Laura Pappano, “The Year of the MOOC,” *The New York Times* 2. 12 (2012): 2012.

续表

| 序号 | 频次 | 年份 | 文献 |
|---|---|---|---|
| 2 | 46 | 2014 | K. Jordan, "Initial Trends in Enrolment and Completionof Massive Open Online Courses," *International Review of Research in Open and Distance Learning* 15, 1 (2014):133-160. |
| 3 | 45 | 2013 | Kizilcec R F, Piech C, Schneider E, Deconstructing disengagement: Analyzing learner subpopulations in massive open online courses, Proceedings of the Third International Conference on Learning Analytics and Knowledge, New York: ACM, 2013: 170-179. |
| 4 | 38 | 2014 | K. Walsh, "Massive open online courses on health and medicine: will they be sustainable?" *Journal of Medical Internet Research* 16, 8(2014):197. |
| 5 | 36 | 2013 | T. R. Liyanagunawardena, A. A. Adams , and S. A. Williams, "MOOCs: A Systematic Study of the Published Literature 2008 - 2012," *International Review of Research in Open and Distance Learning* 3, 3 (2014): 5-16. |

### (二) 关键词分析

时间切样设置为 1，node type 选择 keyword，裁剪选择 pathfinder 和 pruning sliced networks。得到 324 个节点，832 条连线，节点半径表示关键词的频次，连线表示关键词出现在同一文献中，线条粗细表示共现强度（图 1）。

从关键词分析来看，MOOC、education、massive-open-online-course、motivation、student、e-learning 是最高频的关键词，model、design、system 等高频词在 MOOC 研究早期出现，说明 MOOC 早期课程的设计、教授课程的方法理论等是一个热点，游戏化（gamification）、反响（impact）、认知（perception）、满意度（satisfaction）这些高频词出现较晚，说明 MOOC 近年来开始注重教学中的“学”，代表了 MOOC 发展的学习者中心取向。①

① 王美静、王海荣：《基于学习者视角的国外 MOOC 平台比较研究及启示》，载《现代教育技术》2014 年第 7 期，第 26-34 页。

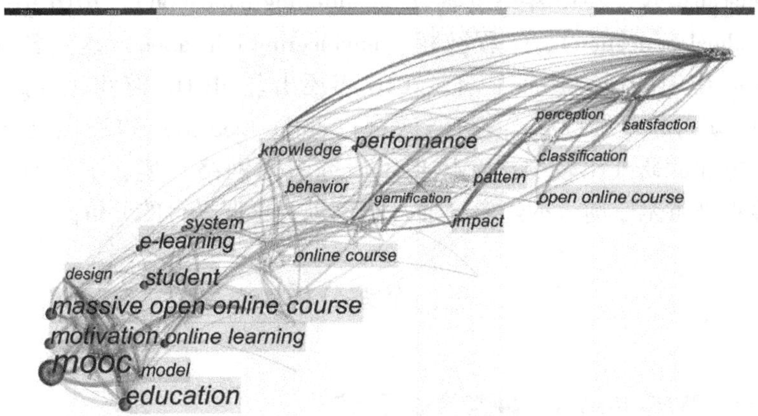


图 1　关键词时区图谱

2020 年的高频关键词有 course MOOC、persistence、social media、sentiment analytic，说明当年 MOOC 在课程、社交、学习者品质及情绪分析方面热度较高。

本文进行 CiteSpace 的突现分析（图 2）。在突现图谱中，粗线段越长说明研究越基础，出现越往后说明越新颖。可以发现，因特网（Internet）

| Keywords | Year | Strength | Begin | End | 2009—2020 |
|---|---|---|---|---|---|
| design | 2009 | 1.3939 | 2013 | 2014 | |
| continuing education | 2009 | 1.8753 | 2013 | 2014 | |
| system | 2009 | 1.736 | 2014 | 2015 | |
| internet | 2009 | 1.9608 | 2014 | 2017 | |
| online learning | 2009 | 2.0501 | 2015 | 2016 | |
| management | 2009 | 2.1911 | 2015 | 2016 | |
| medical education | 2009 | 1.5293 | 2016 | 2017 | |
| engineering education | 2009 | 2.1053 | 2016 | 2018 | |
| gamification | 2009 | 1.5293 | 2016 | 2017 | |
| massive open online courses(moocs) | 2009 | 2.6187 | 2016 | 2017 | |
| decision tree | 2009 | 1.531 | 2017 | 2018 | |
| online course | 2009 | 1.4838 | 2018 | 2020 | |
| environment | 2009 | 1.4354 | 2018 | 2020 | |

图 2　关键词突现分析

的突现时间最长，2013 年继续教育（continuing education），2016 年医疗教育（medical education）、工程教育（engineering education）这些教育领域对 MOOC 应用的研究比较显著。2016 年还出现 MOOC 游戏化（gamification）的倾向。至 2020 年，网络课程（online course）和环境（environment）方面的研究比较突出，体现了研究者对网络环境、平台研究的热情。接下来将基于前人的经验，通过案例进行慕课平台的分析。

## 三、个案分析

### （一）WPS 精品课：24 堂奇妙记忆法

24 堂奇妙记忆法这门课全部由视频组成。第一节课是 8 分钟的引入，最后一节课将所有学习内容打包应用，中间的课程大多是 15 分钟左右。课程分为基础、应用、进阶、挑战四大模块，采用配对联想法、串联记忆法、记忆宫殿法，这些都属于精细加工策略①，从而在实例演练中掌握知识。这门课程没有作业也没有实时互动，整个学习过程比较单调，但是有简单、高效、低成本的优点。这类课程也被认为是基于视频的课程（video-based lecture）。

该平台主要提供视频课和音频课，与上述课程的运作方式基本类似。通过软件对于“WPS 精品课”数据进行分析，得知该平台共有课程 419 门，可以发现学费 90~110 元的课程最多达 181 门，占总数的 43%，学费比其他平台具有较大优势。视频课、音频课虽然没有作业、互动等环节，但是在软件学习、工作策略、生活技巧等学习领域具有优势，是轻便、低门槛、便宜的。提供这类课程的平台也很多，如网易公开课、万门大学、得到 App 等。

### （二）核桃编程

核桃编程是少儿编程行业中的领导者②，它也采取了分级的方式，初级学 Scratch 语言，之后学习 Python，高级阶段学习 C 语言。要下载其客户

---

① 陈琦、刘儒德主编：《当代教育心理学》，北京师范大学出版社，1997 年版，第 190-193 页。

② 核桃编程：《核桃编程——世界机器人冠军带孩子学编程》[EB/OL].（2018-12-19）[2020-07-05]. https://www.hetao101.com.

端，然后在电脑上进行操作。课程内容活泼有趣，有大量的动画和连贯的情节。产品配备有班主任，可以在微信群答疑，上课过程中有值班老师，实时解决孩子遇到的问题。它的优点在于情境式教学很吸引人，课程设计精美，而且可以和老师互动，不足之处在于电脑软件比较笨重，也没有移动端。

### （三）学堂在线：英语科技论文写作和学术报告

学堂在线是我国重要的 MOOC 平台，由清华大学创建，大学生可以通过校内系统选课并获得学分。

英语科技论文写作和学术报告是由学堂在线推出的网络课程，由清华大学教授主讲，一共分为六个讲座，每个讲座都有三四个视频，每个视频时间约 45 分钟，每个讲座的最后是测试题。成绩由视频观看、完成作业、考试及网上讨论几个部分构成。本课程比前述产品更进一步的是有学生互动环节，网上讨论占总分的 10%。体验过这门课程就会发现老师所讲的内容需要记录笔记，否则难以取得测试好成绩，这也反映了课程是经过精心设置的。

这样的网络课程已经比较完善，在开课前应该已经进行调研，使课程的进度和难度适合大学生，课程的内容也很合理，可以重复利用，开发难度比 App 要低，而且为学生提供了交流的论坛，是大学内部比较占主流的 MOOC 形式。

### （四）中国大学 MOOC：中小学教师数据素养

中国大学 MOOC 是我国比较成熟的 MOOC 平台。

一个典型的例子是中小学教师数据素养这门课，由六个专题和期末总结考试组成，每一个专题首先是几个视频课，然后是测试，最后还有大作业，所有任务都完成才算通过了这一专题。测试、作业和期末考试都有截止日期，促使学习者合理安排学习时间，不能转入下一期。部分作业采用互评的方式进行评价，学生必须完成一定的互评作业才能进行下一步。

中小学教师数据素养课和其他课程一样有讨论区，包括老师答疑区和课堂交流区，基本可以满足学生的要求。该课程还建立了课程资源库，可以下载老师的 PPT、软件、教程等资源。本课程完成课程后可以申请付费证书，而且证书可以进行在线认证。

根据软件统计，中国大学 MOOC 平台有 820 门国家精品课程。其中，哈尔滨工业大学、电子科技大学、武汉大学提供的课程数目最多，分别是

48门、34门、34门，开课比例如图所示（图3）。可以看出该平台与知名高校合作紧密，保证了平台课程的质量。平台丰富的课程和海量的学习者也证明了这种模式强大的生命力。

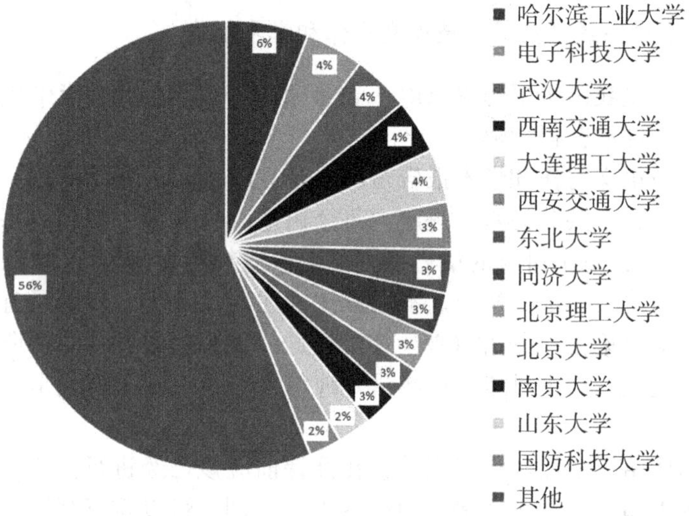


**图3 中国大学 MOOC 的不同大学提供课程比例图**

### （五）Coursera：Machine Learning

Coursera 是美国著名的 MOOC 平台，由斯坦福华裔科学家吴恩达（Andrew Ng）创立，主要与高校合作，由高校在该平台上投放课程①，他亲自讲授 Machine Learning 这门课程。该课程也是 Coursera 经典课程，在平台得到4.9的评分（满分5分），并且有超过3.5万条评论。这门课可以代表 Coursera 的课程模式。

Machine Learning 课一共有11周的课程，每周的课程由视频、阅读材料、作业和测试组成。学生有疑惑可以进入内置的论坛，有专门的志愿者负责答疑。测验内嵌进视频，一边看一边答，作业主要用 Matlab 完成，然后上传到课程系统中。

---

① 王美静、王海荣：《基于学习者视角的国外 MOOC 平台比较研究及启示》，载《现代教育技术》2014年第7期，第26-34页。

Coursera 创立后不久就开始提供拓展服务，启动了签名认证课程，收取一定的费用，为完成课程的学习者提供证书，证书的效力由平台保证。2013 年 1 月，Coursera 发布了来自杜克大学、加州大学旧金山分校、佐治亚理工学院和伊利诺伊大学的 5 门认证课程。Machine Learning 这门课也可以获得证书。[1] Coursera 采用弹性学制，如果错过了结课日期，可以自动转入下一期继续学习，是对学习者比较友好的平台。

在 Coursera 网站的浏览全部课程页面可以抓取到 145 门课程。其中有 97 门课程可以免费旁听。不能旁听的课程则需要支付学费或者申请助学金。课程由 46 个机构提供。其中密歇根大学和 IBM 分别提供了 11 门课程，在大学中贡献最大，具体机构开课比例如图所示（图 4）。Coursera 找到了自己的盈利模式，启发中国的 MOOC 平台引入身份验证机制、认证学业成就。

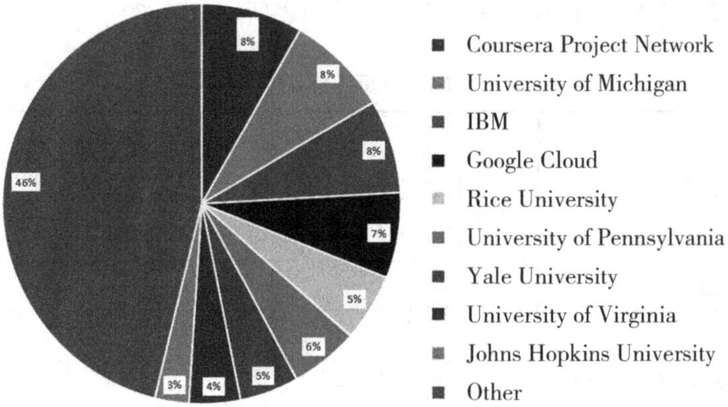


**图 4　Coursera 不同机构提供课程比例图**

## 四、分析和讨论

### （一）多维度分析看 MOOC 设计趋势

由于八边形模型的每一维度都涉及几个二级维度，综合 MOOC 的实际

---

① 赵磊：《美国 MOOC 多样化运营机制探析：Coursera 经验及启示》，载《外国教育研究》2017 年第 3 期，第 27-37 页。

情况，在此我们将其具体化，对 MOOC 的案例也分为八个维度，分别是教学是否包含动画、是否有移动端 App、视频界面是否有倍速播放功能、评估方式是否包括互评、注册课程前是否进行能力分级、是否有答疑渠道、是否支持语言多样性及是否得到正式机构的认证。

视频是 MOOC 不可缺少的环节，而对移动平台的兼容则越来越普遍。动画的使用一方面可以使课程更有趣，另一方面增加了制作成本。使用互评作业的评估模式可以减少助教和老师的工作量，但是要注意与标准化测试结合起来。对学员进行分级在专门领域的 MOOC 中比较常见，有利于课程对接学员的能力水平，因此是一项有前景的改进。答疑是 MOOC 课程的师生、生生交流的环节，会增加成本但是很重要。课程如果面向全球则需要适应多元文化，采用多种语言。机构认证是 MOOC 走向正式化的关键一步，也是 MOOC 生存盈利的渠道，通过比较各平台的课程可以发现越专业的课程越倾向于授予证书。具体比较结果如表所示（表 3）。

**表 3　从八个维度分析 5 门 MOOC 课程**

| 课程名 | 维度 | | | | | | | |
|---|---|---|---|---|---|---|---|---|
| | 动画 | 移动 App | 倍速播放 | 互评 | 分级 | 答疑 | 多语言 | 资格认证 |
| 24 堂奇妙记忆法 | − | − | − | − | − | − | − | − |
| 核桃编程 | + | − | − | − | + | + | − | − |
| 英语科技论文写作和学术报告 | − | + | + | − | − | + | + | + |
| 中小学教师数据素养 | + | + | + | + | − | + | − | + |
| Machine Learning | + | + | + | + | + | + | + | + |

从以上案例分析我们可以发现，24 堂奇妙记忆法这类简单的 MOOC 及 Machine Learning 这类复杂的 MOOC 是两个极端，前者八个维度都没满足，而后者满足了所有的维度。WPS 精品课这个平台只是一个小众平台，类似的课程在印象笔记、潘多拉英语、万门大学等许多小平台都大量提供，教师录制课程就可以上线一门新课，千人一面地提供课程，代表了 MOOC 标准简易化的趋势。而 Coursera 等 MOOC 知名平台逐渐将 MOOC 与传统课程融合，增加互动交流、提供认证证书，并提供学生分级和学习路径的指导，代表了 MOOC 个性多元化的趋势。

### （二）MOOC 在特定教育领域的发展

通过文献分析可以看到 MOOC 在继续教育（成人教育）、医学教育、工科教育（计算机编程等）方面的应用比较热门。在继续教育方面，Alexey Leontyev 等人认为，MOOC 为教师提供了重新思考教学艺术的机会，而且 MOOC 有助于终身学习概念的传播①；Michelle D. Brazas 等人认为，生物信息学的继续教育必须适应 MOOC 浪潮。② 在医学教育方面，Bronwen J. Swinnerton 等人将解剖学 MOOC 整合到传统解剖课程中去③，K. H. Vincent Lau 等人将脑电图学习有关视频上传到 YouTube 并通过分析浏览量、观众停留进行学习者分析④；Funk Eric 等人提出应用区块链技术赋能医学类 MOOC，实现教育公平和透明。⑤ 在工科教育方面，José Luis、Martín Núñez 等人将 Teleformación 这门课先改造为 SPOC 然后改为 MOOC，并证明了这种改造对学业表现有益⑥；Alberto Albiol 等人将电子信号处理课分为几个视听模块，通过类似 MOOC 的形式引导学生在"做中学"，最后完成收音机项目的制作⑦；Azam Beg 等人为工程电子类 MOOC 设计了自动生成的习题集。⑧

---

① Alexey Leontyev, and Dmitry Baranov, "Massive open online courses in chemistry: A comparative overview of platforms and features," *Journal of Chemical Education* 90,11 (2013): 1533-1539.

② Michelle D. Brazas, and B F Francis Ouellette, "Navigating the changing learning landscape: perspective from bioinformatics. ca," *Briefings in bioinformatics* 14,5 (2013): 556-562.

③ Bronwen. J. Swinnerton, Morris N P, Hotchkiss S, et al, "The integration of an anatomy massive open online course (MOOC) into a medical anatomy curriculum," *Anatomical Sciences Education* 10 (2017):53-67.

④ K. H. Vincent Lau, et al, "Using learning analytics to evaluate a video-based lecture series," *Medical teacher* 40,1 (2018): 91-98.

⑤ Eric Funk, et al, "Blockchain technology: a data framework to improve validity, trust, and accountability of information exchange in health professions education," *Academic Medicine* 93,12 (2018): 1791-1794.

⑥ Jose Luis, Nunez, Martin, Edmundo Tovar Caro, and Jose Ramon Hilera Gonzalez, "From higher education to open education: Challenges in the transformation of an online traditional course," *IEEE Transactions on Education* 60,2 (2016): 134-142.

⑦ Alberto Albiol, Alberto Corbi, and Daniel Burgos, "Design of a remote signal processing student lab," *IEEE Access* 5 (2017): 16068-16076.

⑧ Azam Beg, and Ajmal Beg, "Using open technologies for automatically creating question-and-answer sets for engineering MOOCs," *Computer Applications in Engineering Education* 26,3 (2018): 617-625.

### （三）MOOC 和传统教育的融合与改进

通过文献分析可以发现 MOOC 正在走向正规化，具体表现为 MOOC 证书逐渐被大众接受。Coursera 和中国大学 MOOC 都提供了付费证书的服务，Coursera 的证书还可以链接到领英（Linkin），甚至有些大学已经承认 Coursera 的证书。Coursera 另外还提供了学位课程，价格低廉，方便易得，受到上班族的欢迎。

决策树（“decision tree”）关键词突显展现了 MOOC 课程结合新兴科学技术，从而改进传统教育。Raghad Al-Shabandar 等人设计了机器学习的算法，能探测出在 MOOC 课程初期缺乏学习动力的学生，从而帮助教师预测学生退课情况①；David Gil 等人使用数据挖掘算法来预测 MOOC 项目的正确性和学生的成绩。②

游戏化（Gamification）则是 MOOC 对传统教育改进的一个亮点。Oriol Borras-Gene 等人通过举办竞赛、颁发勋章和证书等方式设计 MOOC，证实了游戏化有助于促进学生参与并降低退出率。③ Manuela Aparicio 等人发现游戏化在 MOOC 教学的成功中起决定性作用④；游戏化是把游戏元素应用在非游戏情景之中，Abdul Jabbar 等人进一步探究了游戏化 MOOC 对传统医学中的寄生虫教学的作用。⑤

综合来看，MOOC 正在融合传统教学的优点，并结合新科学技术改进传统教学。

本文选择分析的案例既有知名综合平台 Coursera、中国大学 MOOC，也有深耕某一领域的核桃编程，还有小众平台 WPS 精品课。近年来新的平台和新颖的学习模式层出不穷，通过上述分析可以发现学生的参与和反馈越来越成为 MOOC 研究的热点。也可以看到好的 MOOC 要有合理的网页布

---

① Raghad Al-Shabandar, et al, “Analyzing learners behavior in MOOCs: An examination of performance and motivation using a data-driven approach,” *IEEE Access* 6 (2018): 73669-73685.

② David Gil, et al, “The effect of green software: a study of impact factors on the correctness of software,” *Sustainability* 10,10 (2018): 3471.

③ O. Borras-Gene, M Martinez-Nuñez, and Ángel Fi da lgo Blanco, “New Challenges for the Motivation and Learning in Engineering Education Using Gamification in MOOC,” *International Journal of Engineering Education* 32,1(B)(2015):501-512.

④ Manuela Aparicio, et al, “Gamification: A key determinant of massive open online course (MOOC) success,” *Information & Management* 56,1 (2019): 39-54.

⑤ Abdul Jabbar, Robin B. Gasser, and Jason Lodge. “Can new digital technologies support parasitology teaching and learning?,” *Trends in Parasitology* 32,7 (2016): 522-530.

局、以学习者为中心的视频及多元的评价方式。①

综上所述，MOOC 时代已经到来，而且会结合科学进展不断演化，目前 MOOC 学习有移动游戏化、完善化、精品化、文凭化的特点，逐渐向标准化和个性化两极发展，标准化的 MOOC 系统会越来越轻量，而个性化的 MOOC 将借助更多样的工具和设备。MOOC 研究是一个充满希望的领域，值得进一步的研究和探讨。

## 参考文献

[1] 张文德、黄禹：《MOOC 课程评论可视化分析系统构建——以中国大学 MOOC 平台为例》，载《情报探索》2020 年第 5 期，第 59-64 页。

[2] KHAN B H. Managing E-Learning: design, delivery, implementation and evaluation. Hershey: Information Science Publishing, 2005.

[3] KIZILCEC R F, PIECH C, SCHNEIDER E. Deconstructing disengagement: analyzing learner subpopulations in massive open online courses. Proceedings of the third international conference on learning analytics and knowledge, 2013: 170-179.

[4] ANDERSON A, et al. Engaging with massive online courses. Proceedings of the 23rd international conference on World wide web, 2014: 687-689.

[5] JORDAN K. Initial trends in enrolment and completion of massive open online courses. International Review of Research in Open and Distributed Learning, 2014, 15(1): 133-160.

[6] 王美静、王海荣：《基于学习者视角的国外 MOOC 平台比较研究及启示》，载《现代教育技术》2014 年第 7 期，第 26-34 页。

[7] 陈琦、刘儒德主编：《当代教育心理学》，北京师范大学出版社，1997 年版。

[8] 赵磊：《美国 MOOC 多样化运营机制探析：Coursera 经验及启示》，载《外国教育研究》2017 年第 3 期，第 27-37 页。

[9] 郭桂、王觅、龙海侠：《国内在线学习平台比较分析》，载《文教资料》2019 年第 34 期，第 186-188 页。

（作者单位：教育学院 2019 级硕士研究生）

① 郭桂、王觅、龙海侠：《国内在线学习平台比较分析》，载《文教资料》2019 年第 34 期，第 186-188 页。

# 基于 ADDIE 模型的混合式教学中实践教学环节设计[①]

江凤娟

教育信息化 2.0 时代要求任课教师在教学中实现专用资源到开放资源的转变，从提升信息技术能力到增强信息素养转变，从传授知识到引导学生创新意识转变。教育学专业作为培养未来教师的培育场域，不仅要培养学生掌握扎实的专业知识和教学技能，更要提高学生的信息化综合应用和创新能力，才能适应未来教育模式的需求。网络环境助力的混合式教学可以为学生创建个性化的学习体验，同时兼顾标准化知识的获取机会，成为越来越多高校教师的教学改革模式。混合式教学注重不同教学媒体的组合，将面对面的课堂教学与数字化教学有机整合起来[②]，把传统学习方式的优势和数字化或网络化学习的优势结合起来，充分发挥了教师的主导作用和学生的主体作用。[③]

不过，作为全新的课堂模式改革，混合式教学需要适切的教学设计理念。教学环境的改变给教师带来了挑战，线上线下知识模块的分割、线上学习任务的设计、线下学习活动的组织及混合式教学效果的评价，都成为一系列全新而又亟待解决的问题。在诸多关于教学设计的理念中，最著名、最具代表性的就是 ADDIE 模型。[④] 本研究将借助 ADDIE 模型，设计并重构混合式教学中实践教学，以期为其他教师和研究者提供一些经验性参考。

---

① 本文系 2020 年度中央民族大学校级教学项目“现代教育技术学”阶段性成果。

② L. Brew, “The role of student feedback in evaluating and revising a blended learning course,” *The Internet and Higher Education*, 2(2008): 1-31.

③ 何克抗:《从 Blending Learning 看教育技术理论的新发展》(上)，载《电化教育研究》2004 年第 3 期，第 1-6 页。

④ 韩艳辉:《应用 ADDIE 模型进行多媒体互动英语学习资源的教学设计——对纯在线非正式学习环境的个案研究》，载《现代远距离教育》2010 年第 1 期，第 73 页。

## 一、ADDIE模型简介

教学设计模型是教学设计理论的精简形式，它为教学活动过程提供了可视化途径，具有操作性强的特点。[①] ADDIE是1975年美国佛罗里达州立大学教育技术研究中心开发的培训设计模型，主要包括分析、设计、开发、实施、评价五个阶段。其中，评价阶段既是一个独立的阶段，又反馈到其他四个阶段，形成一个互动的教学设计模型。在实际应用中，这个模型既能兼顾整体性和系统性，又能结合环境的多样性实现灵活的调整。比如，根据实际情况，教学设计的起点不一定从分析开始，可以从任何一个阶段开始（图1）。

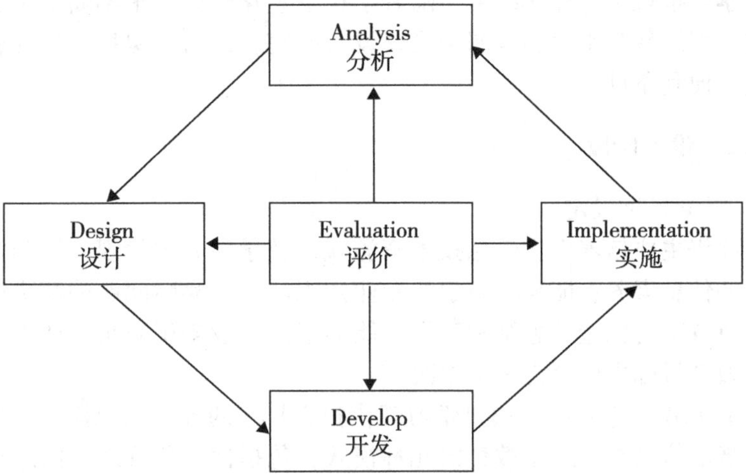


图1　教学设计的ADDIE模型

## 二、ADDIE模型在课程中的应用

### （一）分析阶段

分析阶段包括四个方面的分析，分别是学习需求分析、学习者特征分

① 李向明：《ADDIE教学设计模型在外语教学中的应用》，载《现代教育技术》，2008年第11期，第73页。

析、学习内容分析及资源和条件分析。

在学习需求方面，教育学专业的学生希望能够掌握一定的信息技术和信息工具，以适应专业型人才发展的需求。但是学习者特征基本为文科背景，对技术有着心理和技术方面的双重障碍。在学习内容方面，现代教育技术学作为教育学专业为数不多的一门实践性课程，课程内容也随着信息技术和技术工具的淘汰和革新相应调整。早期主要讲授内容为 Office 等工具在教学中的应用，也曾经系统讲授过教学动画制作、教育类网页编辑等，目前主要讲授演示类工具、动画类工具、电影类工具和课件类工具的"内容"。

在教学资源和条件方面，主要借助学习通网络教学平台开展混合式教学。早期教学没有多媒体教室和网络，教师只能通过一个显示器进行操作演示，学生很难进行操作练习。随着学校信息化建设水平不断提高，多媒体教室、网络教学平台和校园网络建设日益完善，为本课程教学内容的拓展提供了便利条件。

### （二）设计阶段

1. 教学目标设定

本课程主要培养学生信息技术资源观、教学观和评价观，培养学生综合应用的信息素养；能够将所学的专业知识应用到实际问题的解决中；有参与学科竞赛的创造性思维和意识；能够根据专业知识满足职业需求。本课程的教学目标主要分为三个层次。

（1）知识信息目标：通过学习现代教育技术的理论知识模块，学生能够清楚当前信息技术应用教育的几种模式，包括信息化管理、信息化教学和信息化评估。重点要掌握信息技术环境中的教学类型及不同课程的教学设计、教学活动、教学内容、教学过程和教学评估。

（2）实践能力目标：通过学习实践内容模块，学生能够掌握演示类工具、教学动画类工具、教学电影类工具、教学互动类工具和微课制作工具的操作和使用。能根据信息特征判断采用何种媒体形式，能设计并完成一个独立的作品。

（3）智慧技能目标：能根据不同的教学情况，设计适合教学对象、教学内容的课程形式，并能选择适当的媒体工具开发出课程产品。具体教学情景包括新授课、复习课、练习课的多媒体课件设计和制作，教学竞赛类多媒体课件设计和制作及翻转课堂、微课程的设计和制作。

2. 确定教学策略

本课程的教学策略重点是“学以致用”，总结并提炼出“小组协作式技能习得专业课”实践教学模式，以便于全面提高学生的信息技术能力，培养学生自学能力和创新性应用理论和技术的能力（图2）。

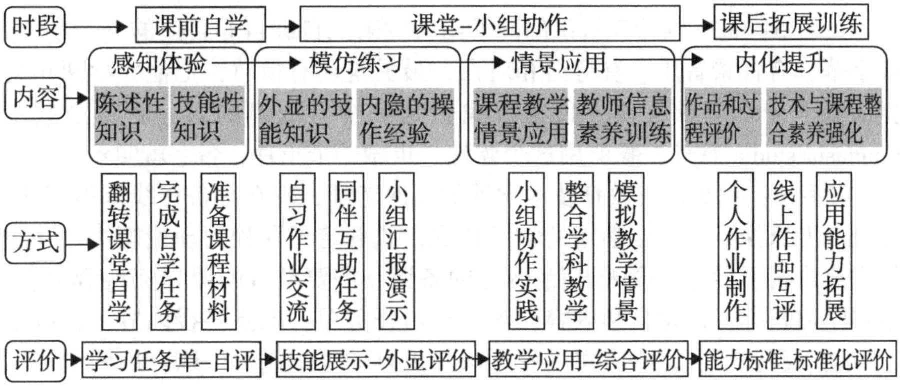


图2 现代教育技术课程技能习得实践教学模式

3. 教学方式的设计

在教学方式方面，本课程采取了两种实践性学习活动，分别为：项目式学习和小组协作式学习。

（1）项目式学习。项目式学习主要针对不同的实践内容模块设计一个特定的项目或问题。针对学习的内容，本课程设计了六个学习项目。

项目1：我作为总评委，正在参加北京市海淀区教师教学基本功大赛评选。评委们对一位教师提交的作品出现分歧。有评委说这份PPT是非常精美、图文并茂的作品。但是有的评委认为这份PPT作品虽然有很多图片和图标，但是看上去有许多不完善的地方。我需要对这份PPT课件做出最终的评价，并给出言之有物的评价，并能针对其中的问题给出具体的修改建议。

项目2：我是北京市海淀区一名小学四年级任课教师，将要参加北京市海淀区的教学基本功大赛。需要在5天内做出一份符合学科特征、学生特征的Focusky课件。我有三个同事可以帮我一起完成这个课件。

项目3：有个做教师的朋友来求助，说课件都做好了，但是感觉缺乏生动形象的动画。我发现他的课件是用PPT制作的，于是我就用嵌入PPT的插件工具——口袋动画帮他完善了一下。但是感觉好像他的内容更适合用优芽动画来实现，于是我又用优芽动画再现了这位朋友的教学内容，效果果然不同凡响。我有四个助手可以共同参与这个工作。

项目 4：我是北京市海淀区一名信息技术教师。同事丁老师反映布置作业后发现很多同学都觉得作业枯燥、压力大。于是她想用游戏的思维设计作业，但是自己又不会做。我看了这些题目，基本都是客观题，我感觉可以用 storyline 来帮她实现这种评价方式的改革。信息技术组有四个老师，可以共同完成这项任务。

项目 5：有一位计算机系的同学给我发来他自编自导自演的一个小片，有字幕、有背景音乐、有旁白和对白，最关键还有情节，把他大学两年的生活做了一个情景再现。我觉得我也是一个有故事的人，老师刚教了 Camtasia studio 软件，我就用这个软件，也做一个小片，名字就叫××。

项目 6：我是现代教育技术学课的任课老师，现在准备在线课程资料。经过和专家探讨，结合学生的学习情况，我确定了课程的理论模块，并对知识点进行了拆分，今天开始××课的备课。需要准备的课程资料清单有：编写学习目标；确定自学内容，辅以学习任务单；课堂讲授内容，辅以学习活动、测验等；课堂讲授是我对该知识点的详细讲解，综合用到演示工具、动画工具和视频编辑工具；课堂内容测验，包括客观题和主观题。

（2）小组活动设计。小组协作式学习要求学生在完成作品的过程进行有效的分工与合作。在分组的时候采取“互补型”匹配方式，选择个人作品水平等级为优秀的学生作为组长，负责把小组其他成员（成员一般为 3~4 名）教会。

阶段一：情景模拟的问题诊断

组长通过采用现场评估和诊断的方式，判断小组成员的水平及存在的问题，改进传统无领导小组的讨论方式，给小组成员适当的行为反馈和技术指导，最终落实到作品设计和制作中，体现“评价—诊断—反思—行动”的指导理念。

阶段二：行动学习的实训模式

各小组在合作完成项目的时候，以“情景问题—原因分析—解决方案—行动计划”为主线，引导各成员发现在完成任务过程中存在的问题，通过头脑风暴、集思广益的方法分析问题并提出设计思路去解决问题，将教学理念和学科知识融入实践互动中。

阶段三：短板效应的逆向发展

小组汇报时，选择组里技术水平最低的同学进行演示并讲解，讲解要回顾设计目标、设计思路、分工过程、作品复盘的全部过程。通过“角色定位—短板分析—自我认知—个人发展”的流程，借助自我反馈、他人反馈和小组活动，将小组内部的差距缩小到最小，真正实现个人的最大潜力开发。

## （三）课程开发

课程开发阶段是教学设计过程中的核心环节，主要包括多样化的教学资料制作。在制作教学资料之前，首先对课程资料开发进行了系统梳理，尤其将知识点进行拆分，将原有 45 分钟的课堂内容转化为分离的知识点，同时建立课程知识框架体系，最终在超星网络教学平台形成在线课程（表 1）。

**表 1　课程资源类型建设情况**

| 资源类型 | 视频 | 音频 | 文档 | 动画 | 图片 | 其他 |
| --- | --- | --- | --- | --- | --- | --- |
| 资源数量 | 104 | 0 | 68 | 1 | 13 | 0 |
| 资源占比（%） | 55.91 | 0 | 36.56 | 0.54 | 6.99 | 0 |

## （四）实施阶段

开展混合式教学，将课程的基础知识、基本操作提前录制为微课，设计自主学习任务单并要求学生提前预习，课堂上主要讲授软件和工具在教学中的高阶应用。这种革新不再占用课堂时间去讲授各种软件工具的操作，避免了把“现代教育技术”课上成“软件操作”课，让学生在课堂上真正反思如何应用。

现代教育技术学必修课每周为 2 课时。鉴于教育学专业的学生对技术的需求较大而信息技术方面的专业课程较少，因此课程授课充分借助超星网络平台，采取混合式教学的授课模式，按每周“预习+上课+练习+拓展”的环节开展教学和学习（图 3）。

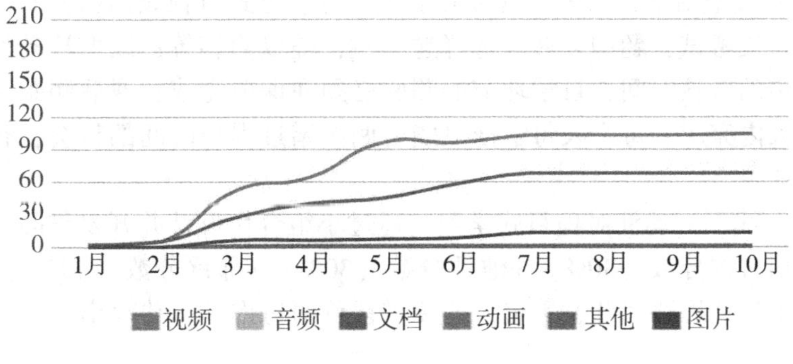


**图 3　课程资料类型建设阶段情况**

首先，理论模块的基础知识全部做成翻转课堂的模式，知识点以微视频的方式呈现，每个微视频不超过 5 分钟，并设计学习任务单，布置自学任务，要求学生在上课前必须完成。

其次，实践模块的基本操作部分先让学生学习视频教程，熟悉软件工具的基本使用技能。实践模块的作业部分分为个人作业和小组作业，个人作业多为用软件工具完成一个小示例，小组作业以项目的方式进行组织，小组成员分工协作，共同完成一个独立的作品。

最后，课堂上主要讲授信息技术工具如何在教学中应用，设计并开发教学类课件，同时兼顾理论部分的重点和难点，并组织学生讨论、小组协作和作品演示等活动。

### （五）评价阶段

评价是实践教学的基本环节，它对实践教学具有导向、反馈、规范和激励等多方面的功能。[①] 实践教学环节有个人任务和小组任务。个人任务由学习任务点、个人作业、章节测验和考试组成。小组成员的评价采用逆向设计的思路，将小组成员的技术水平分为四个等级，小组内部成绩最好的同学完成任务后，获得积分最低（4 分），而小组内部成绩最低的同学完成同样的任务，获得最高积分（10 分）。小组为了获得较高成绩，必须保证水平最低的学生也能掌握所学技能和知识，可以最大限度地缩小学生之间的差距。

考核内容包括理论模块和实践模块的考核。具体包括学习任务点、章节测验、课堂讨论和互动、个人作业、项目作品、期中考核、期末考试等。

（1）线上活动针对教学视频知识点，考核形式有视频内嵌测验、章节测验和阶段考试，题型以客观选择题为主，辅以简答等；线上活动的考核设立严格的考核时间，自学环节的测验必须在课前完成；课后测验必须在课后 3 天内完成。每个人每学期只能有两次错过提交时间的机会，否则按 0 分处理。

（2）线下活动针对项目式学习，通过小组合作设计并开发作品。作品分数包括自评分数（30%）+他评分数（30%）+师评分数（40%）。自评需要写出设计思路和开发策略；他评需评价两份作品，并写出言之有物的

---

① 徐继存：《实践教学的理性》，载《山东师范大学学报》（人文社会科学版）2020 年第 3 期，第 70 页。

评语，如未参与他评，只能获得自己作品分数的80%。教师评价综合考虑自评和他评分数，并给出具体的评分标准。课程评价为百分制，具体要求如下（表2）。

**表2　课程评价方案**

| 序号 | 类型 | 比例（%） | 具体要求 |
|---|---|---|---|
| 1 | 考勤 | 5 | 以学习通签到为准 |
| 2 | 小测验 | 10 | 均为客观题，主要是教师讲授的内容再现 |
| 3 | 平时作业 | 20 | 每学习一个工具都需要完成一个作品。互评环节每个同学需要评价一至两个其他同学作品，写出言之有物的评价意见或者修改建议。不能完成互评的同学，成绩只能得到自己作品成绩的80%。每次作业均有明确的标准，请参考评价标准完成作品及评价别人的作品。每位同学每个学期仅有两次延迟提交测验或者作业的机会 |
| 4 | 任务点 | 10 | 所有的学习内容设为闯关模式，如果前一节内容不能完成，则不能继续学习下一章节内容 |
| 5 | 期中大作品 | 25 | 期中大作品需要综合应用学过的所有软件工具，截止日期为教学周最后一周 |
| 6 | 期末考试 | 30 | 闭卷为主，主要考核理论部分的内容 |

## 三、混合式环境中实践教学的效果评估

为了提高教育学专业学生信息技术实践能力，对课程的教学内容进行了调整，打破传统的按部就班的模式，以当前教育领域最为通用和高效的教学工具、在线教育理论和模型为教学重点，将知识点进行拆分之后制作课程资源库。同时设计项目式学习和小组协作式学习模式以促进学生信息技术能力的培养。为了验证课程改革之后的效果，将2019级学生和2020级学生的学业成绩进行了初步统计，除了在平均分、优秀率产生了明显变化外，在统计学意义上，不同教学模式也产生了明显的差异（表3）。

表 3 不同教学模式下学生学业成就的差异

| 年级选项 | 2019 | | 2020 | | T | 自由度 | 显著性 |
|---|---|---|---|---|---|---|---|
| 课程分数 | 均值 | 标准差 | 均值 | 标准差 | -2.253 | 78 | 0.000 |
| | 80.57 | 8.346 | 85.34 | 13.127 | | | |

实践教学环节主要结合操作类工具的使用和理论的指导设计片段或者完整的作品。完成作品可以检验学生的实践能力，以一名教师的角度去设计教学过程中需要准备的演示类、动画类、视频类和课件类教学资料。当然，在完成实践教学任务的过程中，学生会根据自己的掌握情况，反复观看视频及学习资料进行查缺补漏，已达到完全掌握并应用的水平。

## 四、课程建设的反思

如何充分利用信息技术给学生提供多样化、个性化学习机会，一直是本课程努力的方向。本课程的特色在于借助 ADDIE 模型形成课程建设思路，完成基于“线上+线下”混合的教学模式，包括教学视频资源、在线题库建设、在线作业库建设、在线协作基于项目的学习任务。构建学生学习支持服务体系，充分发挥学生的积极性，设立课程助教小组和技术服务小组为同学提供资源服务、技术服务、学习服务等。实践教学贯穿整个教学过程，因此课程评价必须创新，打破期末考试比重最大的评价体系，平时成绩分配到全部章节，按照模块进行分数的分配，吸引学生平时投入更多学习时间。

本课程进入混合式课程建设及运行以来，初期阶段的主要任务是教学资源的设计和制作，逐步开展了线上线下相结合的教学实践。目前存在的主要问题如下。

（1）学生需求日益多样化，如何把教学资源的难度进行分级。目前的教学资源都是标准化的教学内容，没有针对同一知识点进行难度等级分类。因此，教育资源还需不断完善、改进和提高，真正实现不同学生的起点不同、步调不同、速度不同的个性化学习。

（2）学生的学习偏好不同，如何根据学生的需求设计多样化的教学活动。目前混合式教学中主要采取了项目式学习和小组协作活动，竞赛类、表演性的活动还没能有效利用。教学活动的设计也需要继续丰富和优化。

（作者单位：教育学院）

# 线上社会工作专业课程如何服务新冠肺炎疫情影响人群

## ——基于小组社会工作课程的总结与反思①

杨　慧　吕哲臻

受新冠肺炎疫情影响，为最大程度保障学生的健康安全、阻止疫情向学校蔓延，2020 年 1 月 27 日教育部发布部属高等学校推迟开学时间的通知，并对“停课不停教、停课不停学”提出指导性意见，要求制定疫情防控期间在线教学实施方案，充分利用线上教学优势，引导教师开展线上教学活动，保证在线学习与线下课堂教学质量实质等效。中央民族大学依据上述文件要求，结合校情实际在疫情防控和延期开学期间按照正常教学计划开展线上教学，鼓励广大教师探索信息技术与教育教学深度融合的创新型教育模式，完成课堂教学方式方法改革工作。

线上教学需要重新认识教育技术的力量和价值，促进“应急式”在线教学成为“常态化”教学的组成部分，学生的学习主体地位突出，从而形成一个新的学习共同体，每个人的学习经验和体验都对整体学习群体做出贡献。② 教师独特的教学模式与学生主动参与配合相辅相成，最终达成“停课不停学”的教学目标要求，在网络上建立起“以学生为中心”的课堂的新连接。③ 社会工作是一门具有强烈社会情怀和社会责任的专业，疫情期间的线上课程教学更增添了一份专业使命，需进一步探索有效发挥专业特长的途径，以服务社会。线上小组社会工作课程服务于新冠肺炎疫情

---

① 本文是 2020—2023 年度北京市高等教育本科教学改革创新项目“社会工作专业教学本土化及其在民族院校的实践模式改革”和 2018—2020 年度中央民族大学精品专业核心课程“小组社会工作”的阶段性成果。

② 邬大光：《教育技术演进的回顾与思考——基于新冠肺炎疫情背景下高校在线教学的视角》，载《中国高教研究》2020 年第 4 期，第 1-6 页。

③ 李克寒等：《新冠肺炎疫情下线上教学模式的探讨》，载《中国医学教育技术》2020 年第 3 期，第 264-266 页。

影响人群是一种有益尝试。

## 一、线上小组社会工作课程

小组社会工作是社会工作的专业方法之一，在社会工作者的带领下，通过组员间的互相支持和充分互动，激发组员的能力和潜能，改善组员的态度和行为，提升其社会功能，进而解决个人、群体、社区和社会问题。[①]小组社会工作课程已在中央民族大学精品专业核心课程建设中形成了“行动研究+服务学习”教学模式，疫情期间的教学在此基础上加入“线上”因素，实现教学与服务方式创新。围绕疫情产生的社会问题，以线上平台开展需求评估、方案设计与服务评估，并采取线上与线下相结合的方式探寻小组社会工作实务开展的新路径。

具体表现为以理论学习为基石并根据“服务学习”的要求，组织2018级社会工作专业本科生采取分组合作形式，对老年人、慢性病患者、大学生、高考生、留学生、儿童六类群体受疫情影响所出现的问题进行评估，在小组工作过程模式框架中进行线上服务方案设计，突出服务计划的规范性与线上专业服务的有效性。课程后期总结线上小组社会工作的服务特点与模式，以期为后疫情时代在线教学与线下课堂教学质量实质等效的达成及二者的可持续性整合提供经验借鉴。

## 二、线上小组社会工作课程对新冠肺炎疫情影响人群的服务

### （一）线上小组社会工作服务框架

通过纳入“线上”“疫情”等因素，授课教师指导学生对通用型小组社会工作服务流程进行修订，并构建线上小组社会工作服务框架图（图1），为学生开展相应的研究与服务提供理论指导。

在教学与服务的第一阶段，教师主要教授通识性小组社会工作知识，梳理国内外相关的学科理论及以往突发公共危机事件中社会工作的实务经验，学生通过对这些内容的学习奠定理论基础，并对疫情期间的各类政策文件进行分析，识别政策性需求与服务方向。第二阶段重心由教师转移到学生，学生了解疫情期间不同群体出现的社会问题，结合自身研究方向组

① 刘梦：《小组社会工作》，高等教育出版社，2013年版。

成合作团队，确定某一特定人群小组社会工作的性质和目的，招募小组成员，并进行在线问卷、视频或语音访谈，完成对服务对象的需求评估。第三阶段为制定在线小组社会工作计划书，学生（小组工作者）与服务对象充分讨论确定线上小组活动的流程和内容。教师在此过程中主要扮演咨询者的角色，及时为学生提供建议和指导，确保线上小组工作开展的可行性。最后一个阶段为结案、评估和反思阶段，主要任务是对小组社会工作的服务效果进行评估，由于仍采取线上进行的方式，需要注重小组工作过程的完整性和评估结果的有效性。

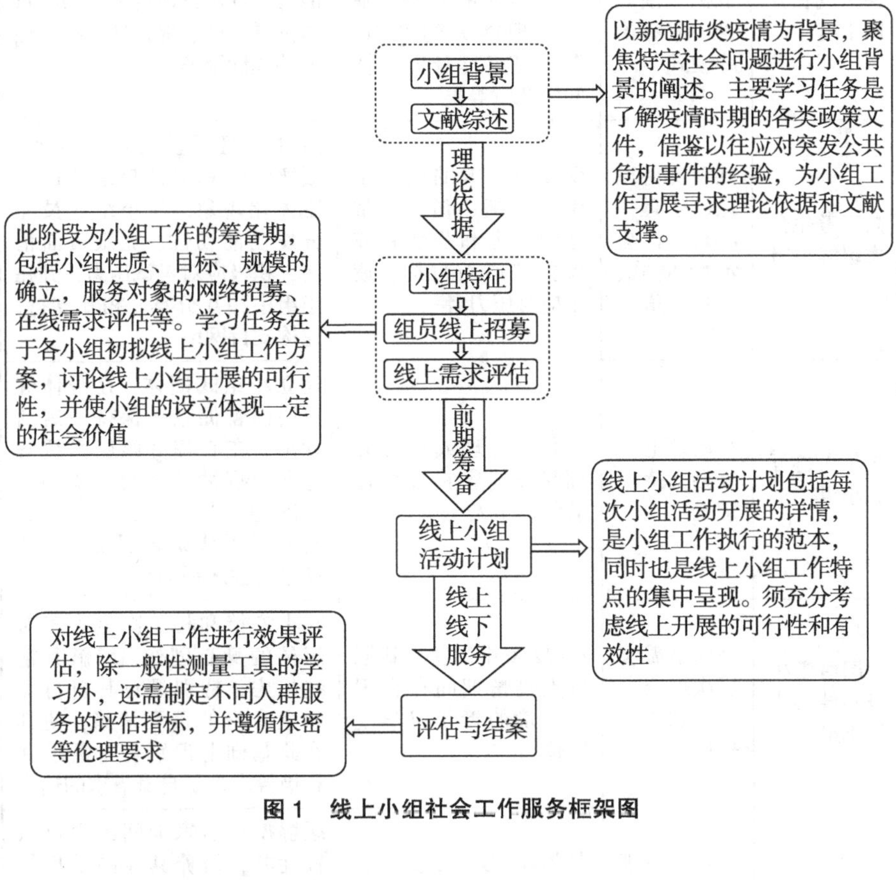


**图 1　线上小组社会工作服务框架图**

### （二）疫情影响人群的线上小组社会工作服务

线上小组社会工作课程共为六类受疫情影响人群提供服务，即疫情中儿童快乐成长互助小组、高三考生焦虑缓解小组、老年人群互惠小组、中国留学生身心健康支持小组、手机依赖群体戒断小组和慢性病患者自我效能提高小组，均以新冠肺炎疫情产生的问题为小组背景，遵循线上小组社会工作服务框架。六类小组社会工作的具体内容如表所示（表1）。

**表1 六类受疫情影响人群的线上小组社会工作**

| 小组名称 | 理论依据 | 服务对象 | 小组目标 |
| --- | --- | --- | --- |
| 疫情中儿童快乐成长互助小组 | 马斯洛需求层次理论、危机干预理论、家庭治理模式 | 5~10岁儿童，包括疫情期间被单独隔离过的儿童、长期缺乏监护人陪伴的儿童、缺乏自理能力的儿童、渴望提高自身灾害认知的儿童等类 | 提升疫情背景下小组内儿童对于突发灾害的适应与处理能力，针对具体情况，为儿童提供支持性、保护性、补充性及替代性服务 |
| 高三考生焦虑缓解小组 | 社会支持理论、生理—心理—社会治疗模式、优势视角 | 受疫情影响的高三学生中成绩中游、时常感到焦虑和茫然者或失去信心与目标、疲于应对压力者 | 通过小组活动与组员互动，缓解疫情和考试焦虑造成的躯体化现象，使小组成员充分发动能动性，克服负面情绪，积极应对考试压力，并在小组中相互分享、相互支持，建构支持网络 |
| 老年人群互惠小组 | 活动理论、社会支持理论 | 身体、心理或社交方面受疫情影响较为显著的老年人 | 建立小组式团体，在身体健康层面督促老人保持一定活动量，在心理健康层面缓解老人因疫情带来的情绪和心理问题，在社会交往层面为老人提供认识新朋友、维持社会交往水平的平台 |
| 中国留学生身心健康支持小组 | 马斯洛需求层次理论、社会功能理论 | 8~22岁中国籍，新冠肺炎疫情期间存在困难处境的青年留学生群体 | 减小疫情和相关次生灾害对组员的身心创伤，缓解其情绪焦虑，特别是对其自身留学生身份的负面情绪，使其在此基础上识别自身需求并积极寻求满足自身需求的途径 |
| 手机依赖群体戒断小组 | 社会学习理论、社会支持理论、行为修正模式 | 年龄在18~22岁，疫情期间对手机严重依赖影响正常学习和生活的大学生 | 缓解疫情居家期间的手机依赖症状，培养其控制手机使用、合理安排时间的能力，通过组员之间的相互交流、学习，提供支持，降低疫情给组员带来的消极影响 |

续表

| 小组名称 | 理论依据 | 服务对象 | 小组目标 |
|---|---|---|---|
| 慢性病患者自我效能提高小组 | 自我效能理论、认知行为模式、自我感受负担假设 | 疫情期间就医困难的慢性病患者 | 引导小组成员参与活动和相互交流，指导成员学习相关健康知识，形成小组成员之间相互支持的关系网络，共同度过困难时期 |

1. “滚雪球”法招募服务对象

滚雪球抽样是一种非概率抽样方法，一般采用线索触发的方式进行，即通过同伴推荐和再推荐逐次抽取并组织样本，主要适用于一些敏感主题、特殊人群甚至隐秘世界的调查。① 疫情期间小组社会工作服务对象的招募难以通过实地走访的方式进行，网络平台虽更加广泛，但锁定对象的难度也相应增大，采取“滚雪球”的方法有利于保证小组成员的同质性。

“滚雪球”方法招募服务对象时主要采取两种方案。一是小组工作者利用自身的人际关系网络捕捉信息，选取合适的服务对象，如在慢性病患者自我效能提高小组中，学生（小组工作者）通过家里的爷爷、奶奶联系他们的朋友，进行筛选和招募；或联系自己的同学、朋友，发掘动员他们身边的慢性病患者加入。中国留学生身体健康支持小组成员招募主要通过询问在国外留学的同学朋友，邀请他们参加小组社会工作，并进行筛选确定小组成员。二是通过发放网络问卷或访谈，对服务对象进行初步招募。例如，在手机依赖群体戒断小组成员的招募中，首先通过问卷发放与访谈，锁定部分符合小组招募要求的大学生群体，进而咨询其对小组的人员构成、规则、活动内容等方面的建议，通过“滚雪球”，招募到他们身边符合条件且有相关需求的大学生。

2. 需求评估中“疫情+”导向

一般需求从普遍问题中产生，又因个体差异而各有不同，参与式行动研究能客观地了解服务对象所面临的问题和背景，获取更直观、真实、丰富的资料，识别他们话语和问题背后的真正需求，确保服务计划是基于真实、准确的需求分析。② 线上小组社会工作课程与服务计划的制定都以

① 米子川：《并发多样本滚雪球抽样的捕获再捕获估计》，载《统计研究》2015 年第 6 期，第 99-104 页。

② 刘丝雨、许健：《论参与式行动研究在社会工作需求评估中的应用》，载《福建论坛》（人文社会科学版）2012 年第 7 期，第 171-176 页。

“新冠肺炎疫情”为背景展开，在需求评估中不仅要将“疫情”作为背景，还应在参与式行动研究中把新冠肺炎疫情的考量与普适性的问题需求结合起来。

服务对象自身的累积性问题是指由于年龄、健康、职业、家庭等因素的影响所产生的问题以显性或隐性的方式存在于日常生活中。新冠肺炎疫情所带来的社会风险会下沉到个人，与服务对象本身就存在的问题混合，导致服务对象的问题和需求更加复杂。例如，在慢性病患者自我效能提高小组中，经由需求评估发现慢性病患者由于长期免疫功能受损，属于易感人群且易产生系列并发症，新冠肺炎疫情的出现使其产生焦虑、抑郁等不良心态，服务对象自我效能感低。上述小组社会工作在进行服务方案设计时都在探索服务对象的累积性问题、疫情下服务对象的需求变化及两者的相互作用，突出“疫情+”的需求评估导向。

3. 线上小组活动内容与实施

“在场”包括两个要素，“在”是指主体的在，“场”是特定的空间，指构成主体所在的环境、事件或其他人，身体在场是主体与周围环境发生作用的重要条件①，人们共同在场的仪式将生成“兴奋”，从而导致节奏化的快乐，生成积极情感能量，形成群体团结感。② 小组社会工作为组员提供了“场”，线下小组社会工作中组员通过“身体在场”参与，在此时此地的互动中生成积极情感能量。线上小组社会工作的形式转变使小组成员由“身体在场”转变为“虚拟在场”，网络交往中在场之身体为社会身体，且这一社会身体通过现实身体的二次表征嵌入整个网络交往过程中，体现为一种虚拟或精神在场的方式，实质转变为一种符号互动。③ 因而，线上小组社会工作更加注重组员之间的语言符号交换与情感性交流，从而指导组员适应疫情之下的环境突变。

在线上小组社会工作活动类型中，调节气氛型小组活动主要用于服务开展初期，通过制定小组规范、小组标志等形成小组文化符号，建立组员对于小组的情感依托。技能培训活动主要在于提升组员的知识技能，解决组员因自身能力不足而导致的问题，如通过学习压力缓解技巧等提升适应能力。分享型活动主要是组员之间、小组工作者与组员之间进行自身经历

① 赵建国：《身体在场与不在场的传播意义》，载《现代传播》2015年第8期，第58-62页。

② 乔纳森·特纳：《情感社会学》，上海人民出版社，2007年版。

③ 金萍华、芮必峰：《“身体在场”：网络交往研究的新视角》，载《新闻与传播研究》2011年第18期，第12-16页。

和解决问题技巧的分享，在语言沟通交流中建立组员之间的情感联结。互助型活动进一步加深组员之间的相互了解与相互支持，提升组员携手解决问题的能力。通过组织这些活动，在输出语言符号、文化符号、情感符号中达成“精神在场”，提升组员的积极性和参与性。

4. 线上小组社会工作服务评估

专业且系统的评估不仅可以实现社会工作服务规范化管理，还可以促进社会工作服务的专业化发展。① 已进行的线上小组社会工作服务评估主要分为工作者自评和组员评估，为提升信度更多采用问卷、量表、访谈三者结合的方式。此课程发展出的线上小组社会工作服务评估指标如表所示（表2）。

**表2 线上小组社会工作服务评估指标**

| 一级指标 | 二级指标 | 三级指标 |
| --- | --- | --- |
| 目标达成评估 | 小组社会工作短期和长期目标 | 是否满足服务对象需求，是否解决服务对象问题，是否提升服务对象解决自身问题的能力 |
| 参与程度评估 | 在小组社会工作中的参与和互动 | 是否按时参加小组活动，是否主动参与分享，是否为组员提供帮助 |
| 小组效能评估 | 自我效能和团体效能 | 是否提升解决问题的信心，是否能够产生小组动力，是否通过自助、互助解决问题 |

## 三、线上小组社会工作课程的总结与展望

疫情期间的线上小组社会工作课程是“互联网+社会工作”教学与服务的有效尝试，需要对其经验和不足进行反思性总结，以更好地契合“行动研究+服务学习”教学模式。

第一，线上小组社会工作的开展应立足社会需求，提升学生的社会责任感和专业情怀，更好地服务于社会。学生在线上小组社会工作课程学习中分组合作制定小组工作计划书，增强了自主学习的能力，以解决疫情期

① 刘江：《社会工作服务评估：一个整合的评估模型》，载《社会工作与管理》2015年第3期，第51-56页。

间的社会问题为导向提升了专业情怀与专业认同。例如，有学生表示“受疫情与相关政策变化的影响，我们不仅对高三备考生的处境更感同身受，也会本着对组员负责的态度处理细节问题”；在实践中学生也在不断地对社会工作的本质有了更深刻的认知，“能够解决这些‘花朵’的问题可能就是我们多年学习的成果体现。通过本门课程、本次小组活动，我也对社会工作有了更深刻的认识，它是实践的过程，但也是不止停留在实践的，助人的理论与助人的艺术相得益彰”。

第二，学生的专业沟通能力应进一步得到训练和提升。社会工作是一门沟通性较强的实务学科，要求社会工作者不仅具备较强的沟通能力，还应掌握促进组员之间沟通的技巧。小组社会工作的“线上”形式缺少“面对面”的肢体互动，为小组活动的开展增加了难度，网络中的“在场”与实际“在场”体验仍有一定的差距。这要求我们在教学实践中应继续探索后疫情时代提升学生线上专业沟通能力的途径。

第三，进一步开发线上适用性较强的小组活动。对此次课程中的线上小组活动进行反思性分析可以发现，大部分小组活动的选取仍基于线下传统的小组活动，在线上开展时存在可行性、适用性困难，即使简化或改变形式也难以达到原活动设置的效果。例如，有学生反思“目前的一些小组活动平面化，线上操作效果会打折扣”，因此后续实务应进一步开发线上适用性较强的小组活动，利用线上活动可以跨越空间、距离限制的优势，并依据服务对象的需求特点将不同活动进行组合，形成多样化的小组社会工作服务形式。

总之，数字、在线和其他电子技术已经改变了社会工作实践的内容，现代社会工作者可以通过在线咨询、电话咨询、视频咨询、网络疗法（化身疗法）等提供服务①，临床社会工作者使用数字和其他技术来提供远程服务的情况正在激增。线上小组社会工作课程在实践层面切实解决了部分受疫情影响人群的问题，彰显了社会工作的社会责任与专业价值，实务框架的形成与活动安排也为后疫情时代线上社会工作的开展提供了经验借鉴，是新冠肺炎疫情时期具有较高社会价值的教学与服务创新。

（作者单位：民族学与社会学学院）

---

① F. G. Reamer, “Social Work in a Digital Age: Ethical and Risk Management Challenges,” *Social Work* 58, no. 2(2013): 163-172.

# 统计模型课程混合式教学思路及探索①

于力超

混合式教学是一种新的教学模式，它将传统的课堂教学方式和新型的线上教学方式有机结合，采用更加丰富灵活的学习方式，学生由被动接受知识转向主动学习知识，是一种以学生为中心的教学模式，有利于提高学生的学习积极性，由于该教学模式综合了线上教学和线下课堂授课的优势，因此要求授课教师在传统的课程设计和知识传授的基础上，结合信息化授课技术和多媒体教学方式，运用在线授课工具和授课平台，精心考虑哪些内容适合线下课堂教学，哪些内容适合网络在线教学，真正做到线下教学和线上教学协同并进。②

在当今大数据时代，人工智能和机器学习得到越来越广泛的应用，统计建模方法在大数据分析领域有重要应用价值，建立合适的统计模型是有效地通过机器学习和人工智能方法完成预测和分类等统计分析工作的基础。随着经济社会的快速发展，各行各业对大数据分析人才的需求越来越多，同时也赋予了统计模型这门统计和应用统计学专业本科生的核心专业课以重要的地位和建设价值。③

统计模型课程与当前发展势头迅猛的大数据和人工智能关系紧密，要使学生在深入了解和掌握多种前沿回归模型（如广义线性模型、非参数回归模型、时间序列分析模型、生存分析模型等）原理和方法的基础上，掌握聚类分析、分类器算法、主成分分析、支持向量机、贝叶斯概率图模型

---

① 基金项目：本文是国家社会科学基金青年项目“基于小域估计的民族地区贫困和不平衡发展程度测度研究”（18CTJ011）和2020年度中央民族大学在线课程建设和混合式教学改革立项项目（统计模型）的阶段性成果。

② 李逢庆：《混合式教学的理论基础与教学设计》，载《现代教育技术》2016年第9期，第18-24页。罗映红：《高校混合式教学模式构建与实践探索》，载《高教探索》2019年第12期，第48-55页。

③ 王芬、张少艳、吴小英：《混合式教学模式下概率论与数理统计课程的改革与实践》，载《高教学刊》2020年第28期，第86-88页。

等数据挖掘方法，进而能够运用 R 和 Python 等统计软件进行实际数据分析。课程重点在于针对不同的研究问题和变量类型，介绍一些常用的统计模型。例如，在经济、管理、社会、医学等领域使用广泛的广义线性模型、混合效应模型和生存分析模型等，重点讲述这些模型在实际问题驱动下的设定和使用方法，使学生理解这些模型的设定和基本的参数估计及假设检验方法，并且强调使用这些模型进行实际数据分析的训练，培养和提高学生针对实际数据进行建模的能力，并能够使用统计软件，根据所研究问题选择合适的统计模型进行实际数据分析。①

统计模型是一门实践性和操作性极强的课程，课程内容紧跟时代需要，课程实践案例反映前沿问题，统计模型课程教学强调理论方法和实践应用相结合，强调树立以市场需求为导向的培养目标，强调培养和提高学生针对电商、物流、金融等领域实际海量数据进行建模的能力，为今后从事科研和实际工作打下坚实的基础。课堂教学及课程实践结合十分重要，特别适合开展在线课程建设，并采用混合式教学的方式开展教学。线下重点学习统计模型理论和方法，线上强调实际应用，使用线下学到的统计模型知识，采用各种统计软件进行实际数据案例分析，提高学生的实践能力。因此，授课老师在教学过程中采用线下的课堂板书教学和线上的实际操作教学相结合的形式，制作了课程配套的教学大纲、PPT、多媒体课件、教材等教学资源，使用了学习通、腾讯课堂等软件及视频课程、多媒体教学等多种先进教学手段。

我校建设统计模型课程历经多年，已有坚实的建设基础和教学资源，被列为统计专业的专业方向课。如何将混合式教学这种现代教学模式与统计模型课程有机结合，既体现统计课程的理论严谨性，又体现本课程重视实际应用的特点，是值得思考的问题。基于多年统计模型课程教学经验，本文作者探索了培养适应社会需求的大数据人才的教学改革方法，结合各行各业对大数据分析人才的迫切需求，为学生搭建了一个集理论教学、案例教学、实际操作于一体的统计模型在线课程和混合式教学相结合的教学体系。将课堂授课、网络教学、统计建模实例教学、软件操作演示教学、统计建模分析报告撰写等课程环节有机结合，与学生充分互动，让学生在实践中学习，在培养学生学习统计模型知识兴趣的同时，

---

① 王瑞芬：《线上线下混合教学模式在统计学中的应用》，载《教育教学论坛》2020 年第 25 期，第 211-212 页。江绍萍、张靠民：《基于 MOOC 的概率论与数理统计混合式教学模式探讨与实践》，载《教育教学论坛》2020 年第 31 期，第 291-292 页。

培养学生用统计模型解决实际问题的能力。

## 一、统计模型课程开展混合式教学的必要性及举措

当前混合式教学已经在许多高校开展，取得了丰硕的成果，然而统计类课程由于课程理论性较强，需要严密的逻辑推导，且学生人数众多，混合式教学在该领域课程中开展得还不多，统计模型课程与实践紧密结合，必须树立以市场需求为导向的培养目标。课程内容要紧跟时代需要，课程实践案例要反映前沿问题，因此，课堂教学及实践教学都十分重要。从以下几个方面看，该课程开展混合式教学十分必要。

### （一）理论性强，对统计理论基础要求高

统计模型课程理论性强，是统计专业前期课程（如数理统计、回归分析、多元统计分析等）的综合和拓展，作为统计专业高年级的课程，用到了前期多门专业课的知识。因此，学好统计模型要重视理论学习，将之前学到的专业知识融会贯通。例如，学习广义线性模型，对线性回归模型的理论掌握程度要求很高。学习聚类和降维，对多元统计分析的理论掌握程度要求很高。面对统计模型理论要求高，对前期教学基础依赖的特点，如何有针对性地开展混合式教学是授课老师面对的一个问题。

为解决这一问题，授课老师可以将课程用到的数理统计基本知识点制成微视频，上传到“学习通”等平台，供学生课前预习，以便在听课过程中更好地掌握和理解知识，在采用课堂板书授课的同时，可将各种统计模型的形式、参数估计方法、适用情形等基础知识制作成视频，将其传至“学习通”等平台，学生可以课后复习相关知识点，并根据自身学习情况回放课程视频，教师也可实时掌握学生的学习情况，将学生观看预习和授课视频的次数和时长纳入课程平时成绩，以督促和激励学生学习。

例如，逻辑斯蒂回归模型是针对因变量是0-1型变量的回归模型，研究某事件是否发生与哪些因素有关，讲逻辑斯蒂回归模型时，需要从一般线性模型引入，因为逻辑斯蒂回归模型等式的右边正是自变量线性组合的形式，所以逻辑斯蒂回归模型与一般线性模型在统计推断方面有相关性。另外在求模型参数极大似然估计时用到数学分析中的微分知识，要求学生会求对数似然函数的偏导数，若学生对相关知识点掌握不牢，则无法学习统计模型参数估计的相关内容，所以需要对前期课程内容进行预习。授课

教师受学时限制，无法带领学生复习先期课程的知识，因此采用课前录制视频并上传平台等方式，帮助学生提前预习相关知识点，并监督学生的在线学习情况，既不占用有限的课堂教学时间，又使学生掌握了本课程所需基础知识，学生在学习课程内容的过程中，对理论知识的掌握比单纯采用课堂教学方式更加充分扎实。

### （二）实践性强，对统计建模实际操作能力要求高

统计模型课程的一个重要学习内容是如何从复杂的数据中发掘有价值的信息，如变量之间的关系、哪些自变量对因变量有显著影响、因变量指标今后的变化趋势如何、如何基于样本数据对样本进行聚类和分类等，这是一门实践性很强的课程，只有将统计模型理论方法应用到实际问题中，利用统计模型解决实际数据分析问题，才能真正达到本课程的教学目的，也可使学生在实践中加深对课堂所学理论知识的理解。

本课程旨在探索培养适应社会需求的大数据人才的教学改革方法，结合各行各业对大数据分析人才的迫切需求，为学生搭建一个集理论教学、案例教学、实际操作于一体的统计模型课程教学体系。应当明确学生的主体地位，教师则要对学生积极引导，充分调动学生的主观能动性，使学生能够学以致用。

本课程的案例教学需要建设丰富的案例库，数据来源可以是国家统计局的反映我国经济社会发展状况的官方统计数据、高校和科研院所组织的CHNS、CGSS 等抽样调查项目数据、公司企业的市场调查部门收集的产品销售状况数据、金融机构收集的客户信用数据等，这些数据库变量类型多样，可以满足建立多种统计模型开展研究的目的。我校有丰富的民族地区调研数据资源和大量的图书馆馆藏资料及网络检索系统，配备有高性能计算机和先进的统计和数据挖掘相关软件（Matlab/SPSS/SAS 等），具备利用统计模型分析当今社会热点问题的平台条件，为处理复杂数据和开展统计建模实践环节教学提供了基础。

授课教师可以将以上可获得的资源传至授课平台，建设案例库，并可将统计建模的软件操作过程制作成视频，在案例教学的过程中引入统计建模的基本思想和理论方法，巩固复习课堂教学的知识点。

在线上实践的过程中，可以采用翻转课堂的教学模式，对同一个数据库，可以采取多个研究视角，建立多种统计模型，获得我们感兴趣的信息。应当鼓励学生在解决实际问题的过程中充分交流讨论，集思广益，如几人一组共同解决一个统计建模问题，然后讲解展示。教师根据学生的表

现给以评分，作为总成绩的组成部分，也可运用小组互评等方式，这样可以改善传统教学模式下评价方式依靠作业和考试而缺乏互动交流的问题，鼓励学生通过各种方式学习，充分调动学生的学习积极性。

## 二、统计模型课程开展混合式教学的基础资源

混合式教学课程的教学资源包括 PPT 课件、多媒体授课视频、微课视频、教学大纲、详细教案、课程习题及测试题等，可整理完善成体系。在线教学资源的开发，可以帮助授课教师不断完善课程内容，可以督促学生预习和复习，学生可以随时随地开展学习和进行师生互动，有利于学生养成勤于思考的良好习惯。

本课程开展混合式教学时，课程在线建设环节的基础教学资源包括以下方面。

第一，围绕目前各领域大数据产业的热点技术，结合经济、社会各领域大数据分析及应用实践，将电商、物流、金融等领域与统计建模等大数据技术相融合，建设统计模型课程体系，将课程资源及实践案例制作成多媒体教学资料，用于统计模型课程的教学，打造统计建模这门以数据分析与数据挖掘为核心任务的课程。将统计模型课实践案例教学与政府、企业大数据技术（包括机器学习和人工智能等）的需求紧密结合，将授课教师多年积累的 PPT 课件、多媒体授课视频、微课、教学大纲、详细教案、课程习题及测试题等课程相关资源整理完善成体系，充分利用网络教学综合平台的资源优势，上传至学校网络教学平台，实现资源共享。

第二，在本课程在线建设过程中，力求适应大数据分析的要求，实践环节突出大数据分析特色，在以往教学过程中，积累了许多实践案例，可采用最新的数据分析方法与实证内容。比如，在市场调查领域，用有序多分类 logistic 回归模型研究顾客对产品的满意度及其影响因素；在医学领域，利用 Cox 回归模型研究病人的生存状况及治疗效果的影响因素；在经济金融领域，利用非限制光滑样条方法从杂乱无章的金融时间序列数据中挖掘内在规律（R 软件统计建模操作界面见图 1），通过贴近实际的案例，保证学生较高的学习热情。

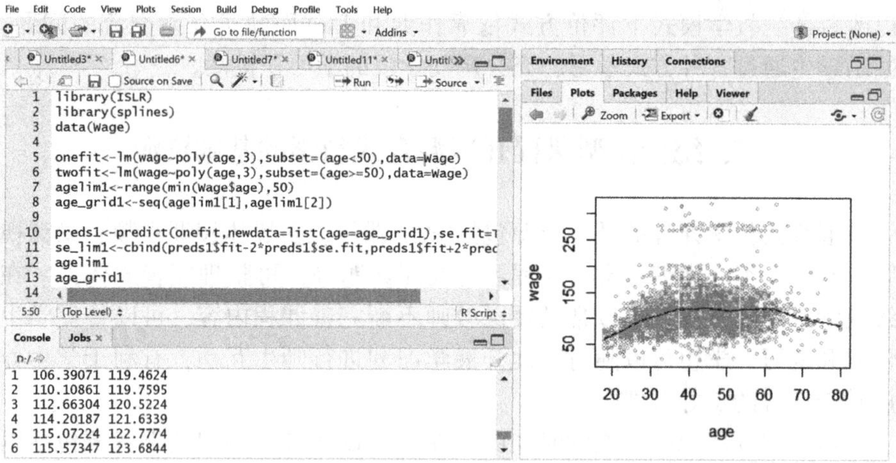


**图 1　R 软件统计建模操作界面**

第三，本课程的建设强调编程训练的教学环节，通过案例教学和实操演示，重点利用统计软件 R 进行编程，根据统计建模理论实现各行各业前沿大数据分析算法，使学生掌握分类、聚类、降维等统计建模分析方法，完成向大数据分析人才的蜕变。在教学过程中，将部分课程理论教学和实践操作过程录制微课视频，上传网络教学平台，供学生学习和师生交流。

## 三、大数据背景下统计模型课程的教学改革实践

当今大数据时代，给统计类课程的教学带来了机遇和挑战，统计模型的教学目的和对大数据分析人才的要求是一致的，即对数据进行分析和探索，从中挖掘有价值的信息。随着大数据时代的到来，统计模型课程教学能否与当前时代的发展需要结合，能否借助混合式教学手段，将本课程与大数据理论相互融合，这是值得探索的问题，也是本课程顺应时代发展的必然要求。

为此，教学过程中可以增加大数据挖掘理论和方法方面的内容，如非线性模型拟合中的样条回归及平滑方法，聚类分析中的 K 均值聚类算法、分类问题中的分类树算法、降维问题中的岭回归和 Lasso 回归等，并介绍贝叶斯理论、多水平模型分析、缺失数据多重插补方法及蒙特卡罗方法等大数据领域常见的前沿理论方法，介绍用 R、SPSS 等统计软件进行实际数据分析和处理的方法，提高学生的统计建模实践能力。授课教师引导学生

利用软件及大数据分析相关知识进行统计建模，解决经济社会等领域的实际问题。

具体地，将统计模型课实践案例教学与大数据分析技术（包括机器学习和人工智能等）的需求紧密结合，培养统计建模理论、相关领域专业知识和计算机编程能力兼优的复合型人才。理论教学方面，建设统计模型课程体系，将课程教学资源（包括 PPT 课件、多媒体授课视频、微课、教学大纲、详细教案讲义、课程习题及测试题等）整理和完善，充分利用网络教学综合平台的资源优势，实现资源共享。实践环节方面，在网络教学平台中纳入课程案例数据，构建利用统计模型分析当今经济社会各领域热点问题的课程体系，供学生应用统计建模知识进行数据挖掘探索。

在校内进行课程建设的基础上，可以进一步实行“走出去”和“请进来”的战略，对内，利用网络教学平台丰富的数据资源和高性能设备及软件开展实践案例教学，对外，与相关政府部门和企事业单位开展合作，将本课程学习与学生参与的实践活动结合，提高学生利用所学知识解决实际问题的能力，还可以结合学科竞赛的辅导、准备和参赛，将课程内容与实践更好地结合，力图课程建设成果在各个行业的数据分析领域转化，让更多的学生从中受益。

## 四、统计模型课程混合式教学之在线内容设计、互动环节和学习测评设计方案

在统计模型课程混合式教学建设过程中，在线内容设计、互动环节和学习测评设计方法如下。

### （一）在线内容设计方面

根据统计模型课程教学大纲，将授课内容进行分解，形成若干个知识模块，每个知识点录制视频，并配套制作了电子教案、多媒体课件、案例分析和题库等教学资源。将教学资源上传到学校网络教学平台，学生可通过移动端登陆学校网络教学平台进行课程学习，同时平台还配备由课程讨论互动板块、作业板块、资料板块和成绩管理板块等，可以多方位满足本课程的课堂教学和学生自学。

### （二）互动环节方面

在课前、课中和课后开展全方位互动。课堂预习阶段，教师在每次上

课前一天，通过学校网络教学平台给学生发送课程授课的课件和其他相关资料，并注明授课内容的重点及难点，针对重点及难点内容，给学生布置思考题，以便学生能够进行预习，做好课前准备；在课堂教学过程中，学生通过课前预习，初步掌握了相关的知识，教师针对预留的思考题和授课过程中引出的相关问题，让学生积极发言，激发学生学习热情，同时教师在授课的过程中，针对课程重点内容及难点内容通过在线平台与学生互动问答，并通过发布抢答等形式进行有效引导，运用启发式教学手段，培养学生的创新思维；课后复习阶段，课堂教学结束后，教师通过学习通平台发布课后作业，学生通过学习通平台提交作业，教师随时随地批改作业，实时掌握学生学习的情况，从而及时对本课程教学内容进行调整，以便更好地进行进一步的教学。

### （三）学习测评设计方面

针对学生进入课程学习，设置了相应的考核形式。其中，随堂测验及课后作业占比30%，课堂互动及课堂考勤占比20%，大测验占比50%，学生只有完成任课教师发布的任务点，进行课程学习并通过课程的各项考核，才能获得学分和取得好成绩。

## 五、线下教学活动与线上内容有机结合的思路

在统计模型课程教学过程中，在线下课堂教学过程中，通过板书等形式讲授统计模型理论和统计建模方法，与线上多媒体PPT展示和统计软件操作演示相结合，为进行统计建模实践打下坚实基础。在实际案例教学过程中，采用线上演示和线下实际操作相结合的方式，结合国民经济、社会调查、生理医学、市场研究等领域实际数据，开展数据分析实践案例教学。运用多种数据挖掘和数据采集手段，结合大学生创新创业训练计划项目和全国大学生统计建模大赛、全国大学生市场调查与分析大赛的参与和开展，通过市场调查大赛的准备和参与，一方面使学生紧跟时代步伐，了解商业企业关注的市场调查热点问题；另一方面使学生能够将所学统计建模知识应用到实际商务数据分析案例中。这样将社会实际需要和课程学习内容紧密结合，做到两条腿走路，理论联系实际。

采用“走出去”与“请进来”相结合的培养模型，创建课程学习、交流与实践综合平台，依托中央民族大学丰富的数据资源和优越的地理位置，积极开展社会调研，在课程教学过程中充分利用《中国民族统计年

鉴》和民族地区数据库的资源，致力于以民族地区经济发展问题为统计建模分析案例，本专业校外实践基地和业界导师可为本项目的开展提供学术指导和实践保障，借助以上资源，在已有课程内容和数据分析实验室条件的基础上，构建统计模型课程体系。

## 六、小结

在当今大数据时代，研究统计模型课程的混合式教学策略很有意义，综合本文的分析，本课程建设和改革的总体思路如下。

### （一）课程建设方面

（1）课程建设侧重于规范讲解主要知识点，选取的知识点具有重要性，同时全部知识点能形成体系。

（2）课程建设大数据时代的需要，并跟随统计模型理论和实践的发展，进行适时调整。

### （二）教学思路方面

（1）线上自学、线下巩固。线上提供基础知识实际操作演示，线下学生可以利用线上相关资源丰富相关知识。与之匹配，课后教师将布置相关思考习题，引导学生进一步巩固思考相关知识。

（2）提高精选案例与课程体系匹配度。教学团队集体备课，围绕课程体系选取和安排、编纂教学案例，增加教学案例与课程体系的匹配度。

（作者单位：理学院）

# 互联网+情景下基于张弛教学要素的云平台微课设计①

邹慧兰 滕春阳 付晓影 王月莹 岑 翼

微课作为新兴的在线学习教育教学形式，在近几年得到迅猛发展②。传统的教学模式不能很好地满足当前教育对学生自主学习、合作学习的要求，碎片化的时间无法高效利用，因此本文对其模式创新进行深入研究。本文分为四个部分，依次为：微课教学现状；基于张弛合一教学要素的微课设计；设计实例；结语。接下来以“基于图文动画（Motion Graphics，简称 MG 动画）和游戏系统（Game Management System，简称 GMS）的云平台免疫类微课”课程为例，探讨完整的微课创作过程及教学模式的设计与实践。

## 一、微课教学现状

由于微课内容“短小”“情景化”“便于应用”，因此可以多方面满足基础教育中的需求③。我国目前教学云平台发展迅猛，有极高利用价值，然而现有微课缺乏合理的互动模式，且鲜有成体系的微课平台。基于调查研究，目前微课存在以下问题。

（1）我国目前微课教育与新技术结合程度不够，远程教育手段区域单一化、扁平化发展。而技术手段日新月异，微课教育工作无法跟上技

① 本文系 2019 年第二批教育部产学合作协同育人项目（项目编号：201902291016，201902028004，201902314003）、2020 年中央民族大学本科生创新训练项目（项目编号：GCCX2020110020）的建设成果。

② 陈丽方、刘学军：《老年综合评估应用现状及前景展望》，载《全科护理》2013 年第 16 期，第 1520-1522 页。

③ 蔺端杰：《高中物理教学中慕课、微课、翻转课堂的应用现状与调查研究》，青海师范大学学位论文，2019 年。

术发展进步的步伐。在“互联网+”的背景下，顺应教学信息化的教学思想，不难发现“互联网+微课教学”已经成为常态①。当互联网技术发展以幂律前进，而生活、政治文化只在线性发展时，这难免造成教学管理理论与新技术脱节。若要加强微课教育与新技术的融合，不能只专注于教学技术与工具的应用，应从整体上权衡教育教学理论创新与新技术的结合，更新教育教学理念，加强信息化技术普及应用。

（2）我国目前教育体系难以实现人文关怀落实到学习过程、学习内容和教学方法②。教育教学的人文关怀指的是：加强对学生的情感引导及素质教育，将受教育的过程转变成快乐学习的过程。教育本质为人本教育，首先要尊重学生心理。教育不等同于知识输出，更在于正确对待学生的情感发展需求。现阶段微课教学着重于科学技术本身，将是否加强微课技术融合作为评判微课好坏的依据，这种现象的出现使得更少教育者去从人文视角来看待微课教学与技术的发展。教师与学生在时间空间上相互独立，使得在如何提高学生学习积极性上存在极大的漏洞。基于此种情况，衍生出寓教于乐的课程无疑可以使教育工作得以持续健康的发展。

（3）教学模式相对简单，课程设计模式僵化。对于比较完善的大型开放式网络课程平台如 MOOC、智慧树、学习通等，所含课程均以填鸭式授课为主，课程时间在 40~60 分钟不等，占用时间长。课程设置分为教师版和学生版，教师可进入课程发布教学视频、作业并进行批阅，学生需要按时观看教师直播，后台通过教师分配的比例进行线上成绩统计。对于学生与学生之间的交流关注少，缺少对学生情感的关怀和尊重，课程时间设置不能满足学生时间碎片化学习的需要。若建立合理的微课平台，形成一定的运作模式将极大填补网络教学领域的缺失，充分利用学生时间，提高学生学习兴趣。

因此，本文提出的张弛教学要素，利用微课和游戏互动的形式增加课堂灵活度，提高学生学习效率。其中，在微课设计理念方面，利用动画讲故事和游戏辅助教学巩固知识；结合 5G 大容量、高速率、低时延的特点；充分利用云平台便捷性、远程性的特点，加强对于受众群体的吸引力。而为弥补网络环境下教育交互性不足和填鸭式灌输的局限性，

① 张坤颖、王婉婉、张家年：《“互联网+”视域下新技术对远程教育的影响与思考》，载《远程教育杂志》2016 年第 2 期，第 82-89 页。

② 崔巧红：《现代远程教育中混合式学习的实施策略》，陕西师范大学学位论文，2014 年。

应将人文关怀贯穿于整个学习与教学过程，促进网络课堂的有效利用①。

## 二、基于张弛合一教学要素的微课设计

### （一）教学要素

本文提出的“张弛合一”教学主要体现在“张”与“弛”两个要素上。“张”即紧张、绷紧，在教学中意为小规模高频率学习，主体信息量大，个体信息量小，即对教学本身的质量和对学习者的学习效率成果的硬性要求；“弛”即采取灵活多样的教学形式，如游戏和动画，采用相互激励的教学方式，合理适当地放缓节奏，以配合整体学习效果。张弛合一，意为收放自如，进退有度，使学生有限的学习时间得到合理有效的安排利用，以达到最佳的学习效果。

将“张弛”二要素应用到本文微课模式设计中，通过互联网技术手段，在传统微课的基础上加以动画和游戏情节，将教学手段灵活化，使学习者能够在轻松活跃的教学气氛中学习知识，以此为“弛”；同时，注重教学思想和内核的整体性，采用多维化的教学方式，引导学生对相关问题的思考，并在课后题和游戏中提出警醒和启示，以此为“张”。松紧有度，收放自如，在二者之间找到一个平衡点，促进学习者的学习兴趣和学习效率。

为体现张弛合一思想，对微课做出几点功能元素设计。

1. 理论讲解

微课视频教学中，课前准备和教学目标阐述部分简单易懂，通过理论讲解直接完成。

2. 动画展示

当微课教学中涉及某种具体演化过程时，主要通过动画展示完成，使其能成为突出的记忆点，更好地调动学生注意力。

3. 游戏巩固

主要用于课后练习，游戏关卡的设计应突出重点难点，通过“情节”和“画面”记忆，进一步促进学生对知识的理解和吸收。

---

① 王丹：《现代远程教育中人文教育现状、问题与对策研究》，北京理工大学学位论文，2015年。

4. 基于5G的云平台

交互模块贯穿于整体教学过程，使学生与学生、学生与教师之间都能有交流的平台，激发学生的自主性和能动性。研究设计思路如图1所示。

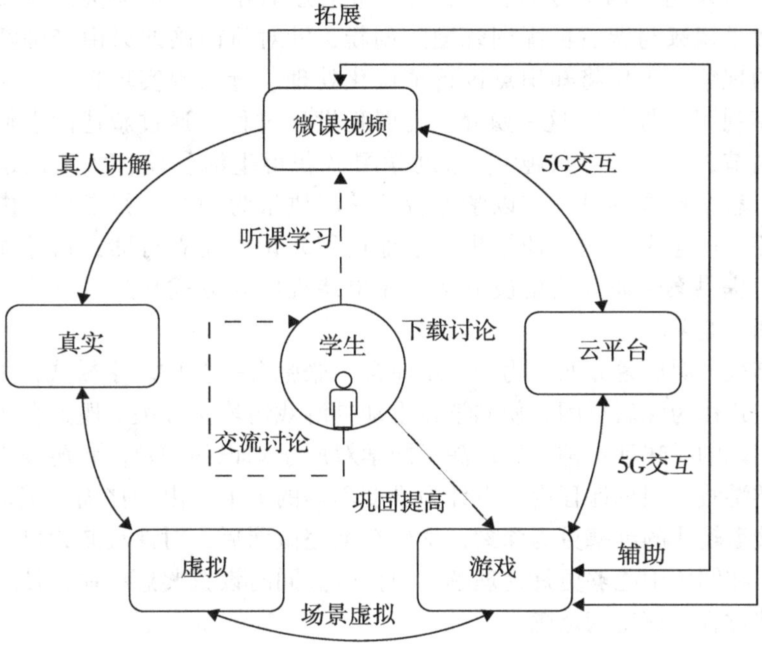


**图1 研究设计思路**

首先，对于学生来说，在微课视频学习时，通过动画展示理解学习内容，在云平台上下载学习资料，同学之间进行讨论，形成学生与学生之间交流的闭环。通过游戏使知识点得到巩固提高，为学习进行双保障，提高学习效率。其次，在整体规划中，游戏作为微课的拓展，对于微课起到辅助作用，利用5G信号延迟少的特点，结合云平台起到上传下达的作用。整体思路是将虚拟与真实结合，人文与科技并举，加强学生对知识点的理解，提高学习效率。

### （二）教学模式

通过对传统授课方式的调整及实践，发现改进后的模式对碎片化的教学能起到很好的提升效果。这种张弛合一的微课教学思想通过相关动画、游戏和讲解的合理搭配，使学生在松紧有度的教学氛围中能更好地抓住微课堂教学的重点，并加深对重点知识的记忆。为实现"张弛合一"教学要素应用，对微课堂教学做如下设计。

首先，在视频设计中，从"借用微课传授理论知识"及"应用微课提升学习兴趣"两个方面着手，开展针对新教学设计的研究。主要研究微课教学视频与课后巩固训练题的创新，针对目前网课只由老师灌输式教学的现象，采用将知识点进行情境化处理、置入现实场景的方法。情境故事利用"故事"这一媒介，在课程设计过程中通过叙述故事使学生融入情节，提升学习兴趣①，帮助学习者获得生活经验，将理论运用到实践。教学录像的设计应以学习者的学习质量为中心，并在视频中合理提出相应的思考问题，使学生有效地运用知识。建立对话，指导项目或实验，提供案例研究或解决方案，注重课程展开方式和过渡方式，使知识点衔接自然。

其次，课后题方面，为进一步迎合"张弛合一"的教学模式，采用游戏的方式作为课后巩固，使同学在生动的游戏情境中闯关，既避免了长时间看网课的无味和走神，又加深了同学对所学知识的印象。将游戏设计为闯关类游戏，根据课程内容设计为难度不等的关卡。由于伴随类记忆往往比直接灌输式的硬塞更为深刻，学生在上完微课后，对课程知识已有初步了解，在闯关中能够更好地理解学习内容。同时设置奖惩机制，使得学生在游戏过程中获得满足感。

5G交互则是利用现代教学手段和方式，为"师生"和"生生"之间提供了交流的平台。这种形式促使整个学习过程能动性更强，更充分发挥好教育者的主导作用和学生的主体能动性，而这也正是前人提出的教育者与教育对象的最佳相处模式。结合云平台，将微课内容与游戏背景资源库进行存储和共享，使学生能够在本课题设计的微课平台上进行互动。

在本文所论述的整个教学模式中，充分体现"张弛合一"的教学模式设计和多维化与统一的思想。教学内容多元化、模块化得以体现，在重点难点上做相应的独立强调。例如，游戏关卡中成败的关键点，在动画中色彩鲜明，达到视觉冲击效果等，提高学生对于课程的整体认知和积极性。再如5G交互，可以使学生的整个学习过程能动性更强，更能充分发挥好

---

① 曲茜美、曾嘉灵、尚俊杰：《情境故事视角下的MOOC游戏化设计模型研究》，载《中国远程教育》2019年第12期，第24-33页、第92-93页。

教育者的主导作用和教育对象的主体能动性。种种元素的结合使本文中提到的微课堂教学比传统教学更加新颖而有效。最终内核的整体与统一也保证了学生的学习效果和质量。简言之，该微课堂教学模式的运用为提高学生的参与性、主动性和创造性提供了空间，且能实现为核心教学目标服务的目的。

## 三、设计实例

以“免疫系统的三道屏障”为主要内容，下述为本项目设计的微课和游戏及其详细实现过程。

### （一）适用人群

本设计实例授课内容简单，主要作为中小学开展人体生物防护屏障的相关知识普及。授课方式与中小学时期学生思维发展的特点相吻合，这一阶段学生对外界事物的理解和接受常常需要借助具体的形象来完成，把抽象的知识内容制作成形象化的动画资料，增加了直观性，减少了知识难度，对中小学教学具有可实施性。

### （二）微课实现

微课主要内容是“人体免疫的三层防护屏障”相关讲解，时长为 8 分钟。采用动态背景板与真人结合，将授课背景板设置为与教学内容相关的画面。从微课设计方案开始，进行情节设计、场景搭建、习题设置，以“疫情背景阐述→免疫系统的三道屏障→工作过程→工作方式分类→抵抗病毒的方法→例题总结→结束课程”的思路进行阐述，层层递进，使学生逐步理解免疫系统。对于三道屏障的形态进行构建，对于工作形式进行动画展示，并且进行知识拓展，对于学生理解免疫系统有极大的促进作用。

### （三）游戏详细设计

课后游戏采用闯关守卫式。分为三关，依次对应人体的三个屏障：成功回到家、人体免疫活性物质初步防御、人体进入病状三个不同程度等级。最终结局有两个，一是人体没有接触到病毒或成功靠自我调节恢复，二是接触到病毒自我调节失败必须寻求医生帮助。每一关对应相应的 hp 值，相应事件会触发 hp 值的变化。通过游戏了解免疫过程的同时，告诫学习者：保持健康最好的方式不是攻击，而是防御。

### （四）5G 通信技术下的交互

针对碎片化的学习环境，在微信公众号、抖音、哔哩哔哩等多平台以文章或视频的方式推送微课视频及游戏。从学生本身出发，通过趣味性、有用性吸引用户，扩展微课的受众范围。在慕课（MOOC）平台上建立学科课程，将相关的教学资料、教学视频、示例游戏上传，便于在线学习、下载分享及交流学习。充分利用各种平台的交互性、实时性、便捷性进行交流，实时改进教学方式，同时可在慕课平台建立讨论区，发表话题加强学生之间的交流及学生与教师间的交流。利用 5G 网络在高速运动下更稳定的优点，让人们利用碎片化的时间随时随地接入学习。

### （五）调查分析

实例设计结束后，将设计实例投入微博与哔哩哔哩，并对参与该课程的 31 位学习者通过问卷星平台发放问卷，了解学习者对于该模式下的教学评价。我们主要针对课程质量、课程吸引人程度、课程更易理解程度、课程帮助程度、在碎片化时间下课程的利用效果、该课程在 5G 下多平台应用交流的评价及推荐课程意愿进行了调查。

（1）将微课视频发布到微博，并按照小时数对观看微课人数进行统计，统计界面如图 2 所示。

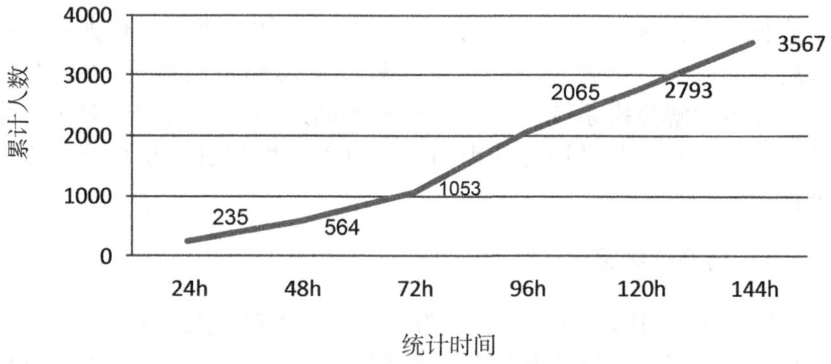


图 2　微博观看微课视频人数统计

（2）将微课视频发布到哔哩哔哩 App。

（3）进行游戏下载次数统计，统计次数如图 3 所示。

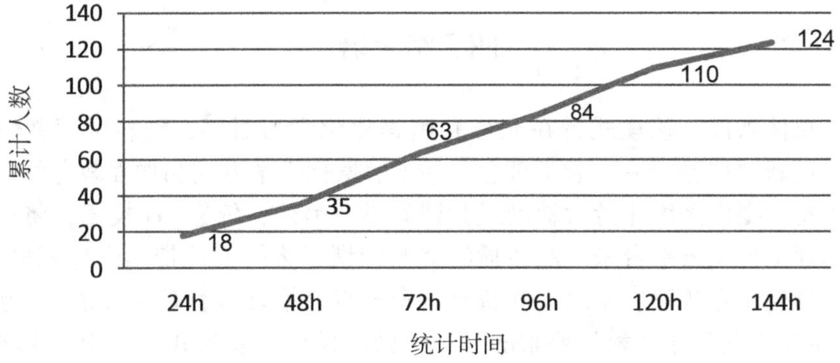


**图 3 游戏下载次数统计**

通过图 2、图 3 可以看出，前两天的视频点击量不大，但在第三天有大幅度提升。虽然游戏下载的次数远小于视频的点击次数，但认可人数始终处在递增状态，可以看出人们对这种新体制下的微课接受度很高。

（4）问卷调查。调查结果如表 1 所示。

**表 1 调查结果**

| 教学评价 | 好评比率（%） |
|---|---|
| 课程质量评价 | 90 |
| 课程更吸引人程度评价 | 95 |
| 课程理解程度评价 | 85 |
| 课程对碎片化时间利用效果评价 | 90 |
| 课程帮助程度评价 | 85 |
| 多平台交流评价 | 90 |
| 推荐课程意愿 | 95 |

通过表 1 可以看出，大部分人认为在该模式下的微课质量很高，学习者更能理解知识内容。在这种模式下，学习者能有效地利用碎片化时间进行学习并得到帮助，提高了好奇心、兴趣度和沉浸感，有效地提高了学习

者的参与度，使得学习者更深刻地理解知识。可以得出，在这种模式下，学习者可以有效地提高学习效率，且此模式对教育教学有极大的帮助，符合实际预期，有很高的参考价值。

## 四、结束语

总体来说，该模式旨在充分利用碎片化学习时间，创新微课教学模式，创新“张弛合一”教学理念，基于信息化教学方式和加强教育能动性的思想，提出多维化游戏辅助式微课教学。另外，依靠5G技术，将游戏与网课上传至云平台来广泛传播游戏与网课，将极大地带动学生积极性，提高学生学习效率。总之，创新教学模式将会推动教育教学发展，“互联网+情景下基于张弛教学要素的云平台微课设计”新模式的出现，也将为远程教育方式改革提供新的思路。

## 参 考 文 献


[1] 陈丽方、刘学军：《老年综合评估应用现状及前景展望》，载《全科护理》2013年第16期，第1520-1522页。

[2] 蔺端杰：《高中物理教学中慕课、微课、翻转课堂的应用现状与调查研究》，青海师范大学学位论文，2019年。

[3] 张坤颖、王娩娩、张家年：《“互联网+”视域下新技术对远程教育的影响与思考》，载《远程教育杂志》2016年第2期，第82-89页。

[4] 崔巧红：《现代远程教育中混合式学习的实施策略》，陕西师范大学学位论文，2014年。

[5] 王丹：《现代远程教育中人文教育现状、问题与对策研究》，北京理工大学学位论文，2015年。

[6] 曲茜美、曾嘉灵、尚俊杰：《情境故事视角下的MOOC游戏化设计模型研究》，载《中国远程教育》2019年第12期，第24-33页、第92-93页。

[7] 饶芳、余德淼：《基于微课的翻转课堂教学模式研究》，载《中外企业家》2019年第23期，第176-177页。

[8] 聂茹：《“互联网+”背景下基于翻转课堂的〈C程序设计〉教学模式的构建》，载《现代计算机》2018年第33期，第71-73页。

[9] 章泽昂、邬家炜：《基于云计算的教育信息化平台的研究》，载《中国远程教育》2010年第6期，第66-69页、第80页。

[10] 张昆明、陆小菊、黄永春、黄琼：《基于微课的混合学习模式在化工分离工程教

学改革中的应用》，载《化工高等教育》2020 年第 3 期，第 89-92 页。
[11] 李玲：《5G 技术在媒体融合发展中的应用》，载《传媒论坛》2020 年第 12 期，第 41 页。
[12] 刘甜田：《“互联网+”视域下新技术对远程教育的影响与建议》，载《吉林广播电视大学学报》2018 年第 9 期，第 60-61 页、第 79 页。
[13] 奇云：《免疫系统“两道防线”上的“保卫战”》，载《中国社会科学报》2012 年 2 月 13 日。
[14] 黄立营：《科技教育和人文教育相结合是现代教育发展的必然趋势》，载《彭城职业大学学报》2001 年第 1 期，第 59-62 页。
[15] 赵子忠、张坤：《传媒变革：5G 对媒体的基本影响》，载《中兴通讯技术》2019 年第 6 期。
[16] LIPOMI D J. Video for active and remote learning. Trends in chemistry，2020，2（6）.
[17] MARSON S. Distance learning. Marson sheila，1984，4（5）.
[18] HARFOUCHE A L，NAKHLE F. Creating bioethics distance learning through virtual reality. Trends in biotechnology，2020，38（11）.

（作者单位：信息工程学院）

# 后疫情时代混合式课程建设探索

## ——以刑事诉讼法课程为例①

王一超

2020年年初，一场突如其来的新冠肺炎疫情打破了全国人民生产生活的正常节奏。普通高等学校课程教学在此期间也面临着前所未有的压力和挑战。在新学期教学工作极可能因疫情而延宕之际，教育部紧急发出“停课不停教、停课不停学”的号召，各高校全面推开在线教学活动，基本保障了2020年春季学期教学工作的有序开展。目前，虽然全国各地已经全面恢复线下授课，但是来自新冠肺炎疫情的潜在威胁仍没有完全消失。在这一特殊的历史时期，如何能够更好地推进混合式课程建设工作，成为教育改革中的一项重要议题。鉴于此，笔者拟结合本人开设的刑事诉讼法课程，在吸取抗疫期间在线课程建设经验与教训的基础之上，对后疫情时代的混合式课程建设进行一定的思考和探索。

## 一、后疫情时代混合式课程改革的必要性和可行性

混合式教学（Blending Learning）并非近几年出现的新事物。早在2004年，北京师范大学的何克抗教授就已著文对此进行过介绍，并将其解释为一个“旧瓶装新酒”的新概念。所谓混合式教学，是指将传统学习方式和数字化、网络化学习方式结合起来的一种新型教学模式。② 这种教学模式将传统线下面授教学和线上教学各自的优势结合起来，可以实现两种教学方式的优势互补，从而达到最佳的学习效果。十余年来，我国教育信息技术与课程内容的整合水平不断提高，人们对于混合式教学经历了一个

---

① 本文系中央民族大学2020—2021年度在线课程建设和混合式教学改革项目的阶段性成果。

② 何克抗：《从 Blending Learning 看教育技术理论的新发展》（上），载《中国电化教育》2004年第3期，第5页。

从陌生到了解，再到不断熟悉的过程。大家就混合式教学实践方式进行了多种多样的有益探索，对于此种新型教学模式的认识和理解愈发深刻，其价值也得到越来越多人的认可。2020年年初，在新冠肺炎疫情的外因冲击之下，后疫情时代混合式教学改革的必要性更加凸显出来。此外，抗疫期间全面在线教学的实践经验也在很大程度上为混合式教学改革扫除了观念和技术上的障碍，为改革提供了可行性方面的保障。

### （一）整合优质教学资源、提升教学质量的有力抓手

优质的教学资源是保证课程教学高质量的法宝。教学资源优质与否，不仅取决于所投入教学的硬件和软件设备，更在于师资队伍水平。正如曾任西南联合大学校长的梅贻琦先生所言："所谓大学，非有'大楼'之谓也，乃有'大师'之谓也。"然而，在教学资源各方面中，优质的师资队伍最需要长时间的培养和建设，而这正是制约不同高校、不同学科教学资源分配最为主要的因素之一。随着教育信息技术的发展，技术融入课程的水平不断提高，优质教学资源的共享逐渐成为可能。例如，大规模网络课程 MOOC 的出现和发展降低了名校、名师、名课等优质教学资源获取的门槛。通过混合式课程建设，不同高校和学科之间可以通过在线教学部分实现优势互补，补足当前教学中所存在的短板，并可以在线下教学活动中充分发挥自身的优势和特色，从而在整体上提升课程教学的质量。

如果说在提升教学质量方面，混合式课程改革对于优质教学资源公平分配的促进作用具有表层性意义，那么混合式课程改革所带来的课程设计方面的转变，因其更加符合人类认知的科学规律，将在更为根本性的层面上推动教学质量的稳步提升。根据建构主义教育理论，知识无法通过被动吸收而真正获得，而是需要学生主动通过实践和思考去获得。[①] 为了取得更好的教学效果，课程教学需要改变传统的"老师讲，学生听"的填鸭式教学方式，将基于知识内容的浅层次学习环节和能力、思维训练的深层次学习环节翻转过来。此种翻转式课堂的教学方式更加符合学生学习的认知规律，有助于达成更好的学习效果，但需要在学习的时间和空间上有更大的灵活性，传统的教学模式显得力有不逮，而混合式教学恰恰契合了这种改革的需求。

---

① 杨天啸、雷静：《在线教育的理论基础与发展趋势》，载《教育研究》2020年第8期，第31页。

### （二）应对不同教学环境、保障教学秩序的客观需要

客观而言，混合式教学改革在我国已经推行一段时间，但受观念、技术等方面的因素制约，改革推进的速度比较缓慢。此次新冠肺炎疫情对于教学的冲击，让人们不得不对传统的教学模式进行反思。在这一特殊的时代背景之下，混合式课程改革更具紧迫性。这是保障教学环境变化对教学秩序干扰最小化的客观需要。传统的教学模式以教室为中心，教师主要围绕这一教学环境设计和开展课程教学，课程教学虽受制于教学环境，但这种制约影响尚不突出。抗疫期间全面开展在线教学，尽管基本的教学秩序能够得以保全，但上述教学环境对于教学效果的制约影响却凸显出来。教学环境本应为课程教学服务，如果反过来成为教学活动的制约，那么便是本末倒置。混合式课程改革之下，高校和教师在课程教学方面具有更强的自主性。这种新型教学模式不仅可以保证课程教学“进退自如”，赋予教学应对突发事件的能力，保障不同教学环境之下的教学秩序。更为重要的是，混合式教学模式允许更为灵活的课程设计，可以更好地发挥教师在课程教学中的主导作用，根据教学需要，为学生营造和创设更为妥适的教学环境，从而达到更好的教学效果。

### （三）抗疫期间的在线教学为改革提供了观念和技术上的准备

新冠肺炎疫情之前的混合式教学改革之所以进展缓慢，一定程度上要归因于彼时观念和技术上的制约。从主观上看，在线教育长期以来饱受争议，无论是教师还是学生，都有相当一批人在观念上排斥这种新型教育模式，甚至将其视为传统意义之下的一种次级（inferior）教育方式。① 从客观上看，我国教育信息技术的发展水平还不足以为混合式教学的全面推广提供必要的技术支持，许多优秀的教学活动设想因为受制于技术而无法实现。在此次全民抗击新冠肺炎疫情期间，全面在线教学的客观需求迫使更多的教师和学生接触在线教学。随着对其逐步深入的了解，原本对于在线教学的诸多误解得以消除，这为混合式教学改革扫清了观念层面的障碍。此次抗疫期间的在线教学过程中，各大教学平台多次扩容提速，广大教师与教育技术人员进行并维持着前所未有频度和深度的沟通，来自一线教师的真实需求刺激着技术提供者不断进行改革，推动着教学技术与课程内容

---

① 杨天啸、雷静：《在线教育的理论基础与发展趋势》，载《教育研究》2020 年第 8 期，第 32 页。

之间整合水平的提高，为混合式课程改革做好了技术层面的铺垫。

## 二、后疫情时代混合式课程建设的构想

混合式教学绝不是传统教学和在线课程的简单相加。倘若教师只是将传统课堂的内容部分或全部复制到线上，徒具混合式课程的表象，却不得其精髓，不仅无法实现两种教学方式的优势叠加，还会抵消传统教学方式原本的优势。混合式教学改革意味着教学模式的转变，想要取得更好的教学效果，必须结合新时代的教学需求，进行有针对性的课程建设。

### （一）从“以教为中心”到“以学为中心”

长期以来，在“重教轻学”理念的影响下，在教学上遵循以教材为中心、以教师为中心、以教室为中心，这种教学模式有助于课程知识内容的灌输，却无法有效培养学生的批判性思维能力和创新思维能力。教学的目的不应仅仅是知识内容的传递，更重要的是学生能力和素质的提升。教师对学生的认识需要从过去的客体地位转变为对其主体身份的尊重，将教学理解为一种主体间的交互。新时代下，教学理念要从上述传统的“三中心”向“以学为中心”转变，即以学生发展为中心、以学生学习为中心和以学习效果为中心。在混合式课程建设过程中，教师必须了解学生的需要，从有利于学生学习和发展的角度，对专业标准、课程大纲、教学方式方法、内容组织、教材处置、教学评估等问题进行全新的思考研究①，而不能盲目自信，凭借教师自身的既有经验“一厢情愿”地进行课程设计和实施。从“以教为中心”到“以学为中心”是教学理念的转变，对于教学改革具有提纲挈领的指导意义，是混合式课程建设的第一步。

需要注意的是，过犹不及。在混合式教学模式下，教师作为教学主体的色彩淡化，却不能完全退场。为了保障良好的教学效果，教师需要通过一定的课程设计和实施，有效引导学生主体地位的实现。以本人开设的刑事诉讼法课程为例，学习本课程的学生为大二下学期的本科生。学生已经具备了初步的法学知识，但是专业知识基础仍较为薄弱。虽然在线教学可以让学生接触到广泛的优质学习资源，为其提供更多的选择，但是如果教师完全放任，学生很可能会迷失在海量的课程资源中，无所适从。因此，

① 贺武华：《以学为中心的高校“教”与“学”质量评价体系改进》，载《江苏高教》2019年第3期，第23页。

教师需要在此方面发挥主导作用，对课程的教材资源方面做出必要提示。在为学生提供多样化课程资源的同时，教师应为所使用的教材资源的可靠性提供保障。例如，面对既有的 MOOC 资源，不宜整门课完全照搬，而应结合各课程单元的特点及相应 MOOC 资源的质量进行筛选。

### （二）契合混合式课程特点的教学设计探索

混合式课程不是线上线下课程的简单叠加，唯有不同教学环境中的教学活动有机融合，综合起来才能实现教学效果的最优化。混合式课程的复杂性要求教师提前根据课程的特征要求和教学对象的特点，对教学诸要素进行设计安排，并在教学过程中适时调整。良好的课程设计可以通过优化教学过程来提高教学的效率、效果和吸引力，以利于学习者的学习。① 混合式课程的教学设计方案需要提前向学生公布，学生在正式开始课程学习之前即应对接下来的学习有所预期。这既是对学生主体地位的尊重，也是对混合式课程教学质量的保障。

第一，在教学要素方面，混合式课程的设计要做到要素完备，重点突出。

根据 FD-QM 课程质量标准，混合式课程需要具备课程概述、学习目标、学业考评、课程教材、课程互动、课程技术、学习支持和课程制作八大要素。其中，学习目标、学业考评、课程互动三个方面又是课程建设的重中之重。

优化课程目标是建设高质量混合式课程的前提。所谓教学目标，是指通过教学后，学习者在知识和技能、过程和方法、情感态度和价值观等方面发生的预期的变化。② 教学目标所阐明的是学习者的行为而非教师的行为，因此该目标的阐述应从学生的角度出发。但仅考虑到学生角度的转换还不够，如果教师描述课程目标是非常笼统和模糊的，学生完成学习活动后不能清楚判断自己是否已经达到了相应的要求，也就无法明智地决策自己是否需要进一步反刍学习。不仅如此，既然教学的目的在于实现课程目标，上述课程要素的设计理应遵循一致性建构（constructive alignment）原则，即与课程目标相对应，而模糊的课程目标设计势必会使教师在进行其他要素的设计时显得盲目。因此，无论是从学的角度还是教的角度，混合式课程的教学目标都必须明确、具体，可观察、可操作和可测量。此外，

---

① 张剑平：《现代教育技术——理论与应用》，高等教育出版社，2006 年版，第 199 页。
② 张剑平：《现代教育技术——理论与应用》，高等教育出版社，2006 年版，第 205 页。

“以学为中心”的混合式教学应当着眼于学生的综合发展，不仅关注课程知识内容的教授，更为重要的是培养大学生应用知识的能力和锻炼其批判性思维能力。因此，课程目标的设计还应注意有层次性，知识层次、能力层次和思维层次的课程目标均需有所设计。

混合式课程教学是一个过程，相应地，课程测评也应该是一个过程。“一考定终身”的测评理念不仅无助于实现良好的教学效果，还可能诱发学生学习动机的异化。混合式课程中，教学环境不再局限于教室，教师与学生在时间和空间上的分离降低了教师物理上的控制力，教师需要通过过程化的学习测评设计增强师生之间的黏性，并为教学活动调整提供及时有效的指导。依托于一定的网络教学平台，教师教学和学生学习活动在平台系统中全程留痕，这使得过程性评价成为可能。教师应当借助技术提供的便利，在课程设计中充分利用好过程性评价工具。例如，对于学生而言，学习测评发挥着指挥棒的作用，教师可以向学生公开成绩构成，并通过科学合理的成绩权重设置，抑制学生的功利动机，引导其更多地参与到高阶学习活动中，从而引导那些关心分数胜过知识的学生转化为真正的学习者。再如，教师可以通过过程性测评识别出一定时期内学习进度缓慢的学生，对其进行及时干预，发布教学预警，并个别了解其是否存在需要克服的学习困难。

课程互动是混合式教学设计的重要内容。穆尔（M. G. Moore）提出课程教学中包含教师与学生、学生与学生、学生与课程内容三种类型的互动。[①] 混合式教学由于依托于一定的网络学习平台，还会包括教师和学生在与技术平台之间操作层面的互动（人机互动）。[②] 在线教学便利了学生与课程内容之间的互动，却提高了师生互动和生生互动的成本，而教学主体之间互动的缺失会使学生产生孤独感，导致学习效果不佳，教师必须就此进行有针对性的设计。结合抗疫期间的在线教学经历，笔者发现，与线下的面授课程相比，在线教学中，教师与学生之间无法实现眼神交流，一定程度上弱化了教师的即时观察判断能力。因此，教师要在课程设计中充分重视在线教学的异步反馈，以弥补即时反馈不足的劣势。当前几大主要的网络学习平台均有“讨论”的功能设置，该功能不仅支持师生主动发布讨

---

① M. G. Moore, "Three Types of Interaction", *American Journal of Distance Education*, 2 (1989): 1-6.

② 陈涛、巩阅瑄、蒲岳：《探寻社会化意义：大学生在线教学交互及其对学习效果的影响——基于334所高校在线教学的调查》，载《高等教育研究》2020年第6期，第73页。

论帖，也支持师生对已经发布的帖文进行回复。这一技术功能可用于实现在线教学中师生互动和生生互动的教学目的。教师可以将此作为课程答疑的一种方式，并首先参与其中，通过规律的发帖、回帖，对正处于观望和犹豫中的学生形成正向激励，以及时有效地反馈为课程互动加温。与此同时，混合式课程的线下教学环节是互动氛围的调节器，教师通过合理安排线下教学的频次，可以有意识地为那些对互动需求更高的教学活动提供更为妥适的教学环境。

第二，在课程内容的设计方面，混合式课程不能成为传统课堂的线上复刻版，必须结合混合式课程的特点在设计思路上有所区别。

混合式课程中的教学效果很大程度上取决于学生自主学习的效果。没有线下教学环境在时间和空间上的约束，学生学习时的注意力集中成为一大难题。如果仍然像传统课堂一样，以课时为单位进行课程内容设计，自律性再强的学生都难免会在学习过程中开小差。因此，教师在设计在线教学环节的课程内容时，需要对传统的课程内容进行分解。以刑事诉讼法课程中“证明”一节为例，课堂面授环境下，笔者对此单元的课程内容设计如下（图1）。

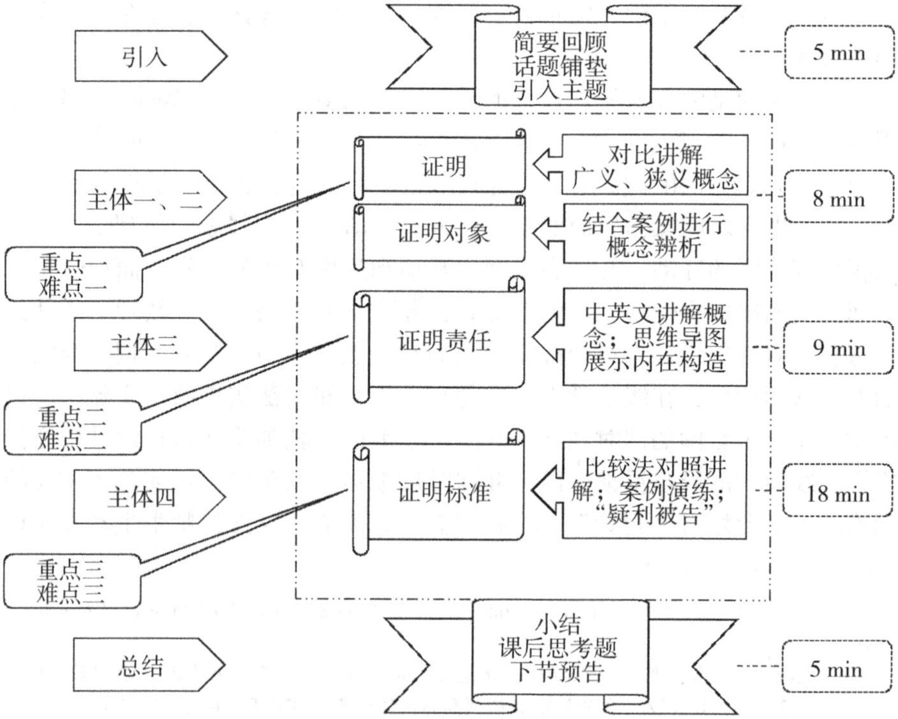


**图1　课程内容设计**

如果将上述面授内容转化为视频，使之成为混合式课程的线上教学资源，45 分钟的长视频会极大地消耗学生学习的耐心，要求学生全程注意力集中几乎难以实现。短小精致的课程视频更加适合线上学习环境，具体而言，每个课程视频以不超过 15 分钟为宜。结合上述内容，教师可以将此节的课程内容进一步拆分为“证明”“证明对象”“证明责任”“证明标准”四个迷你部分，各自独立制作一个课程视频，并可将“证明标准”中的案例演练部分再进一步分解出来。与此同时，为了避免知识点的分解讲授妨碍学生形成对课程内容的体系化认知，教师还可在课程中植入本单元知识内容的树状图或思维导图，以视觉刺激的方式强化课程体系，从而保障学生在学习过程中“既见树木也见森林”。

## 三、后疫情时代混合式课程建设的障碍与突破

混合式教学模式拓展了课程教学的疆界，让人们意识到教学所具有的无限潜力。然而，这种潜力目前来说只是一种可能性，潜力能否兑现及何时能够兑现，暂时未知。后疫情时代的混合式课程建设还受制于若干障碍因素。教育研究者们不能盲目乐观，必须对这些障碍因素有清醒的认识，并设法予以克服。

### （一）教育信息技术的瓶颈及突破

混合式课程改革要求信息技术与课程的融合，教师要将信息技术作为教学工具，运用技术来有效地达到教学目标。[①] 这种融合不是把信息技术单纯作为辅助教或辅助学的工具，而是强调要利用信息技术营造一种理想的教学环境。这种环境可以支撑真实的情景创设，不受时空限制的资源共享，快速灵活的信息获取，丰富多样的交互方式，打破地区界限的协作交流及有利于培养学习者创造性的自主发现和自主探索，在此基础上可以实现一种能充分体现学生主体地位的新型学习方式。[②] 然而，目前人们对于教学技术的理解仍然主要停留在其辅助功能，而且受制于技术水平，上述辅助教学功能在有些时候不能良好发挥，课程效果受到掣肘。例如，受信息技术水平的限制，目前的 MOOC 资源形式仍比较单一，以录制视频为

① 张剑平：《现代教育技术——理论与应用》，高等教育出版社，2006 年版，第 17-18 页。

② 何克抗：《从 Blending Learning 看教育技术理论的新发展》（下），载《中国电化教育》2004 年第 4 期，第 13 页。

主，且视频制作的水平参差不齐。

抗疫期间在线教学过程中，教育信息技术得到了前所未有的发展。教育技术人员在对教学平台多次扩容增速的同时，不断对技术工具进行改进，努力追求教学设计的技术实现最大化。如今，高校已经线下复课，但教育信息技术的发展进步没有停滞。目前，教学设计者绝大多数的设计构想已经可以找到与之配适的技术工具，甚至对于某些教学方式，平台能够提供多种技术工具供教师选择，且可选项逐渐增多，技术工具的友好度也在持续改进。此外，不同网络教学平台之间、专门的教学平台与微信、QQ、腾讯会议等大众交流平台之间相互配合，也可以弥补单一平台的技术不足，共同为混合式课程建设提供技术支撑。

### （二）教师培训体系的短板及补足

混合式教学的效果很大程度上受人机互动水平的影响，教师和学生对技术工具越熟悉，往往教学效果越好。这一假设已经得到诸多教育实证研究的证实。基于此，各高校对于建设混合式课程的教师培训多集中于技术层面。然而，许多接受了技术培训的教师在开设混合式课程时，只是将原本的传统课堂进行在线复刻，并没有做到信息技术与课程的有效整合，亦无法追求混合式课程的良好教学效果。此现象暴露出当前教师培训体系中的短板，单纯的技术培训只能成为全面在线教学特殊时期的应急之举，对于后疫情时代的混合式课程建设是远远不够的。调查显示，对于技术工具最为熟悉的青年教师群体并不是对在线课程自我评价最高的群体。① 这种假设与实证结果之间的反差表明技术熟练程度只是混合式课程建设水平的影响因素之一。单纯着眼于技术的教师培训在体系上是不够健全的。如果教师并不懂得混合教学的内涵和实施方法，没有了解和掌握教学设计，就不会形成线上和线下教学有机融合的意识，更遑论发挥教学设计对于教学过程的优化作用，只能盲目照搬现有的课程，不可能实现混合式教学模式下的教学创新。② 服务于混合式课程改革的教师培训应当具有前瞻性。长远看来，技术培训必定式微，结合个案和实例的教学基础理论培训的重要性势必凸显。当前教师培训体系在

---

① 吴薇、姚蕊、谢作栩：《高校教师在线教学经历对自我教学评价的影响——基于全国334所高校在线教学的调查分析》，载《高等教育研究》2020年第8期，第69页。

② 詹泽慧、李晓华：《混合学习：定义、策略、现状与发展趋势——与美国印第安纳大学柯蒂斯·邦克教授的对话》，载《中国电化教育》2009年第12期，第3页。

此方面的短板亟须补足。

### (三) 教师与学生负担的失衡及调整

抗疫期间在线教学过程中，教师和学生普遍反映负担过重。虽然教师的初衷是良善的，希望能够提供给学生更多知识，教师自身不辞辛劳，主动加班，也的确令人感动，然而，这种师生都累的状态却会让混合式教学效果适得其反。无论是对于教师还是学生，过重的负担都不是教学发展的长远之计，疲劳会激发师生对于混合课程的抵触心理。教师在进行混合式课程建设时必须意识到这一点，避免陷入上述误区。诚然，混合式课程建设工作本身就是辛苦的，这种辛苦在首次建设课程时尤甚。然而，在线教学的一大优势在于授课成果的复利化。因此，混合式课程建设不应该做成“一锤子买卖”，而应该有一个周期过程。无论是高校还是教师，都要做好数年、十余年甚至数十年混合式课程建设改革的准备，而不能急功近利。否则，教师就只能停留在建课初期的痛苦当中，无法体会到后续授课成果复利化带来的甜头。对于学生而言，由于在线学习也会花费一定的时间和精力，且课堂内不应再重复在线课程的内容，因此，教学管理应允许对混合式教学的课堂内学时数进行适当缩减，从而实现对师生负担的有益调整。

## 参考文献


[1] 张剑平:《现代教育技术——理论与应用》，高等教育出版社，2006年版。

[2] 何克抗:《从 Blending Learning 看教育技术理论的新发展》(上)，载《中国电化教育》2004年第3期，第5-10页。

[3] 何克抗:《从 Blending Learning 看教育技术理论的新发展》(下)，载《中国电化教育》2004年第4期，第10-15页。

[4] 詹泽慧、李晓华:《混合学习：定义、策略、现状与发展趋势——与美国印第安纳大学柯蒂斯·邦克教授的对话》，载《中国电化教育》2009年第12期，第1-5页。

[5] 贺武华:《以学为中心的高校“教”与“学”质量评价体系改进》，载《江苏高教》2019年第3期，第21-25页。

[6] 陈涛、巩阅瑄、蒲岳:《探寻社会化意义：大学生在线教学交互及其对学习效果的影响——基于334所高校在线教学的调查》，载《高等教育研究》2020年第6期，第72-81页。

[7] 吴薇、姚蕊、谢作栩:《高校教师在线教学经历对自我教学评价的影响——基于

全国 334 所高校在线教学的调查分析》，载《高等教育研究》2020 年第 8 期，第 63-72 页。

[8] 杨天啸、雷静：《在线教育的理论基础与发展趋势》，载《教育研究》2020 年第 8 期，第 30-35 页。

[9] MOORE M G. Three Types of interaction. American journal of distance education, 1989 (2):1-6.

（作者单位：法学院）

# 混合模式下外语学习者在线学习行为研究及教学启示[①]

杨长喜

在线学习是混合式学习的重要组成部分（何克抗，2004），研究在线学习行为能够指导在线学习资源开发等，且有利于教师动态掌握学情，有效组织学习活动、实施调控和进行反思（李玉斌 等，2012）。宗阳等（2016）指出，在线学习过程复杂，学习行为与学习效果之间关系研究所得出的结论也不尽相同。贾积有等（2014）的研究表明，观看视频次数、观看网页次数、浏览和下载讲义次数等学习行为与学习成绩呈显著相关。而王萍（2015）的研究表明，学习者观看视频数和学习章节数等参与行为与学习成绩没有直接关系。

为了进一步探究学生在线学习行为与学习效果之间的关系及不同水平学习者在线学习行为的差异，笔者结合教学实践，开展混合式模式下外语学习者在线学习行为的研究，深入反思混合式教学的有效途径、手段与策略。

本研究拟回答以下三方面问题。

一是学习者在线学习行为与学习效果是否相关？如果有，有多大的解释力？

二是高分组、中间组和低分组在线学习行为是否存在显著性差异？

三是对教学的启示。

① 本文是2020—2022年度中央民族大学“一流课程”建设项目“大学英语（一、二）”、2021年度中央民族大学青年教师科研能力提升计划“混合式学习模式下‘课程思政’实现路径和效果评价研究——以大学英语课程为例”和“新时代高校教师发展研究与探索实践”的阶段性成果。

## 一、研究过程

### （一）概念的操作定义

本研究将在线学习行为的操作定义为有记录的外显学习行为，包括任务点完成数（下称 Tasks）、发帖数（下称 Comments）、回帖数（下称 Replies）、访问次数（下称 Visits）、访问天数（下称 Days）和平时成绩（下称 Dailymark），学习效果的操作定义为期末限时写作得分（下称 Finalscore）。

### （二）研究对象

本研究对象为选修英语实用写作课程的非英语专业大学生。因部分同学数据的缺失值较多，最终本研究采用的数据为 30 人。其中，女生 22 人，男生 8 人。收集数据自 2018 年 9 月至 2018 年 12 月。

### （三）数据收集

通过网络教学平台（学习通，下称“平台”）收集 Tasks、Comments 和 Replies、Visits、Days。个人小结通过平台收集，通过关键词分析来观察学习者内隐学习特征。

Dailymark 为句酷批改网（下称“批改网”）收集的 8 次学生非限时写作成绩的算术平均数。该成绩是学习者能力、行为和信念的体现，因此本研究认为其属于在线学习行为。批改网对于提高写作者写作能力的积极作用和其局限性已有相关实证研究（石晓玲，2012；何旭良，2013；杨晓琼等，2015；何欣忆等，2018）。虽然批改网的评分存在不足，但对于所有参评的学习者而言，标准一致，有一定的可比性。Finalscore 也采用批改网的评分。

### （四）研究工具

本研究使用中国科学院 NLPIR 大数据语义智能分析平台对学生总结进行关键词提取分析，SPSS18.0 进行数据统计分析。

## 二、分析与讨论

### （一）在线学习行为和学习效果间的相关关系

**表1 在线学习行为和 Finalscore 之间的相关系数**

| 变量名 | | | Comments | Replies | Visits | Days | Dailymark | Finalscore |
|---|---|---|---|---|---|---|---|---|
| Spearman 的 rho | Tasks | 相关系数 | 0.209 | 0.067 | -0.002 | 0.124 | 0.063 | 0.106 |
| | | Sig.(双侧) | 0.267 | 0.724 | 0.993 | 0.515 | 0.743 | 0.576 |
| | | N | 30 | 30 | 30 | 30 | 30 | 30 |
| | Comments | 相关系数 | — | 0.026 | -0.060 | 0.161 | 0.186 | 0.277 |
| | | Sig.(双侧) | — | 0.890 | 0.754 | 0.394 | 0.325 | 0.138 |
| | | N | — | 30 | 30 | 30 | 30 | 30 |
| | Replies | 相关系数 | — | — | -0.006 | 0.183 | -0.185 | -0.039 |
| | | Sig.(双侧) | — | — | 0.975 | 0.332 | 0.327 | 0.836 |
| | | N | — | — | 30 | 30 | 30 | 30 |
| | Visits | 相关系数 | — | — | — | 0.504** | 0.298 | 0.166 |
| | | Sig.(双侧) | — | — | — | 0.005 | 0.109 | 0.382 |
| | | N | — | — | — | 30 | 30 | 30 |
| | Days | 相关系数 | — | — | — | — | 0.449* | 0.248 |
| | | Sig.(双侧) | — | — | — | — | 0.013 | 0.186 |
| | | N | — | — | — | — | 30 | 30 |
| | Dailymark | 相关系数 | — | — | — | — | — | 0.448* |
| | | Sig.(双侧) | — | — | — | — | — | 0.013 |
| | | N | — | — | — | — | — | 30 |

** 在置信度（双侧）为 0.01 时相关性是显著的；* 在置信度（双侧）为 0.05 时相关性是显著的。

根据表1，在线学习行为中仅 Dailymark 和 Finalscore 之间存在显著的中度正相关关系（$p<0.05$），相关系数 0.448。其余各项与 Finalscore 之间均不存在显著相关关系。这一结果与王萍（2015）发现的 MOOC 学习行为

与学习成绩没有直接关系的结论相似。

为了进一步验证 Dailymark 和 Finalscore 的关系，将 Dailymark 设为自变量，Finalscore 设为因变量，进行一元回归分析，结果表明，Dailymark 对 Finalscore 有一定的预测能力，“Dailymark” 变量能解释 Finalscore 23.8%的变异（表 2）。由于 Dailymark 不仅体现学生的基础能力，还包括主动学习能力和努力程度，所以解释量不高。

**表 2　一元线性回归结果摘要表**

| 变量 | 变量名 | R | $R^2$ | Adjusted $R^2$ | F(1,28) | Beta | t(28) | Tolerance | VIF |
|---|---|---|---|---|---|---|---|---|---|
| 因变量 | Finalscore | 0.514 | 0.265 | 0.238 | 10.073* | — | — | — | — |
| 自变量 | Dailymark | — | — | — | — | 0.514 | 3.174* | 1 | 1 |

* $P<0.05$

### （二）组间在线学习行为是否存在显著性差异

将 30 名学生按照 Finalscore 分为高分组、中间组和低分组，三组间进行单因素组间方差分析结果显示，三组成绩有显著差异（$F(2, 27 = 53.76)$，$p<0.05$）：高分组成绩>中间组>低分组，分组有效（表 3）。

**表 3　高分组、中间组和低分组组间差异性检测**

| 分组 | 高分组 | | 中间组 | | 低分组 | | F | Post | Hoc |
|---|---|---|---|---|---|---|---|---|---|
| | M | SD | M | SD | M | SD | (2, 27) | (Tamhane) | |
| 词汇成绩 | 84.54 | 2.073 | 78.55 | 1.907 | 69.30 | 4.996 | 53.76* | 高分组>中间组>低分组 | |

* $p<0.05$

将 Tasks、Comments、Replies、Visits、Days、Dailymark 分别作为因变量，利用 Krushkal-Wallis H 对前五个变量分别进行组间显著性差异检验，结果如表 4。利用单因素组间方差分析对 Dailymark 进行组间差异分析，结果如表 5。

**表 4　Finalscore 高分组、中间组和低分组不同在线学习行为的差异显著性检验摘要表**

| 自变量 | 因变量 | | | | | | | | | |
|---|---|---|---|---|---|---|---|---|---|---|
| Finalscore | Tasks | | Comments | | Replies | | Visits | | Days | |
| 分组 | 秩序值 | 卡方值 | 秩序值 | 卡方值 | 秩序值 | 卡方值 | 秩序值 | 卡方值 | 秩序值 | 卡方值 |
| 高分组 | 14.95 | 0.117 df=2 渐进显著性 0.943 | 15.25 | 3.746 df=2 渐进显著性 0.154 | 14.35 | 3.115df=2 渐进显著性 0.211 | 18.85 | 2.529 df=2 渐进显著性 0.282 | 15.10 | 8.609 df=2 渐进显著性 0.014 |
| 中间组 | 16.25 | | 19.30 | | 19.40 | | 15.00 | | 21.45 | |
| 低分组 | 15.30 | | 11.95 | | 12.75 | | 12.65 | | 9.95 | |

根据表 4，Finalscore 的高分组、中间组和低分组在 Days（$p<0.05$）上面，组间有显著差异。根据秩序值进一步推断，中间组 Days 最多，高分组次之，低分组最少。虽然三组学习者在 Tasks（$p>0.05$）、Comments（$p>0.05$）、Replies（$p>0.05$）和 Visits（$p>0.05$）方面不存在显著差异，但根据秩序值可以看出除了 Visits 之外，其余网络行为的秩序值顺序均为中间组>高分组>低分组。可以推断出中间组的学生比高分组和低分组更重视新的学习手段，有持续性。

**表 5　Finalscore 高分组、中间组和低分组的 Dailymark 差异检测**

| 分组 | 高分组 | | 中间组 | | 低分组 | | F（2，27） |
|---|---|---|---|---|---|---|---|
| | M | SD | M | SD | M | SD | |
| 词汇成绩 | 76.14 | 4.97 | 74.18 | 2.55 | 72.14 | 2.95 | 3.008 $p=0.066$ |

根据表 5，三组学习者之间的 Dailymark 并无显著性差异（$p>0.05$），说明平时在学习工具（字典、批改网的错误提示等）和参考资料帮助下，低分组、中间组通过认真参与学习过程能缩小与高分组的差距。

## （三）个人总结关键词分析

表 6 高分组、中间组、低分组个人总结的关键词统计（前 15 位）

| 排序 | 高分组 | | | 中间组 | | | 低分组 | | |
|---|---|---|---|---|---|---|---|---|---|
| | 类符数 | | 形符数 | 类符数 | | 形符数 | 类符数 | | 形符数 |
| | 926 | | 2506 | 1089 | | 3074 | 728 | | 1832 |
| | 词 | 权重 | 频率 | 词 | 权重 | 频率 | 词 | 权重 | 频率 |
| 1 | 熟词生义 | 31.03 | 4 | 可以 | 27.52 | 35 | 写作 | 36.47 | 65 |
| 2 | 学习 | 27.35 | 43 | 学习 | 26.94 | 54 | 学习 | 25.67 | 45 |
| 3 | 写作 | 24.55 | 54 | 写作 | 23.15 | 58 | 喜哥 | 16.36 | 3 |
| 3 | 实用写作课 | 24.23 | 5 | 实用写作 | 20.33 | 12 | 老师 | 16.20 | 19 |
| 4 | 作文 | 23.08 | 44 | 作文 | 19.82 | 44 | 词汇 | 15.82 | 29 |
| 5 | 英语 | 22.27 | 39 | 词汇 | 19.13 | 40 | 作文 | 15.59 | 29 |
| 6 | 时间 | 17.10 | 20 | 学习通 | 18.60 | 10 | 讨论 | 15.21 | 17 |
| 7 | 词汇 | 16.99 | 25 | 英语 | 18.45 | 30 | 句式 | 14.34 | 15 |
| 8 | 批改网 | 14.91 | 6 | 文章 | 17.80 | 27 | 使用学习通 | 13.80 | 2 |
| 9 | 可以 | 12.49 | 16 | 喜哥 | 16.96 | 4 | 高级词汇 | 11.71 | 9 |
| 10 | 收获 | 12.40 | 17 | 批改网 | 16.76 | 8 | 问题 | 11.36 | 13 |
| 11 | 问题 | 12.05 | 19 | 高级词汇 | 16.72 | 12 | 实用写作 | 10.69 | 4 |
| 12 | 同学 | 11.67 | 18 | 互评 | 16.57 | 9 | 没有 | 10.60 | 11 |
| 13 | 需要 | 10.60 | 11 | 老师 | 16.07 | 21 | 可以 | 10.60 | 9 |
| 14 | 世界知识 | 10.20 | 2 | 词汇量 | 14.91 | 6 | 单词 | 10.60 | 11 |
| 15 | 高级词汇 | 9.91 | 6 | 表达 | 14.42 | 16 | 写作 | 36.47 | 65 |

使用 NLPIR 对个人总结进行分析，结果如表 6，三组学生在写作策略元知识上面有相同或相似的认识，如对词汇或“高级”词汇重要性的认识比较一致，但是中间组和低分组的学生对于“句式”或“句子”的需求比高分组更大。

其中存在三个主要差异。第一，借助外力策略。个人小结中提到“喜哥”（学生对老师的昵称）或“老师”的次数，高分组 11 次（权重 2.4、8.42），中间组 25 次（权重 16.96、16.07），低分组 22 次（权重 16.36、16.20）。可以推断出与高分组相比，中间组和低分组更依赖、认同或期待教师的更多帮助，尤其是低分组学生（关键词排序靠前）。第二，合作学习。中间组提到“互评”9 次（权重 16.57）。作文互评是提交作业的一个重要环节，可见中间组对于线上学习活动更加积极，也更注重与其他同学的合作学习。第三，自主学习能力。本课程对于两个学习平台的主观感受组间有差异。提到“平台”（学习通）的次数依次是中间组（10 次，权重 18.6）、低分组（2 次，权重 13.8）和高分组（0 次）；提到批改网的次数依次为中间组（8 次，权重 16.76）、高分组（6 次，权重 14.91）和低分组（0 次）。原因在于批改网能给予更多的评价和反馈，而平台更多的是知识输入工具。

综合关键词分析与学习行为差异分析发现，高分组和中间组的学生对于提高自己的意愿较强，注重批改网的专业评价和反馈，说明自主学习能力强；中间组的学生更积极使用平台，说明他们更愿意尝试新事物、新手段来提高自己或用学习行为弥补自己能力的不足，并且合作学习意愿强；而低分组学生改变自己的意愿或行动力相对较差，最依赖老师，自主学习能力较差，借助外力策略较为单一。

### （四）教学启示

一是作为形成性评价指标的在线学习行为的内容还需要进一步丰富。本研究证实在线学习行为中的 Tasks、Comments、Replies、Visits 和 Days 与 Finalscore 之间并无显著的相关性，且高分组、中间组和低分组学生大部分在线学习行为并无显著差异，说明这些浅层次的行为记录作为形成性评价用来观察学生能力发展并不准确。平台应该提供更多如“停留时间”“翻页速度”等的变量。

二是如何加强对学生线上有效学习的支持与考评。除了帮助学生树立正确的学习理念之外，教师应该加强课程在线资源的内涵式建设，尤其是题库和视频建设。科学设置任务点，适量增加对学习任务或章节的测试，加强对能力的考察。

三是如何让不同水平学习者在混合式学习下均有所成长。合作学习对于语言学习有着重要作用（吴育红等，2011；邵钦瑜等，2014；吴荣辉等，2014 ）。本课程虽然开展了线上 PBL 小组学习和作业互评，但成效并不十分理想。下一步将研究如何通过 PBL 小组学习、作业互评等提升学习效果。

## 三、结　语

本研究发现，在线学习行为与学习效果相关不显著，对不同水平学习者的区分度较小，说明作为形成性评价指标的在线学习行为的丰富性还需进一步拓展；而个人总结的关键词分析有助于了解学习者组间在借助外力策略、合作学习、自主学习能力等方面的差异。

今后的研究中将通过平台开展大数据分析，投入更多的研究变量，进行更细致的分析。

## 参考文献

[1] 何克抗：《从 Blending Learning 看教育技术理论的新发展》（上），载《电化教育研究》2004 年第 3 期，第 1-6 页。

[2] 宗阳、孙洪涛、张亨国等：《MOOCs 学习行为与学习效果的逻辑回归分析》，载《中国远程教育》2016 第 5 期，第 14-22、第 79 页。

[3] 王萍：《基于 edX 开放数据的学习者学习分析》，载《现代教育技术》2015 年第 25 期，第 86-93 页。

[4] 贾积有、缪静敏、汪琼：《MOOC 学习行为及效果的大数据分析——以北大 6 门 MOOC 为例》，载《工业和信息化教育》2014 年第 9 期，第 23-29 页。

（作者单位：预科教育学院）

# 后疫情时代大学英语分层式混合型教学体系的构建与实践[①]

石　嵩　胡杨澜

受疫情影响，高校教学工作迎来了新的挑战。疫情期间，我校大学英语教学部顺势而为，将精力和智慧凝结于“停课不停学、停课不停教”的网络教学全过程的各个环节，整合线上优质内容资源，组建了分层化大学英语教学团队，围绕学生多元化的英语学习需求，实施因材施教、分层教学。师生依托U校园、校园网络教学平台等新媒介模式，辅助多元信息化手段，采取翻转课堂教学，综合采用录（直）播、在线互动答疑、发布学习资料和作业批改等线上教学方式，取得了显著的教学效果。这些都为后疫情时代建构“需求驱动、内容引领、模式创新”的大学英语分层式混合型教学体系新范式提供了宝贵的财富和实践经验。

## 一、疫情期间大学英语分层在线教学实践与思考

中央民族大学作为国家“985工程”和“211工程”重点建设高校和世界一流大学建设A类高校，具有优势学科专业和优质生源保障，同时拥有56个民族的学子，客观形成了大学英语学习的多元诉求。基于此，大学英语教学部设计了分层级的教学模式。分层教学，就是教师“根据受教育者的个体差异，对其进行分类排队，按照由高到低的顺序将其划分为不同的级别或层次，针对每个级别和层次的不同特点，因材施教，借以实现既定的人才培养目标的一种教学方式”[②]。分层教学充分体现了因材施教原

---

① 本文系中央民族大学“一流课程”建设项目（2020）大学英语（项目编号：KC2048）的阶段性成果。

② 陈志伟：《大学英语分级教学实践的思考与建议》，载《教育与职业》2009年第18期，第137-138页。

则，“不同层次的学生通过努力达到设置的层级目标，会增强学习动力和成就感，并能最大限度地提升学习信心”①。

新生一入学，大学英语教学部就组织 CET4 级难度的入学英语分级测试。根据测评，约 50%的大一新生被分班进入大学英语三级起点班。这部分学生的大学英语教学以 CET4/6 级考试及国际化考试（托福、雅思）为主线展开。学生在第一学期即可报名参加 CET4 级考试。根据以往数据，这批学生的 CET4 级一次通过率接近 100%；在第二学期，这批学生获得了报名参加 CET6 级考试的资格，其一次通过率在 90%以上。根据学生的 CET6 级考试情况，学校配套有相应的 CET6 级成绩兑换与免修免考政策。例如，学生 CET6 级考到 520 分，就可以兑换成大学英语期末成绩的 90 分。这一激励机制有效地激发了学生英语学习的热情，提升了学生对于 CET4/6 级考试的重视程度。此外，这部分学生也是我校本科生国际化人才培养的主体代表，不少学生在通过 CET6 级之外，还参加了托福、雅思考试，并取得了不错的成绩，也可以得到相应的转换认证。完善的政策支持保障，科学的教学内容配套，积极的师生教学互动，促成了三级起点班的不断发展壮大和影响带动力的逐步攀升，成为我校大学英语教学的最大亮点和特色品牌。

另外，基于中央民族大学少数民族生源及艺体类学生的特点，部分学生通过分级测试进入大学英语基础级教学序列，基础级学生没有对其 CET4 级报考和通过的硬性要求，英语学习以辅助其专业学习和兴趣诉求为主；其余的学生则按照常规计划教学，教学目标及教学大纲的设置，围绕四个学期内帮助学生通过 CET6 级展开。

“在线教学是保证教学时空和教学行为分离的情况下，将互联网作为要素和载体，巧妙融合到教学活动的每个环节，对教学起到积极的促进作用。”② 分层级网络教学的实施，需要有内容丰富且有区分度的教学素材支撑。《新视野大学英语》教材是国家级规划教材，具有配套的网络教学资源和自主研发的网络学习平台 U 校园。U 校园上的教材配套资源及拓展资源等都精准匹配了我校的英语教学特色，并最大限度地与教材内容相兼容。我校大学英语课堂教学和网络在线教学十余年来一直依托这套主干教

---

① 俞霞君：《“细化分类指导”原则下制定大学英语教学目标的探究》，载《教育教学论坛》2020 年第 6 期，第 182-184 页。

② 褚妍：《疫情之下基于“三平台+三维度”大学英语在线教学探究》，载《第十七届沈阳科学学术年会论文集》，2020 年。

材，常规教学班使用《新视野大学英语（第三版）读写教程和视听说教程》1~4 册，三级起点班则直接用这套教材的第 3 册开展教学。突如其来的疫情，“停课不停学、停课不停教” 的网络教学的媒介切换、角色转换，对大学英语的绝大多数师生来说，适应起来相对不难。但是，基础级英语，由于相对小众，教学素材的选择强调个性化，并无直接对应配套的在线资源，这给基础级英语的网络教学带来了更大的挑战。U 校园网络学习平台的 U 卡通拓展类学习素材，弥补了这一不足，基础对话、语法、词汇等内容成为教材之外的重要学习资源。

丰富多元的高质量网络学习资源，在教师的精挑细选和合理规划下，匹配了学生的英语水平和学习能力，支撑了大学英语网络分级分层教学体系，最大限度满足了我校学生的英语学习多元诉求。“基于网络的英语在线课程建设，不仅能够提高学生对学习英语的积极性和自主学习能力，还为学生提供了更为开放的英语学习环境和更为优质的英语学习资源，进而也促进了大学生英语学习成效的提高。”① 疫情期间，我校大学英语网络教学使用 U 校园作为大学英语在线教学，共计开设网络课程 29 门，在线课堂班级数达到 149 个，师生在线教学活动总时长超 14 万小时，位列在京高校大学英语网络教学第一位。教师发布作业及补充资源学习任务 1000 余份，组织开展 120 套线上测试，在线阅改近 4000 份学生试卷，教学效果反馈优异。教师的积极引导，教学的科学规划，网络资源的合理配置，促成了大学英语网络教学的优畅运转和学生英语学习积极性的持续高涨。

## 二、后疫情时代大学英语的分层式混合型教学规划、设计与资源利用

大学英语网络教学阶段所取得的成绩、积累的经验，需要科学高效地结合运用到新学期返校复课的学生英语课堂乃至日后更长久的大学英语教学中，使分层式混合型教学在后疫情阶段回归实体课堂的常态化教学中能够发挥更大的效力。“混合式学习（Blending Learning）是一种基于计算机网络环境的教学模式，即把传统教学模式的优势和 E-learning

---

① 宋子英：《高校英语教学中网络在线课程建设研究》，载《新西部》2019 年第 36 期，第 159-160 页。

（数字化或网络化学习）的优势结合起来。”① 这对教师及教学管理者在分层式教学的层级精准度划分、混合型教学线上线下教学时间的合理化搭配及纸质教材内容和网络资源互补构建等方面提出了更高要求。基于这三个关键问题的合理规划，以构建大学英语的分层式混合型教学体系（表 1）。

**表 1　2019 级和 2020 级及全校公共选修课大学英语分层式、混合型课程教学体系**

| 班级层次 | 学生特点 | 教学内容及 U 校园网络配套资源 | U 卡通网络拓展学习资源 | 教学实践模式 |
|---|---|---|---|---|
| 三级起点班（约占 55%） | 英语基础好，入学分级测试基本达到 CET4 级水平。学习一年大学英语后，具备通过 CET6 级的水平 | 《新视野大学英语（第三版）读写教程》3~4 册<br>《新视野大学英语（第三版）视听说教程》3~4 册 | CET6 级考试、国际化英语水平测试等提升类内容等为主 | 课堂面授+师生在线答疑互动+网络自主延伸学习 |
| 一级起点班（约占 37%） | 英语基础一般，入学分级测试未达到 CET4 级水平。学习一年大学英语后，具备通过 CET4 级的水平。学习三或四个学期后具备通过 CET6 级的水平 | 《新视野大学英语（第三版）读写教程》1~4 册<br>《新视野大学英语（第三版）视听说教程》1~4 册 | CET4/6 级考试类内容等为主 | 课堂面授+师生在线答疑互动+网络自主延伸学习 |
| 基础班（约占 8%） | 英语基础薄弱，甚至是英语零起点，重在打基础。两年的大学英语学习，对其通过 CET4 级无硬性要求 | 《新一代大学英语》基础篇（必学），提高篇（选学） | 新四级核心基础突破：基础的词汇、对话、语法类课程等 | 课堂面授+师生在线答疑互动+网络自主延伸学习 |

① 何克抗：《从 Blending Learning 看教育技术理论的新发展》，载《国家教育行政学院学报》2005 年第 9 期，第 37-48、第 79 页。

续表

| 班级层次 | 学生特点 | 教学内容及U校园网络配套资源 | U卡通网络拓展学习资源 | 教学实践模式 |
|---|---|---|---|---|
| 大学英语综合能力提升 | 全校公共选修/每班100人；选课的学生需已通过CET 4级；目标报考国际类考试，考研英语得高分 | 《国际人才英语教程（中级）》/考研英语 | 英语综合能力提升类、U讲堂等相关内容 | 课堂面授+师生在线答疑互动+网络自主延伸学习 |

第一，分层式教学的层级精准度划分是混合型教学体系建构根基稳定的保证。基于入学分级测试长期实施所积累的经验及本科新生英语水平整体不断提升的客观现实，三级起点班的整体容量比例针对2020级新生将进一步扩大至55%。确保英语基础好，入学分级测试成绩基本达到CET 4级水平的同学，在学习一年大学英语后，以优异的成绩通过CET 6级。从而充分发挥三级起点班同学的同伴教育和带动引领作用，激发更多同学的英语学习热情。与此同时，将免修免考的政策制度进一步扩大适用至非三级起点班的同学，以激励CET 4/6级考试成绩的整体性大幅度提升。此外，基础班针对英语基础较薄弱的学生人数总占比约8%；剩余的37%学生按照一年内通过CET 4级、两年内通过CET 6级的规划培养。层级精准度划分的细化完善与科学精确，确保了混合型教学体系的稳定；三级起点班的引擎引领，推动了混合型教学体系向着高目标、高质量的可持续性发展。

第二，线上线下教学时间的合理化搭配是混合型教学体系高效运转的保障。后疫情阶段的课堂教学逐步恢复常态，并复归为教学设计的实体媒介；平衡好线上线下的教学时间，优化配置教学总学时内的线上线下内容比例搭配，才能保障混合型教学体系的高效运转。“教师需要根据学生的线上线下学习效果，展开综合性的考核评价，根据反馈结果进行教学模式的调整和优化。”① 目前，我校本科生大学英语教学课堂学时是每周3学时，每学期18周，共计54课堂学时，仅靠课堂学时显然无法完成教材全部内容（含视听说+读写各8个单元）。基于疫情期间一整个学期的在线教学经验及相关的数据统计，完成一个单元（读写+视听说）教学的师生在

① 孙光宇：《基于翻转课堂的大学英语混合式教学创新与实践》，载《黑龙江教师发展学院学报》2020年第9期，第142-144页。

线时长约 12 学时，这为后疫情阶段混合型教学体系的时间比例配置提供了重要参照。按照课堂学时与网络在线学习时长 1：3 的时间配比进行大学英语课程规划设置，能够保障“课堂面授+师生在线互动答疑+U 校园网络自主延伸学习”教学实践模式的高效运转，实现既定教学目标。当然对于师生在线互动答疑与 U 校园网络自主延伸学习，并没有时间上限的限制，反而以相应的平时成绩鼓励机制，激发学生加长、加大、加深实体课堂之外的 U 校园网络自主延伸学习，使混合型教学体系的运转更具人性化、个性化。

第三，纸质教材内容和网络资源互补构建是混合型教学体系不断充实发展的动力。教师需要在有限的课堂时间内，对纸质教材进行高度的归纳总结、概括提炼，内容材料、方法技巧、课程规划、测试竞赛、线上线下资源的转换对接等，要在实体课堂内依托纸质教材完成讲解。从实体课堂教学到网络在线教学的衔接转换，除了要有与纸质教材内容对接的线上素材之外，还要有学生迫切需要的纸质教材无法满足的网络学习资源，U 校园网络学习平台专有的 U 卡通拓展内容，极大地满足了各层级混合式教学的内容需求，确保了在纸质教材为主的实体课堂之外学生能够找到与之水平和需求相对应的网络资源，为混合型教学体系的不断充实发展提供了源源不断的动力。

第四，新增开设的全校公共选修大学英语综合能力提升课程，成为后疫情时代大学英语分层式混合型教学体系模态化的关键一环和大学英语一流课程建设的全新增长点。这门课程的开设，在实践中回答了“过了 CET 6 级的同学，还想继续课堂学习英语怎么办？”“更倾向于课堂英语学习，想要多在实体课堂与老师交流怎么办？”“线上英语学习遇到困惑，线下如何寻求帮助？”等一系列对分层式混合型教学体系运行过程中深度推进的疑惑。大学英语综合能力提升课程吸引了全校本科生的关注，掀起了选课热潮，课程的班级容量不断扩增达到了 100 人/班，甚至将不少大四的准毕业生吸引到大学英语的课堂。课程内容的精准设置，教学大纲的科学规划，教学目标的合理设定，教学模式的有效实施，使过了 CET 6 级的同学找到了课堂学习英语的新动力，获得了在实体英语课堂继续与老师深度交流的机会，解决了线上英语的疑惑，满足了学生英语学习的个性化需求。

综上，后疫情时代我校的大学英语分层式混合型教学体系，“将教学方法、教学策略、教学媒体和教学环境等要素进行优化、整合，从而提高学习效率”①。分层式教学的层级精准度划分，线上线下教学时间的合理化搭配，纸质教材内容和网络资源互补构建，大学英语综合能力提升课程的有益补充，确保了“课堂面授+师生在线答疑互动+网络自主延伸学习”教学体系的高效良性运转。

## 三、总结与展望：走好民族院校大学英语教学的后疫情之路

后疫情时代对大学英语教学对民族院校的大学英语教学工作提出了更高、更具体的要求——对焦需求、驱动教学，优质内容、引领教学，模式创新、优化教学。

需求驱动。大学英语教学需要精准对焦国家对人才培养的新时代要求，呼应学生对英语学习的多元诉求，具体到民族院校的大学英语教学更要满足各民族学子英语学习的个性化需求。以此为驱动力，民族院校的大学英语教学工作才能做得更好且不走偏。

内容引领。疫情期间的网络教学，打开了教学资源涌入的瓶口；后疫情时代，则更注重对优质教学资源的精挑细选，优中选精；以最优质、最适合民族大学的内容，引领大学英语教学工作可持续性发展。

模式创新。单纯的课堂教学模式，显然已经不能跟上后疫情时代对大学英语教学发展推进的步伐；而分层式混合型的创新教学模式已经在后疫情时代的教学实践中不断优化着大学英语教学，并在优化教学的同时，完善着教学模式自身的发展。

后疫情时代“需求驱动、内容引领、模式创新”的大学英语分层式混合型教学体系的深化推进，归根结底还需要大学英语教师跳出既有的舒适区，努力实现自身角色的转换，掌握线上线下更多本领，发挥主观能动作用。经历了疫情期间的网络教学，我校大学英语教学部教师已在组建分层级大学英语教学团队、推进教材开发、创新授课模式等方面与在线教学元素深度融合，从而不断推动自身教学模式的变革。教师的积极引导，教学的合理规划，多元需求的满足，教学内容的优化整合，媒介平台的创新运用，必将确保分层式混合型大学英语教学模式的顺利运行，助力学生大学英语水平的不断提高。

---

① 甘晔：《基于在线直播课的混合式大学英语教学研究》，载《教育学术月刊》2017年第11期，第79-87页。

## 参 考 文 献

[1] 陈志伟:《大学英语分级教学实践的思考与建议》,载《教育与职业》2009 年第 18 期,第 137-138 页。

[2] 褚妍:《疫情之下基于“三平台+三维度”大学英语在线教学探究》,载《第十七届沈阳科学学术年会论文集》,2020 年。

[3] 甘晔:《基于在线直播课的混合式大学英语教学研究》,载《教育学术月刊》2017 年第 11 期,第 79-87 页。

[4] 何克抗:《从 Blending Learning 看教育技术理论的新发展》,载《国家教育行政学院学报》2005 年第 9 期,第 37-48、第 79 页。

[5] 宋子英:《高校英语教学中网络在线课程建设研究》,载《新西部》2019 年第 36 期,第 159-160 页。

[6] 孙光宇:《基于翻转课堂的大学英语混合式教学创新与实践》,载《黑龙江教师发展学院学报》2020 第 9 期,第 142-144 页。

[7] 俞霞君:《“细化分类指导”原则下制定大学英语教学目标的探究》,载《教育教学论坛》2020 年第 6 期,第 182-184 页。

(作者单位:外国语学院)

# 疫情时期法理学线上课堂教学的变革与效果

## ——兼论疫情之后的翻转课堂与深度学习[①]

张　杰

2020 年年初，由于新冠肺炎疫情的突然来袭，教育部号召高校“停课不停教，停课不停学”，我校相关部门迅速组织各院系老师开展线上教学工作，因此法理学课程从 2020 年春季学期一直开展在线教学试验，迄今已顺利完成，取得了良好的效果。

## 一、法理学课程的特点

法理学是法学的主要理论学科、法律教育的基础课程和核心课程，它通过研究法的现象来探寻法的内在规律，探讨法的普遍原理或最高原理，讨论法律实践和法学中带有根本性、规律性的问题。

法理学课程备受学生重视，其历来是法学院本科生专业必修课，是考研、司法考试、考博的基础科目，是国内一流法学院夏令营和理论专业接受保研面试必考科目，也是培养法律职业人法律思维的必经路径。该课程具有如下显著特点。

第一，法理学强调国内外经典原著阅读和热点案例评析，体现出很强的理论性和思辨性。

第二，随着国内法律科学研究水平的提高，其特别关注与部门法的融会贯通，凸显出法学各部门各专业横向打通的重要性。

第三，随着国内法律职业教育和法律职业考试的推进，该课程承担起

---

① 本文是中央民族大学 2020 年度“在线课程建设与混合式教学改革项目”的阶段性成果。感谢教务处为开设在线课程的老师组织的 FD-QM 培训，同时向培训引导员复旦大学戴开宇老师致谢！文中涉及的几个重要的基本概念得益于戴老师清晰明确的解释。当然，文责自负。

法学通识教育和法学职业教育双重培养任务。

从学生角度看，大三的学生面临着司法考试、保研竞争和考研复习等多重压力，学习时间异常紧张，但由于这门课的开课时间、课程内容和大三学生的各种专业考试高度重合，他们对该课程又予以了极大重视，对教师和教学内容都赋予高期待。然而事实是，法理学课程抽象难懂，与部门法相比，是法学学科中没有法条法典的极少几门课程之一；课程内容涉及面广，法学、社会学、历史学、哲学的内容交叉渗透，让学生感觉云里雾里。在传统的法理学教学中，教师付出多、获得学生的认可度相对低是常态，由此带来学生高期待和教学低效果之间的落差。疫情期间线上课程改变了这种常态，学生对该门课的评价和反馈皆超出了往年传统课堂水平，学生对该课程学习满意度上升，说明他们学习效果得到了提高。

## 二、法理学线上课程的变革与效果

传统的法理学授课方式一般是教师讲授在课时中占绝对比例，即使不是一言堂，但是留给学生自主学习内容相对较少，学生习惯于被灌输理论知识，参加极少数的小组阅读和集体讨论，学生的学习能动性没有被引导出来。线上教学虽不得已而为之，但也为这门课程的改良带来了契机，结合一学期线上教学实践，课程的变化和效果体现在以下方面。

### （一）教学理念更新

法理教学引入 BOPPPS 模式。开课之前，得益于教务处组织的系统、高效、高强度的培训，并结合以前参加培训积累的在线教学、翻转课堂、混合式教学知识，主讲教师基本掌握了网络制课录课的流程，学会了必备软件的使用方法和技巧，教学思想发生质的变化，带动法理学教学从理念到模式系统升级。法理教学改变了之前教学目标落实不到位和流程不严格的弊病，以 BOPPPS 模型为标准，按照引入（Bridge-in）、目标（Objective）、预评价（Pre-assessment）、参与学习（Participatory learning）、后评价（Post-assessment）和小结（Summary）这六个部分重新安排线上线下教学内容。①

---

① 张伟华、王海英：《基于 BOPPPS 模型的线上线下混合教学模式研究》，载《电脑知识与技术》2020 年第 5 期，第 157 页。

### （二）教学资源和教学方式全面更新

这体现在以下方面。第一，教学课件周周上新，节节有视频。每周 1 次课，每次 3 小节，每节有视频，隔周穿插一次直播。第二，课件、资料、作业及时建档发放；签到、通知、讨论成流水线作业；作业库、试题库逐步充实。第三，开课期间，主要利用超星学习通、微信群、腾讯会议、钉钉四种学习平台。其中，超星学习通是最主要的师生互动平台，腾讯会议和钉钉主要用于课程的直播答疑、作业讲评、阅读指导和小结活动，微信群聊则用于教师和学生的深度互动。教学从传统的师生一周见一次面转变为不限空间不限时间的无障碍联络。这样学习带来的影响是，学生从填鸭式教学中解放出来，教师辅助学生解决疑难问题，并在引导学生自主阅读中起到重要作用。学生基本适应了课程进度和节奏，从早期的应付和不喜欢逐步转向认真对待。

### （三）“以学为中心”初见成效

线上课程需要学生有很强的自我管理能力。在课程内容、作业和阅读方面教师逐步淡出威权式家长或掌控者角色。学生在上课、完成作业、扩展阅读方面将增加更多的主动权，这对于曾经习惯于被“输入知识”和被“监督作业”的学生来说无疑面临着较大的挑战。

为了深入了解学生对于线上教学的体验和效果，笔者在五一假期对班级的 41 位学生做了调查问卷。90%以上学生有公选课线上课经验，如计算机、古代建筑史等，但此前基本都没有参加过法学院的在线专业课堂，个别同学甚至从没有选过任何线上课。图 1、图 2 是 41 位同学法理线上课的适应度和收获度调查结果。

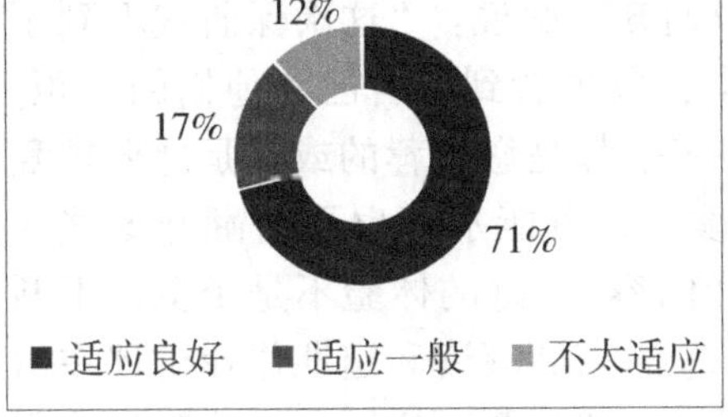


**图 1　线上课堂适应度调查**

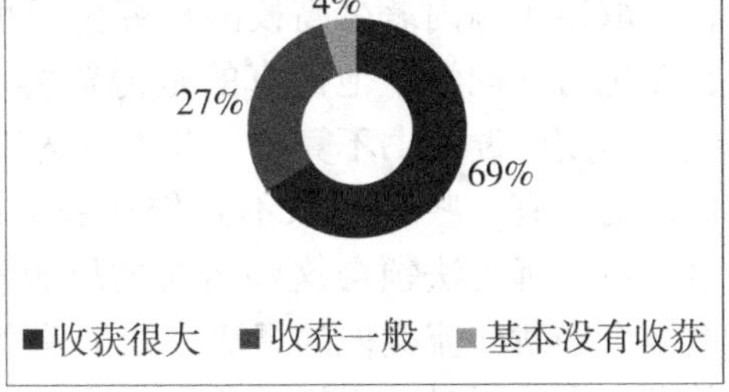


**图 2　线上课堂收获度调查**

调查显示，超过 70%的学生能够快速地适应新的学习模式，认为“每周跟着老师安排的课程与作业进行学习，感觉学习法理还是比较扎实的”。这部分同学认为学习收获很大，基本“周周有收获”。“适应一般”同学主要问题在于，线上学习令人精力有时不集中，效率不高，缺少线下课的学习氛围，看视频时不能像线下课堂一样及时和老师、同学面对面交流，缺少在场感。这些同学认为学习收获一般，法理学抽象难懂，自学有难度，阅读材料和完成作业比较费时间，希望能全场直播，模拟传统课堂。“不太能适应线上课”同学分为几种情形，有的家在山区，信号不稳定，流量受限从而影响线上学习效果，客观因素影响较大；个别同学无法处理好课程和课程之间的学习时间分配及本课程和保研或法考的时间分配，觉得作业多，不想在这门课投入太多时间，这类学生受主观影响因素大些。还有同学觉得线上课损害视力，心有抵触，这种因素对课程效果有所影响。41人中有 2 人明确表示没有收获，基本靠自学。

### （四）学生开始步入“深度学习”阶段

学生在学期末对于教师的打分和主观评价可作为他们线上课程学习效果和对该课程满意度的参考。从这学期学生对本门课程授课教师的打分情况看，比往年传统课堂教学都要高。当然，学生对该课程的打分仅具有参考意义，反而是他们的主观评价更能说明问题。比如，有的评价“这门课是有质量的线上课”；有的学生评价“这门课以学生为主体，尤其是跟着老师耐心读完了一些书，真的很有帮助”；还有的说“老师结合讲课与自学的方式，让我们的学习能力有了很大提升。最重要的是阅读了很多课外书，收获很大”。从这些反馈中至少可以看到，线上课让学生感到了变化，他们开始掌握学习控制权，成为学习的主体，教师逐渐淡出传统的权威模式和家长角色。

课程结束后，有学生高兴地来报喜，她参加了不同高校的研究生夏令营，取得了国内著名高校的研究生录取通知。她说：“这次保研我看到了很多优秀的同学，他们真的是博览群书，我也看到了自己和他们的差距。我大学期间读的书不算多。其中读的很多书都是您推荐的或者是您要求我们读的，有一些书如果不是您让我们读，我可能永远也不会翻开这些名著，也永远无法领会这些名著的思想和内容。”她的体验不是个例，不断有学生和我交流类似的想法。线上课布置的拓展阅读和定期作业讲评在给他们压力的同时，也给予他们丰厚的回报。这从侧面说明，在法理学课程中，名著阅读和评阅交流是提升学生思维能力的重要环节，但是传统课堂能给予每个学生的指导时间极其有限，现在的线上课程为师生研读经典提供了更为顺畅的交流平台，学生愿意主动地去“啃”先贤们留下的精粹，并获益匪浅。

总之，在一学期的线上教学运行中，学生学习总体情况良好，心态平稳，学习主动性得到提高，掌握知识的节奏感增强。他们普遍反映，无论是在知识点掌握、作业点评还是在阅读材料的拓展与细研方面收获都很多，对于教学进度尤其满意，没有拖沓和进度缓慢情况。但对于疑难解答、案例评析、热点追踪、主题讨论等无法面对面交流有所缺憾。在未来的混合式教学中，运用翻转课堂，这些问题应该能够得到进一步的解决。

## 三、关于疫情后翻转课堂与深度学习的一些思考

### （一）几个概念：线上课程、慕课、翻转课堂与混合式教学

线上课程是基于网络的教学，当今流行的“慕课”就是线上课程的典型代表。“慕课”是由英文 Massive Open Online Courses（大规模开放式在线课程）首字母缩写而成的一个词的英译。“简单地说，‘慕课’就是一种网络课程，其特征是公开面向广大网友，任何人通过网络都可以接触到它。除了传统课堂上人们所惯常使用的录像资料、阅读材料和练习题外，‘慕课’还会为网友提供互动的论坛，以期在师生之间搭建一个交流的平台。”①

所谓“翻转课堂”，按照翻转课堂先驱们的理解，意指学生来上课之前，可以课下根据个人情况通过观看视频或者使用其他学习软件接受直接教学，而在课堂上，教师将时间用于提高整体教学效果或者提供学生所需要的个性化教学。简言之，翻转课堂就是学生在课外完成直接教学，课堂时间策略性地用于集体或者个性化活动。② 更通俗的理解，翻转课堂是对传统课堂内容的翻转，即把传统课堂上的内容转移到课外或者家里，把传统课堂外的作业、练习、讨论等转移到课堂上，而不是线上学习和线下教学的简单交替。

混合式教学意指融合多种教学情境的教学模式，目前主要是线上学习

---

① 郭英剑：《“慕课”在全球的现状、困境与未来》，载《高校教育管理》2014 年第 4 期，第 41 页。

② 乔纳森·伯格曼、亚伦·萨姆斯：《翻转学习：如何更好地实践翻转课堂与慕课教学》，王允丽译，中国青年出版社，2015 年版，第 11 页。

和线下教学的混合，如线上慕课和课堂教学的组合；而且因为有了线上教学和混合式教学，翻转课堂成为成功的教育改革通道。

### （二）翻转课堂与“以学为中心”

作为一种创新的教学形式，翻转课堂带来了学生的翻转学习。传统的直接教学从实体课堂转移到学习平台，学习相应地从集体空间迁移到个人空间，而集体空间则成为一种动态的、交互的学习环境，不再是传统意义上的“一言堂”。教师的“教”与学生的“学”都得到极大的促进，“以学为中心”效果凸显。

翻转学习的基本前提是直接教学（通常指讲课，但不仅限于此）不再以集体为单位进行，而通常是通过教师制作的视频（不限于此）单独完成，这种时间和场合上的调整给学生创造了更多的机会将概念和知识点运用到科目学习过程中，同时也能收获到比传统课堂更多的有针对性指导，学生在面对面课堂时间里能收获到更丰富、更有意义的学习体验。因此，翻转学习的核心是个性化学习。“翻转学习从本质而言是以学习者为中心。”[①] 当差异化教学、苏格拉底问答法、项目式学习等这些传统的方法和翻转学习结合起来之后，这些策略就变得非常具有实践性，老方法焕发出新魅力。

笔者理解，“以学为中心”有两层基本含义。一是以学生为中心，突出学生是课堂的中心。当教师走下讲台这方寸之地时，他们就从内容讲授者变成学习促进者，课堂就形成一个学习中心，学生自己就是这个中心的焦点。二是以学习为中心，强调学习而不是教学。在这种变革中，部分沉迷于被动学习方式的学生对这种新教学模式会有难以适应的初期，但在一段时间之后，状况会明显改变。毕竟，青年学生的适应能力是强大的。课堂上有位学生本来对法学理论课程提不起兴趣，但是当她提出很好的问题时，教师及时予以肯定，同学积极回应，她的学习兴趣就被激发出来了；笔者还观察到，她主动参加了我主持的课外读书活动，自发写出了细致深刻的笔记，这是从被动学习者变为主动学习者的典型例子。因此，当课堂中心从教师变为学习者时，学生的思考就会从表面走向深入，进入深度学习阶段。

---

① 乔纳森·伯格曼、亚伦·萨姆斯：《翻转学习：如何更好地实践翻转课堂与慕课教学》，王允丽译，中国青年出版社，2015 年版，第 20 页。

### （三）实现深度学习

在教学领域，人们津津乐道的经常有两个内容，即 BOPPPS 模型和布鲁纳教学目标分类法：BOPPPS 模型强调学生对学习过程的参与，通过互动和反馈形成的一个闭环教学模式；布鲁纳教学目标分类法则是经常用于探讨教与学问题的一个框架，它虽然不是理解人们学习方式的唯一途径，但它提供了一个衡量人们实现学习目标和取得学习效果的有效标准。

如果以自下而上的视角来理解布鲁纳目标分类法，它呈现为一个正金字塔形状，随着金字塔向上发展，学生逐步培养出更高的思维技能（如图3）。传统课堂的教师在目标分类法的最下面两阶段，即记忆和理解要花费大量的课堂时间，而对于高层次的思考，如分析、评估、创造则引导有限。当翻转课堂和混合式教学融合之后，学生学习时间分配和学习目标则呈现出倒金字塔形状（如图4）。学生课前观看翻转课堂视频，教师则可对课堂演示中省下的时间赋予新用途，或是利用它来练习学过的概念，或是设计吸引学生的课堂活动，开展头脑风暴，以此推动学生迈入高阶思维方式。[①] 学生的好奇心会成为带动他们主动学习的驱动力，他们的学习将会更加广泛和深入。

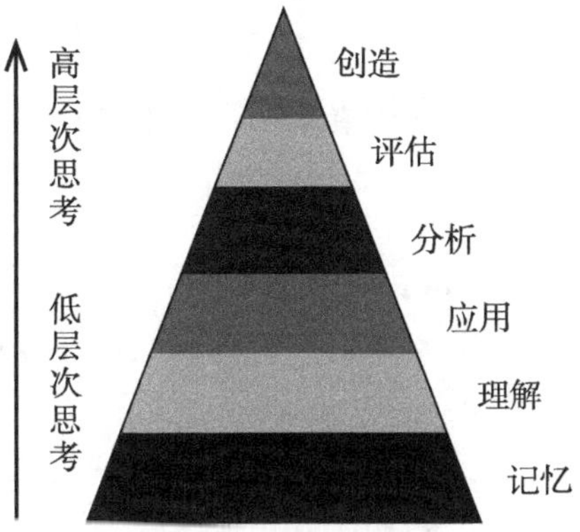


**图3　正金字塔形状**

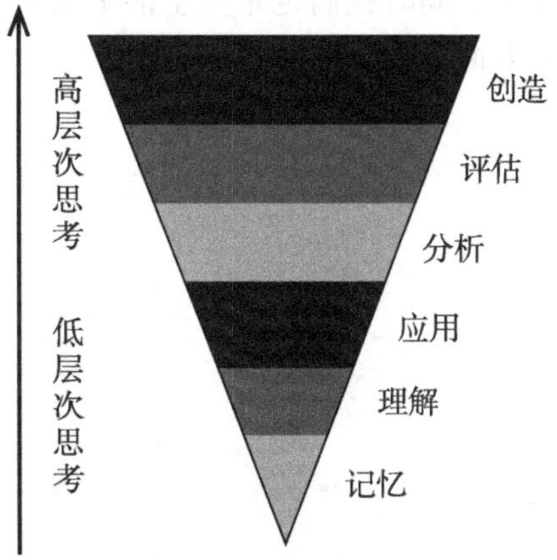


**图4　倒金字塔形状**

只有深度学习，才能引导学生跳出寻找标准答案和高分的游戏，走出

① 乔纳森·伯格曼、亚伦·萨姆斯：《翻转课堂与混合式教学：互联网+时代，教育变革的最佳解决方案》，韩成财译，中国青年出版社，2018 年版，第 17 页。

高分低能的怪圈，真正成为“独立的、有判断力的和创造力的思想者，并重视他们所接触到的观念和思维方式，有意识地始终如一地努力加以运用”①。这些能力的获得不能仅是依靠理解、记忆和运用知识，更依赖于对知识的分析、评估和创造。

## 四、结 语

其实，实践任何新的教学方式都需要大量时间来准备和打磨课程，翻转课堂也不例外。实践中会出现波动和挫折，教师不仅要重新思考上课方式，还要学习新技术和实践新流程。就如疫情期间的线上课程一样，教师突击学习教学平台使用方法，熟悉各种教学软件，加班制作必要的教学课件，包括视频及各种文字和图片资料，同时还要经常和堵塞的网络做斗争，令人欣慰的是这种教学方式取得了出乎意外的教学效果，疫情之后要真正实现翻转教学方法还需要教师持续地付出更多的时间和心力及解决新的问题。比如，新技术的学习和使用，线上线下授课时间和内容的进一步合理配置，教师和学生的工作空间、学习空间、生活空间如何保证必要的边界等，都有待探索和试验。翻转课堂和混合式教学让学习模式发生重大变革，同时我们也希望生活更美好，而不是在生活中工作，在创新教育模式方面我们一直在路上。

（作者单位：法学院）

① 肯·贝恩：《如何成为卓越的大学老师》（第二版），明延雄、彭汉良译，北京大学出版社，2014年版，第43页。

# 疫情期间在线实验教学虚拟仿真技术应用实践

## ——以现代通信原理课程为例

李 敏

由于新冠肺炎疫情形势严峻复杂，为保障2020年春季学期教学运行平稳有序开展，贯彻落实教育部《关于在疫情防控期间做好普通高等学校在线教学组织与管理工作的指导意见》等相关要求精神，国内各高校相继出台了延期开学和“停课不停教、停课不停学”等应急措施。在疫情防控和延期返校期间，根据本科专业培养方案和2020春季学期教学工作计划，以课程为单位，充分依托网络资源，以学校网络教学综合平台在线教学为主，结合其他信息化手段，构建教师教学与学生学习双向交流渠道，开展线上教学。为保障疫情防控和延期返校期间教学进度和教学质量，各学校纷纷制定多种政策有效保障新学期教学工作有序开展，如要求教师采取翻转课堂教学、直播授课、学生自学+线上辅导等多种形式相结合的授课方式，开展课程的线上引导和答疑，定期发布教学计划、学习资料和作业等。但实验实习等实践类课程一般都延期至返校后进行。

高校课程，尤其是理工类课程，有很多是含有课内实验内容的。在培养方案中，含课内实验的课程学时中都明确了理论学时数和实验学时数。教学大纲中也对实验内容有明确的规定，且规定课程的总成绩由理论考核成绩和实验成绩综合评定，缺一不可。疫情防控期间的教学安排对含课内实验课程的在线教学提出了挑战，若完成该课程的在线教学任务，就是要完成理论课在线教学的同时，也必须完成教学大纲中规定的所有实验内容的在线教学。而在常态化的教学环境中，多数实验内容是在实验台上实际操作完成的，而在疫情防控期间变成了不可能。因此，借助虚拟仿真技术，完成课内实验教学内容，成为疫情防控期间线上实验教学的一种特殊手段。本文笔者以现代通信原理课程为例，借助LabVIEW仿真软件，在疫情防控期间，有效完成课内实验内容的在线教学，探索信息技术与教育教学深度融合的创新型教学模式，以不断提高信息化教学水平。

## 一、疫情防控期间基于虚拟仿真技术的在线实验教学实践

现代通信原理课程是普通高校信息类相关专业的主干课程之一，主要讲授信息传输的基本概念、基础理论和典型技术。通过对通信系统的工作原理、噪声对通信系统的影响、有线及无线通信系统分析，使学生系统地了解和掌握现代通信的相关理论、实现技术和设计思想。① 为使学生能够在学习的过程中做到融会贯通，该课程都会设置实验部分。无论是课内实验还是独立设课的实验，通过实验让学生体会到学以致用的原理，真正掌握通信的基本原理及其分析处理问题的方法和思路。因此该课程的在线教学离不开实验内容，没有实验室的实验教学就只有通过虚拟仿真技术予以实现。随着科学技术的发展，虚拟仿真技术在各类教学活动中已得到广泛应用，各大高校纷纷改变传统的教学模式，将虚拟仿真技术与课堂教学结合在一起。② 虚拟仿真实验是学科专业与信息技术深度融合的产物，虚拟仿真实验教学突破了高校传统的实验教学模式，是当前实验教学的发展方向。③

LabVIEW 是实验室虚拟仪器工程工作平台（Laboratory Virtual Instrument Engineering Workbench）的简称，是美国国家仪器公司（National Instruments，简称 NI）的创新软件产品，也是目前应用最广、发展最快、功能最强的图形化软件开发集成环境。④ LabVIEW 丰富的库函数专门为信号处理、通信等功能而设计，非常适合通信系统的设计、分析与应用。采用模块化程序设计语言，软件形式灵活，易于理解，能充分反映通信系统的每一步实现，各点波形和参数生动形象。⑤ 图 1 所示为采用 LabVIEW 软件

---

① 南利平、李学华、王亚飞等：《通信原理简明教程》（第 3 版），清华大学出版社，2014 年版。

② 程秀峰、罗小路、熊回香等：《虚拟化技术在〈数据结构〉课堂设计中的应用》，载《中国教育信息化》2020 年第 8 期，第 90-93 页。

③ 龚成勇、韩伟、王之君等：《构建虚拟仿真实验教学多元化评价体系——以水电站课程虚拟仿真实验为例》，载《中国教育信息化》2020 年第 6 期，第 51-56 页。

④ 章佳荣、王璨、赵国宇：《精通 LabVIEW 虚拟仪器程序设计与案例实现》，人民邮电出版社，2013 年版。

⑤ 李环、任波、华宇宁：《通信系统仿真设计与应用》，电子工业出版社，2009 年版。

对 FM（调频）调制过程仿真设计的前面板。通过前面板的输入控件和显示控件可观察输入条件及输出结果；通过后面板的框图化程序也可以看到前面板运行结果是如何具体实现的。

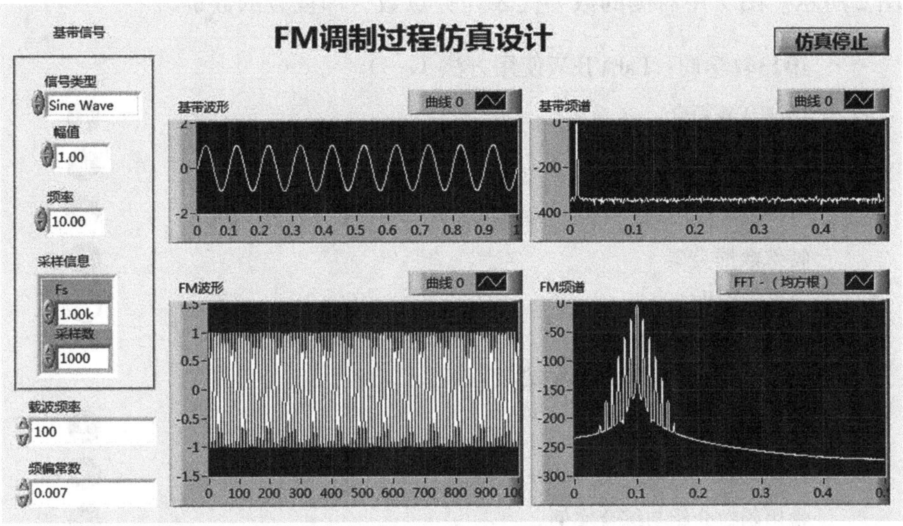


图 1 基于 LabVIEW 的通信系统仿真实例

鉴于通信系统理论性强，偏重理论分析，系统构成具有模块化的特点，在 2020 年春季学期疫情防控延期开学期间，现代通信原理课程的线上实验教学在学校的超星泛雅网络教学平台上，以 LabVIEW 作为仿真软件工具，实现对通信系统基本技术的仿真，完成教学大纲中的实验教学内容。

### （一）构建疫情防控期间以超星泛雅网络教学平台为载体的在线实验教学架构

该课程的实验学时为 18 个，按 6 个教学周计划安排。利用两周时间学习 LabVIEW 软件的使用方法，4 周时间完成 4 个综合设计性实验，每周完成一个实验设计及实验报告。在线教学具体做法安排如下。

（1）LabVIEW 软件使用方法的在线教学主要以录播的形式为主，按照技术要点制作 PPT 录屏。每个视频中都包括使用方法介绍和实例讲解，尤其是仿真实验中会涉及的一些处理方法都会以实例的形式讲解。每段视频时长半小时左右，不超过 40 分钟，并要求学生使用学习通（超星手机客户端）看视频，用电脑打开软件，边看视频边在电脑上操作软件，跟着视频学习软件的使用方法，然后独立完成视频中的实例设计。每段视频都设置成任务点，且防窗口切换，以便监测学生的学习情况。每周安排一次讨论答疑课，解答同学们的疑问，并讨论不同的解决方案。具体安排形式如图 2 所示。图 2 中右侧的数字代表任务点数，即视频的数量。

^ 第13教学周：LabVIEW使用方法（一）

| | |
|---|---|
| LabVIEW简介 | 1 |
| 创建VI实例 | 1 |
| 基本数据类型 | 1 |
| 特殊数据类型 | 2 |
| 讲座答疑课 | ○ |

^ 第14教学周：LabVIEW使用方法（二）

| | |
|---|---|
| 程序结构 | 2 |
| 局部变量、公式节点与波形显示 | 2 |
| 常用函数介绍与综合实例 | 1 |
| 讨论答疑课 | ○ |

**图 2　在线教学内容安排架构示例**

（2）该课程的在线教学安排 4 个实验，内容分别为选自课程的模拟调制系统、模拟信号的数字化、数字信号的基带传输、数字信号的调制传输等主要章节。为保证实验效果，避免雷同性，每章内容给出 4 个实验题目，随机分配给不同的学生完成。如在数字信号的调制传输实验中，设置 2ASK（二进制幅度键控）调制过程仿真设计、2FSK（二进制频移键控）调制过程仿真设计、2PSK（二进制相移键控）调制过程仿真设计和 2DPSK（二进制差分相移键控）调制过程仿真设计 4 个实验题目。因此，该课程共设置 16 个实验题目，涵盖四章的理论内容。实验题目分配原则是每名学生必须完成 4 个实验，且每章 1 个，难易程度轮换。每个实验设计程序及设计报告都以章节测验的形式设置成任务点，并要求在规定的时间内提交，可以有效地控制学习过程。具体安排流程与内容示例如图 3 所示。图 3 右侧的数字代表任务点数，即需完成的任务数量，在此体现为设计程序和设计报告。

第15教学周：模拟调制系统仿真实验

实验一：模拟调制过程仿真设计 ❷

讲座答疑课 ○

第16教学周：数字信号基带传输仿真实验

实验二：线路传输码变换器设计 ❷

讲座答疑课 ○

第17教学周：数字信号调制传输仿真实验

实验三：数字调制过程仿真设计 ❷

讨论答疑课 ○

**图 4　实验流程安排示例**

### （二）疫情防控期间在线实验教学的评价机制

疫情防控期间的学习成绩主要参考超星泛雅网络教学平台系统的成绩管理生成。为突出过程学习成绩比重，成绩权重设置为：观看录播视频占40%、程序设计成绩30%、报告撰写成绩30%。其中，录播视频设置为任务点，观看90%为完成且防窗口切换。本课程在线实验教学共提供10段教学视频，需完成4个实验（含设计程序和设计报告），共构成18个任务点。为保证学生能够学完所有的知识点，设置了获得实验学分的门槛，即要求学生完成所有任务点的95%，类似于在校学习时的上课出勤率一样。完成全部任务点95%者，教学平台系统将按成绩管理设置给出最终成绩。未完成全部任务点95%的学生，系统将不统计其成绩，按不及格处理。通过评价方式的调整和设定，保证在线实验教学的完成效果。采用这种考核方式更加注重学生学习的过程考核，是在特殊时期学生不能返校，只能在线学习并进行虚拟实验的一种监督和控制的手段。虽为无奈之举，但也可为常态实验教学成绩考核时借鉴。

### （三）疫情防控期间在线实验教学效果分析

由于新型冠状病毒感染的肺炎疫情，让全社会进入了最严防控阶段。在学生不返校实施在线学习的情况下，实验教学较之理论教学更加面临着机遇和挑战。虚拟仿真技术无疑在此特殊的环境下担起责任挑起大梁，撑起实验教学的一片天。通过疫情防控期间的在线实验教学情况，可以总结出以下四点。

（1）采用虚拟仿真技术可以完成课程的实验教学，但应选择适合的题目。尤其是理工科专业的仿真实验，应在学生形成了完整的知识体系，掌握了专业所需的实际元器件及仪器设备使用方法的前提下开设，以免进入纸上谈兵缺乏工程意识的误区。

（2）在线实验教学中，教师会提供虚拟仿真软件使用方法的教学视频，学生普通反映很好，感觉比在教室中上课效率高。因为视频可以回放，掌握不好的时候可以再看一遍视频，尤其是实例讲解的部分可以看多遍，适合于软件的学习。缺点是，当有不明白不理解及处理不了的问题时，不如在学校时能够与老师面对面地针对具体程序的运行进行讨论与沟通。

（3）采用虚拟仿真技术进行课程实验，需要学生编程构建实验系统，完成实验设计。如果学生不能很好地理解掌握实验原理及完成实验所需要的全部理论知识，就不可能设计出实验所需的系统。整个的编程设计过程有助于学生深刻理解和掌握所学理论知识，这是传统的实验所无法比拟的；而且，虚拟仿真实验不受时间和空间的限制，只要有一台电脑和虚拟仿真软件就可进行虚拟仿真设计，尤其适合于线上教学。因此在疫情防控期间，虚拟仿真实验发挥了不可替代的作用。

（4）由于整个实验环节都是在线上完成的，因此其成绩评定也应与线下教学方式不同。线下实验考核标准仅仅局限于实验是否成功，而忽视实验过程。线上教学为保证质量，就会更加注重学习过程，通过赋予学习过程更高的成绩权重来督促和监督学生的实验完成情况；而且由于虚拟仿真实验避免了实验室的时空限制，使得设计过程更加从容，学生从实验设计过程中收获更多，知识掌握程度更高。

## 二、结　语

这次大规模的网络在线教学是非常态化的无奈之举，尤其是在线实验教学更是新鲜事物。无疑，虚拟仿真技术的应用保证了在线实验教学的有效实施。通过疫情防控期间在线实验教学虚拟仿真技术的应用实践，为今后的虚拟仿真实践奠定了基础，也提供了大量的宝贵经验。实践证明，实验教学也可以采用虚拟仿真技术与实验室传统实验相结合的形式，运用线上线下混合式的实验教学模式。相信疫情结束后，线上仿真实验教学会如雨后春笋般大量涌现。如何利用虚拟仿真技术改革传统实验教学，提升实验教学质量，扬线上实验教学之长，避线下实验教学之短，真正实现以学生为中心，增强学生的创新创造能力，是高校实验教学面临和需要思考的问题。本文通过疫情防控期间引入虚拟仿真技术解决在线实验教学的具体实践及效果分析，希望能够为今后高校的实验教学改革提供借鉴。

（作者单位：理学院）

# 大数据视角下混合式教学模式的构建

## ——以全校公选课信息管理课程为例

赵梦雅 蒲秋梅 翁 彧[①]

随着我国大数据时代的到来，各类信息资源呈爆炸式增长，教育领域也发生了翻天覆地的变化。网络学习资源日渐丰富，学生的学习方式也日益多样化，传统教学模式已无法满足现代化教育的需求。更是由于近年疫情的影响，线上教学迅速变得火热起来。广大教育工作者顺应时代发展的要求，在教学实践中积极推进教学改革，基于信息技术的“线上+线下”的混合式教学新模式应势而生。

## 一、相关研究述评

### （一）混合式教学研究概述

截至目前，混合式教学备受国内外研究学者的关注，各个学科领域对混合式教学也都有一定的涉足。在我国，何克抗教授2003年在全球华人计算机教育第七届大会上首次提出“Blended Learning”的理念[②]，随之就有越来越多的学者开展混合式教学的研究与实践，也取得了丰富的成果，有大量的混合式教学模式、方法等供我们参考。从最早提出混合式教学的十几年前，到互联网飞速发展的今天，混合式教学还是以前的混合式吗？在如今的大数据时代又是怎样的呢？

---

① 翁彧：通讯作者。

② 何克抗：《从Blending Learning看教育技术理论的新发展》（上），载《电化教育研究》2004年第3期，第1-6页。

### （二）大数据时代对信息管理课程教学的影响

大数据的相关技术与应用已经深入我们学习生活的各个角落，各类数据信息层出不穷，对信息的管理就显得尤为重要。这些变化也指引着信息管理课程相关的教育工作者不断进步。首先，他们的教学观念必须随时代发展及时更新；其次，传统教学模式方法早已不能满足需求，必须发生改变；最后，评价和考核方式要趋向于多样化，不断创新。

### （三）信息管理课程在混合式教学中存在的问题

通过调查分析及查阅大量文献，发现传统的混合式教学存在着各种问题，主要如下。

1. 无法满足学生的个性发展需求

线上的学习资源是相对固定的，教师对每个学生的任务要求也基本一致，很少考虑学生知识水平及个性特点的差异，难以实现因材施教。

2. 对部分自制力比较差的学生缺乏约束

无论是学习还是未来工作，对学生来说，自制力都是他们获得成功必须具备的基本品质。在线上学习中，教师会布置一些视频、习题等线上的学习任务，有些学生会投机取巧，用手机查找答案然后抄上去，根本没有认真思考或者让视频自行播放，而本人并不在屏幕前观看视频。

3. 学生学习环境单一

学生的线上学习一般是在宿舍完成的，但在宿舍就很难营造一个安静的学习氛围，需要极强的自制力才能静下心来学习。或者好一点的，有些学生会在图书馆学习，但是图书馆位置有限，不一定每次都能占到座位。线下的话，高校基本上都是在多媒体教室完成线下的教学，学习环境相对单一。

4. 教师工作任务量较大

在混合式教学中，每个教师需要提前备课、录课、上传学习资料、布置习题、了解学生的线上的学习情况、解答学生疑问，并根据学生反馈设计线下教学，同时还要对学生进行评价和考核等，无疑加大了教师的工作任务量。

## 二、信息管理课程的混合式教学模式构建

由于信息管理传统课程的理论知识较多，多涉及信息分布、信息获取、信息组织、信息检索及信息系统等内容，随着大数据在商业、医疗等

领域的广泛应用，数据作为信息的原材料，对数据的分析和挖掘越来越得到人们的重视。大数据这一全新的研究范式应用于信息管理学科研究，需要相关教育者努力转换思维方式，积极培养大数据思维，不断增强创新实践。在教学过程，我们做了如下改进。

### （一）教学理念的创新

1. 注重学生大数据思维的培养

大数据思维是在大数据基础上获得认知和实现创新的重要方式，通过对海量数据信息的分析预测事情发生的可能性，从全局的角度出发提高决策的科学性和可预见性，防范事物发展过程中可能有的风险。① 本课程把培养学生大数据思维融入课程的各个部分，不仅符合大数据时代对学校、教师及学生的要求，也顺应了现代教育发展的趋势。

2. 课程目标方面增加课程思政元素

课程思政建设是全面提高人才培养质量的重要任务，越来越多的教师意识到课程思政的重要性。在本课程第一章“信息化与信息社会”及第四章“文本处理”的讲解中，加入了优秀人物传记、革命英雄故事等讲解，并在最后的实践活动中对特色村寨、革命英雄事迹及抗击疫情三个领域的数据进行分析，让学生深入了解这些优秀人物，也有利于树立他们的榜样意识。希望能通过这种活动给学生树立良好的榜样，培养学生的工匠精神和科学态度，形成正确的价值观。

### （二）教学内容的优化和调整

在此，把本课程大纲和信息管理课程传统教学大纲进行了对比，如表1所示。

**表1　信息管理课程传统教学大纲与本课程大纲**

| 本课程大纲 | 传统课程大纲 |
|---|---|
| 第一章　导论<br>1.1 信息与信息管理<br>1.2 信息化与信息社会 | 第一章　信息与信息管理<br>1.1 关于信息<br>1.2 信息化与信息社会<br>1.3 信息管理及其发展 |

① 谢微：《试析大数据思维与案例教学的耦合性》，载《江苏工程职业技术学院学报》2020年第20期，第92-96页。

续表

| 本课程大纲 | 传统课程大纲 |
| --- | --- |
| 第二章 数据采集<br>2.1 数据采集的目的和原理<br>2.2 数据采集的基本方法 | 第二章 信息分布<br>2.1 信息产生与分布中的马太效应<br>2.2 信息的分布规律 |
| 第三章 数据规范化与数据存储<br>3.1 数据规范化处理<br>3.2 结构化与非结构化数据存储 | 第三章 信息获取<br>3.1 信息源及其类型<br>3.2 信息源的评价<br>3.3 信息获取的途径与工具 |
| 第四章 信息处理的实践应用<br>4.1 文本处理<br>4.2 图像处理<br>4.3 结构化数据处理 | 第四章 信息组织与序化<br>4.1 信息组织的基本原理及方法<br>4.2 信息描述与揭示<br>4.3 信息组织与序化的最新进展 |
| 第五章 数据可视化<br>5.1 数据可视化基础<br>5.2 数据可视化工具 | 第五章 信息服务与用户<br>5.1 信息服务的内涵、特性与设计<br>5.2 用户信息需求与行为<br>5.3 网络用户信息行为与服务拓展 |
| 第六章 信息传播及检索<br>6.1 网络传播方式<br>6.2 网站搜索引擎 | 第六章 信息检索<br>6.1 信息检索的含义、类型及历史<br>6.2 信息检索系统的结构、模型及评价<br>6.3 信息检索的重要领域 |
| 第七章 信息管理生态系统<br>7.1 信息管理生态系统组成结构<br>7.2 信息管理生态系统构建 | 第七章 信息交流<br>7.1 信息交流及其机制模式<br>7.2 网络环境下的信息交流 |
| 第八章 信息管理实战拓展<br>8.1 文本处理拓展<br>8.2 图像处理拓展<br>8.3 结构化数据处理拓展 | 第八章 信息系统<br>8.1 信息系统概述<br>8.2 信息系统开发与项目管理<br>8.3 信息系统安全信息系统 |

1. 课程内容的继承性与创新性并存

本课程的教学内容和传统教学大纲相比，既有继承，又有创新。主要表现在如下方面。

第二章的内容与传统大纲的第三章相对应，但又不是完完全全的照搬，而是在信息获取的基础上对数据信息采集的目的和原理做了进一步探究，并介绍了一系列采集方法，使知识更贴近生活实际。

第五章与传统大纲的第四章相对应，但是本课程是把传统的信息组织与序化的相关知识用现代流行的数据可视化表现了出来，不仅要学会对信息的组织序化，还要清晰地表现出来，是对原知识的进一步升华。

第六章与传统大纲的第六章相对应，都是研究信息检索的相关内容，但是本课程在这章中适应时代发展趋势，联系生活实际，主要讲解关于网络的信息检索，而不是概念、类型、历史等知识，毕竟在信息化社会中，网络才是很多人获取信息的主要来源。在本章中还增加了传播方式的相关知识，因为如果想检索信息，需要知道去哪里检索更快速准确，同时就需要了解信息是如何传播的及它的传播过程、方式等必要信息。

2. 课程设计与大数据紧密结合

大数据技术的提出使得计算机信息系统的传递和管理上升到了新的台阶，进一步增强了信息管理的稳定性、安全性和兼容性。本课程正是站在大数据的视角下进行设置的。比如，第二章数据采集、第三章数据规范化与存储及第五章数据可视化都与大数据息息相关，介绍了 Hive、ECharts 等工具的使用，并以华为的 ModelArts 为技术支持。这些都是本课程紧跟时代的充分体现，也使本课程更贴近实际生活。

3. 注重知识的运用与实践

在此，把本课程的目标与传统信息管理课程的目标进行了对比，结果如表 2 所示。

**表 2 传统信息管理课程与本课程的授课目标**

| 课程类别 | 授课目标 |
|---|---|
| 传统信息管理课程 | 1. 了解信息管理的基本概念、原理和方法，掌握信息管理的全过程<br>2. 了解信息检索与交流的相关概念<br>3. 帮助学员提高个人信息管理能力，使他们能对学习、工作和生活的各类信息进行有效管理和处理 |
| 本课程 | 1. 了解信息管理相关概念及其重要性<br>2. 掌握数据收集及其规范化处理的过程方法并能应用于实际<br>3. 掌握数据可视化基础及其工具的运用<br>4. 了解信息的传播方式及其检索方法，并能实际运用<br>5. 能综合运用本课所学知识组织案例<br>6. 培养学生良好的网络信息道德和正确的价值观 |

通过对比可以发现，本课程比传统课程更加注重学生的实践。在课程中理论知识和实践活动穿插进行。比如，第四章中针对文本、图像、

结构化数据信息的处理分别设置了相应的实践应用，让学生在实践中运用相关知识与技能；在第八章中结合现实生活，又设置了信息管理的实战拓展，同时也是基于第四章的实验拓展，这既是对本课程相关知识点的巩固，又是对整个课程的总结，为本课程画上了一个完美的句号。另外，在本课程的评价阶段，设置有小组实验和辩论赛的环节，小组同学分工合作，收集数据、分析数据、整理数据、小组讨论、汇报结果，整个过程提高了学生的思考能力、动手能力、思辨能力及表达能力，培养了学生的合作能力和创新性，有效地帮助学生巩固了所学知识技能，同时学生相互竞争、相互合作，他们之间的感情也会得到一定的提升，有利于班级凝聚力的培养。

**（三）教学场景设计和教学方法选择**

在本课程教学场景设计中，线上通过雨课堂进行，线下在智慧教室进行，采取“双师制”的教学模式，每节课由两位教师分别讲授一个知识点。这样既减少了教师的任务量和备课压力，又能促进教师间的互相学习，如图 1 所示。

**图 1　在智慧教室的“双师”课堂**

学生的整个学习过程丰富多彩，不仅包含各种形式，还伴随丰富多彩的活动，是线上与线下完美融合的混合式学习，如图 2 所示。

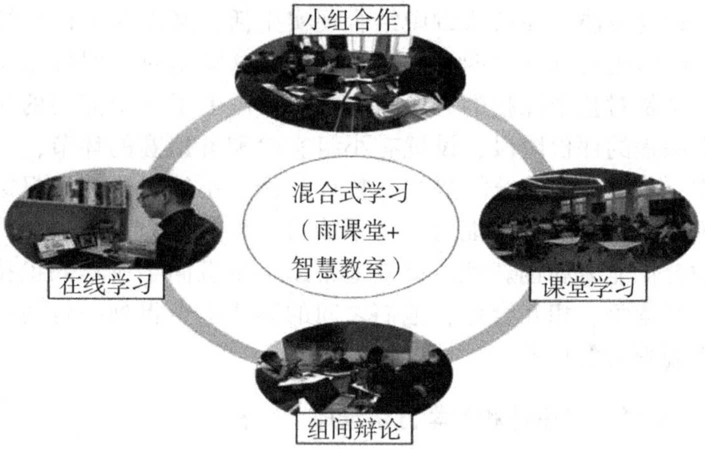


图 2　本课程的混合式学习

在教学方法的选择上，本课程综合运用自主学习法、讲授法、讨论法、练习法、任务驱动法、发现法、探究法等多种方法，旨在提高学生的综合素质，培养学生的综合实践能力。

## 三、线上线下混合式教学在信息管理课程中的实践应用

本课程旨在针对信息管理课程混合式教学中存在的问题做出改进和创新。线上学习主要通过雨课堂进行，线下教学活动通过智慧教室，具体教学过程如图 3 所示。

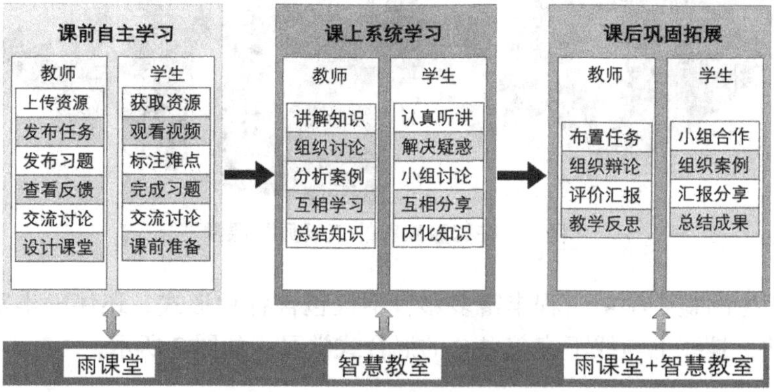


图 3　本课程的教学过程设计

### （一）课前

教师录制课堂教学视频，并将相关学习资源，如视频、课件、习题等通过雨课堂发布给学生。同时分析学员预习后的反馈，如学生学习时长、标注的难点、讨论区的问题、习题的正误情况等，针对学生不易理解掌握的重点难点合理设计教学内容和教学活动。

学生利用雨课堂的学习资源预习，将不懂的知识点进行标注，也可以在讨论区和同学、老师进行讨论，并完成课后习题。对将要学的内容形成一个初步的认识，并找到自己下一步需要深入学习的重点难点。

### （二）课上

本课程的线下学习是在智慧教室进行的，是学生对课程内容进行的系统学习。本课程把每节课的内容划分为两个部分，由两位教师在两个智慧教室分别进行讲解，在其中一位教师讲课时，另一个教室的教师和学生在线听课并讨论。这样既能减轻教师的备课压力，又能促进教师之间的相互交流与学习。对学生来说，一节课就能学到两位老师精心准备的知识内容，他们会对学习一直保持一种新鲜感，学习注意力也会更集中，学习效果也将得到保证。

### （三）课后

教师在雨课堂上推送课后作业，以达到巩固知识的效果。教师可查阅作业反馈数据，了解存在的问题，在下次课上进行有针对性的讲解或调整课程进度；而且雨课堂有讨论区，教师可以在任何时候回答学生的提问或参与学生讨论，教师和学生可以一直保持互动。

还有针对学习效果的评价考核而进行的小组实验和辩论赛，小组成员分工合作，经过搜集信息、处理信息、组织案例等步骤对实验成果进行汇报并进行组间辩论，然后通过自评、互评、师评等方式进行学习评价，既巩固了理论知识，又培养了学生的思辨能力及小组合作能力。

## 四、意见和建议

### （一）关注课程思政，实现育人目标

课程思政是有效发挥课堂育人作用的必然选择，教师应更多地关注课

程思政，将思想政治教育融入信息管理课程教学和改革的各个环节及各个方面，把积极向上的能量和价值观传递给学生，实现“立德树人”这一根本任务。

**（二）创新评价和考核理念，扩展评价和考核方式**

现代教育注重培养学生的综合实践能力、自学能力、合作能力等，要求全面提高学生的综合素质。与传统评价及考核方式相比，多元化的评价与考核方式有利于培养学生的综合能力和素质，更能激发学生的学习主动性。教师应不断创新，采用多种多样的评价与考核方式，综合评价并考核学生对课程内容的掌握情况。

（作者单位：信息工程学院）

# 后疫情时代公共计算机课程教学改革思考①

## ——以中央民族大学为例

熊文丽　陈　梅②

从教育发展历程来看，传统教育因其独特优势而日益发展壮大并流传至今。它提倡的师生间要形成亦师亦友的良好师生关系③、师生面对面的传道授业解惑等观点一直以来广为人们接受和喜爱。

随着新时代的发展，网络教学作为一种新型的教学模式也在一定程度上冲击着传统教育。无论是在教育对象、教育方式，还是在教育资源及教育环境上，都实现了大规模的创新。④ 因为传统教育在大家的心目中已经产生了根深蒂固的印象，所以很多人对网络教学持有一定的怀疑态度，并且也没有在行为上普遍采取真正意义上的网络教学手段。大部分学校还是普遍采取传统的线下授课的方式，或者也只是形式化地将传统课堂照搬到网络上而已，并未在其他教学方法上融入较多的思考和改变。

2020 年新冠肺炎疫情的暴发进一步冲击了传统线下教育，教育部门防控疫情，在秉承“学习不能停止”的原则下制定了“停课不停学”的教育政策，使得师生猝不及防地转入全方位的线上教与学。在这段特殊的疫情防控期间，“空降”的网络课堂给师生带来了新的体验，也引发了新的问题和对后疫情时代的教学改革思考。本文梳理了我校疫情期间计算机技术基础课程网络教学的优势和不足，并据此分析了后疫情时代公共计算机课程的改革趋势。

---

① 本文是 2021 年度中央民族大学校级实践创新项目（SJCX2021023）和中央民族大学青年教师科研能力提升计划（2021QNPY111）的阶段性成果。

② 陈梅，通讯作者。

③ 刘佩龙：《一对一课外辅导中的心理辅导初探》，载《求知导刊》2015 年第 10 期，第 54 页。

④ 岳鹏、李红蕾：《“互联网+”背景下大学生创新创业教育的新模式探究》，载《湖北开放职业学院学报》2019 年第 15 期，第 7-8 页。

# 一、疫情期间计算机技术基础课程网络教学模式师生反馈情况分析

## （一）学生反馈分析

在疫情期间，我校公共计算机课程计算机技术基础全面采用网络教学模式，以激发学生学习的兴趣、调动其学习主动性，提升教学效果为课程主要设计思想。① 结课后，笔者搜集了所任教的四个班的学生反馈意见（上述四个班的学生涵盖我校文科类的大部分专业，所以教学反馈结果具备一定的普遍性），现分析总结如下。

从学生的反馈点来看，大多数学生对计算机课程网络教学模式能够适应并且持较高评价。具体到网络教学的各个方面来看，大部分学生在对网络学习中课程内容的丰富性、教学形式的多样性、答疑的及时性三点上持满意态度，但只有少部分同学在作业量的科学性、演示的便捷性与实操练习度上持满意态度，如图 1 所示。

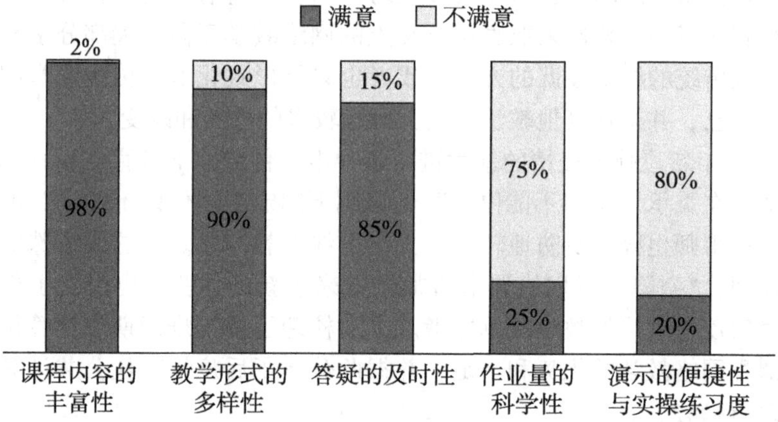


**图 1 学生反馈倾向**

从课程内容的丰富性来看，98%的学生认为网络教学中教师所做的课件更加精美，在学习平台上分享了许多有趣的学习资源，学生的学习兴趣有所提高；2%的学生（学习能力超强）认为课程内容不足。从教学形式

① 周方、曾超、卫张亮：《探析 UMU 互动平台在“Microsoft Office 高级应用”公共选修课程中的应用》，载《教育现代化》2019 年第 61 期，第 140-141 页。

的多样性来看，90%的学生认为教师在计算机网络教学融入了多种形式教学，学生通过知识讲解、小组讨论、个人思考等互动形式，锻炼了自己的思考能力、团结协作能力和随机应变的能力；10%的学生则认为教学形式太过于多样化，与自己往常适应的学习模式偏差较大，还难以适应。从答疑的及时性来看，85%的学生对网络教学中教师能够及时答疑这一点非常满意，他们认为网络学习相比于线下课堂学习来说，打破时空限制让他们的困惑点能够得到及时的解答；15%的学生对教师答疑的及时性并没有太高的要求。从作业量的科学性来看，25%的学生认为计算机课程的作业量合适，便于自身对知识的巩固，75%的学生认为每章节学习的任务点过多，作业量大。经进一步访谈发现，这类学生一部分家中网络学习条件不完备，甚至有的家中电脑上不能安装学习所需软件；另一部分个人学习习惯较差，缺乏监督的情况下难以有效坚持学习；还有一部分基础较差，接受能力较弱。从演示的便捷性与实操练习度来看，20%的同学认为计算机网络学习可以清晰方便地看见教师的规范操作演示，自己实操下也能对具体操作步骤进行更好地理解和记忆；80%的同学认为实操的时间少，希望教师能够给予他们更多的实操练习机会。这一点与本门课程配套的百科园App未能充分准备（操作题部分不能有效操作和自动批改）就受疫情影响而匆忙投入使用有关。

### （二）教师反馈分析

基于学生教学反馈倾向的调查结果，为能够针对了解到的信息采取针对性的措施进行教学改革，本文也对教师进行了调研，具体反馈结果如图2所示。

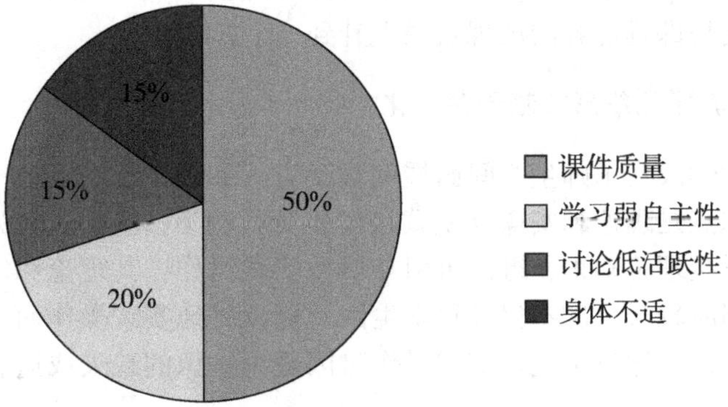


**图2　教师教学反馈**

有50%的教师认为在网络教学下，由于课程内容的特殊性，课件制作质量有待提高。有20%的教师认为网络学习下，学生学习自主性不强，需要找到学生学习的内在驱动力；同时需要营造良好的外部学习环境，从内外两方面提升学生学习的主动性。有15%的教师认为学生在上网课的过程中有摸鱼心理，话题讨论时活跃性不高，学生的课堂参与性有待提高。有15%的教师认为长期的网络教学会使学生产生视觉疲劳和心理抵触情绪。

根据师生对公共计算机网络教学反馈意见总结分析，不难发现，在疫情的冲击影响下，线下课堂转为线上课堂，给教学带来了很大的变化，下面，本文将从积极影响和消极影响两方面进行总结。

## 二、网络教学模式带来的积极影响

### （一）丰富的课程教育资源显著提高了师生能力

以往的一些优质课程教育资源，只有特定的机构或者个人通过正当渠道才能够获取，但是在疫情的影响下，国家为了实现最大程度的公平和高效教学，向社会开放了许多免费的优质课程平台，为广大学生提供了很多名校名师的优质视频课程、电子教材等。

在备课中，我校计算机基础课程的授课教师在网络学习平台为学生提供了适合课程学习的多条资源链接。对学生而言，这不仅能让学生增强对计算机的兴趣，也能提升个人的学科学习能力。对教师而言，这也是一个学习观摩的机会，能提高制作课件的水准、增强知识点讲授的技巧性、语言组织的逻辑性和幽默度等，从而达到自己教学水平、专业素质的提升，因此疫情使得课程内容的展现效果上升到一个新高度。

### （二）教学组织形式趋于多元化

网络教学改变了师生之间面授的教学方式和教学实践环节。以往线下课堂的知识点是理论和实操（实践操作）分开教学，教师通常先在多媒体教室线下讲授理论知识，继而再引导学生实践操作，其理论和实践学习之间的时间间隔较长，这不仅导致学生因不能及时地实践操作而无法对知识点进行巩固，又导致学生在实践操作时因理论知识的缺失或遗忘造成诸多操作失误。

在疫情影响下，我校全面实行计算机课程网络教学，改变了以往理论和实操课程分开教学的常态。教师通过教学直播、课程录播、在线屏幕共享等方式来教授计算机基础课程理论、示范规范的操作步骤，通过提供更佳的视觉效果，加深学生对知识点的理解。此外，在网络教学的过程中，教师开设了在线思考提问、小组分组讨论、学生模拟实践操作等多个环节，使学生在思考问题的过程中加深了对所学知识的理解和建构。最后，教师对课后学习的设置、在线答疑的反馈帮助学生解决了在网课学习时的困惑。

### （三）课程答疑变得及时

通常高校里师生间的答疑交流只停留在课间休息或下课时，其时间较为短暂，在非上课时间，师生间的见面、交流频率较少。自从计算机课程网络教学实行以来，学习通平台得以广泛使用，师生之间可随时交流，能及时解决学生的知识困惑。

### （四）课程教学内容价值引领性加强

一般来说，计算机教学侧重于实践环节。换句话来说，以往的计算机教学只是单纯地传授一个知识点，并没有引入其他的价值观概念，授课内容给学生一种单调无聊的学习体验。而这次疫情以后，教授的知识点不再仅仅停留于书本，教师会结合自己的教学经验、学生学习特征、授课知识点，适当地向学生科普疫情所应用到的学科前沿科技。比如，人工智能、AI语音、AI算法、大数据、云计算等热点技术是如何从技术和数据的维度在疫情期间的预警、防控、追踪的工作过程中发挥作用的，又是如何在人们等待疫情防控的焦灼情绪中为其提供健康的娱乐、学习、生活和社交沟通的渠道。[①] 与此同时，教师也能在授课与学生的互动过程中潜移默化地培养学生在疫情防控人物事迹中所展现出来的爱国情怀、拓展学生从多角度思考问题的逻辑思维能力，从而逐渐促进学生成长为一个为祖国做贡献的有理想、有道德、有文化、有纪律的四有好青年。[②]

---

① 量子位：《疫情期间都用上哪些热点技术？AI、5G、RTC大数据纷纷登场》，网址 https://tech.ifeng.com/c/7uBpuoUaUFK，2020年2月19日。

② 陈益刚、蒋枢泓：《“中国特色　世界水平”的解读与建构——基于财经类研究生教育质量评估的视角》，载《高等教育评论》2020年第1期，第68-85页。

## 三、网络教学模式带来的影响

### （一）知识粒度较粗且网络教学能力不足

1. 网络教学下知识讲授的细化性不强

线下课堂上教师与学生面对面的近距离接触，学生如果一旦有对知识点理解不太透彻的地方可以及时打断，教师能够再次进行针对性的细致讲述。而疫情期间计算机网络教学下，教师是通过直播、视频录制等形式进行课程讲授的，学生难免会因网络环境质量、网络设备等其他因素的影响，断断续续地听教师的讲解，无法在教师知识讲授的过程中立即打断教师，提出并解决学习困惑，因此学习自信受打击，计算机学习兴趣减弱。此外，网络教学虽也开设了讨论区，但学生的活跃性不高，难以有效提升教学效率，在一定程度上不如线下课堂。

2. 网络教学推广的局限性

有很多教师只是简单地转变了一下教学环境，将传统的线下课堂搬到了线上，并未充分利用互联网的优势展开学科教学，没有最大限度地提升学生学习的兴趣和自主性。网络教学要求教育者必须具备掌握熟练制作课程视频和线上直播的能力，然而很多具有丰富教学经验的教师大多年龄较高，他们的学习能力很大程度上不如年轻教师，所以在真正网络教学时与传统线下课堂并未有本质的区分。

因此，今后要想普遍推广网络教学，充分发扬网络教学的优势，需要提高教师的信息化能力，给教师提供专业的体系化的教学技能培训。

### （二）引发身体不适

师生长期面对电脑久坐，他们的眼睛、腰椎、脊椎等都会有严重的不适感，从而有很大可能引发学生对学习的课程产生疲劳、厌倦的抵触心理，降低甚至失去对该门课程的学习兴趣，引导学习怠慢行为的产生。①

### （三）学习自主性两极分化

受疫情影响，学生在家在线学习，缺乏监督，其学习自主性受到了极

---

① 于湛、刘丽艳、王莹、陈庆阳、苏桂田：《思维导图在仪器教学中的分析应用》，载《大学教育》2017年第4期，第11-12页。

大的挑战。线下教学是师生面对面地展开教学，教师能够实时地观察学生的动态、及时地提醒学生进入学习最佳状态。而网络教学中教师虽然通过课上点名、签到、随机互动等形式考勤，但还是会因多种因素的影响不能及时且全面地观察到每一个学生的学习状态。

自律性强的学生会充分利用教师发在平台上的资源进行课前的预习，练习巩固所学知识，甚至拓展教学内容以外的知识。这类同学不仅提高了学习成绩，也培养了自主性的优秀品质，为全面发展奠定基础①；而自律性差的学生课后主动练习少，课程内容消化困难，最终造成学习成绩下降，学习自信受损，对未来的憧憬和向往造成一定的影响。

## 四、后疫情时代的教学改革思考

自疫情以来，计算机网络教学在帮助我们完成了教学和学习任务的同时，其异于线下课堂的教学特点引发了笔者对今后计算机教学改革方向的几点思考。

### （一）引入新的教学技术

1. 声控传导技术

本文根据现有的技术水平及未来的教学发展需求，对新教学技术的发明提出展望。在网络教学过程中，利用声控技术自动识别教师声音，其图像画面随着教师所讲授的内容及知识点实现自动跟随和建模，使得课程内容知识以一种视觉化的方式呈现在学习者的认知视角里，减少学生对计算机知识的抽象化理解的难度。此外，建模的视频画面能够自动保存为一个完整的网络课程教学资源，可供学生反复观看，回顾学习知识点，也可供教师反复观看，观察自己的教学姿态、教学语言，以便改进提升教师自身的专业水平。

2. 完善学生的计算机练习系统

根据学生对计算机网络课程的教学反馈，学生对于加强实践操作的需求较为强烈。我校学生计算机练习系统仅部署在学校机房，疫情期间匆忙上线的百科园 App 实操部分很不完备。在后疫情时代，无论是网络教学，还是线下课堂或者是两者的混合，都应完善学生随处可用的计算机试题练

---

① 唐斌、周易初：《新时代思想政治教育学基础理论研究的守正与创新》，载《思想政治教育研究》2020 年第 6 期，第 75-79 页。

习系统。该系统需要打破网络教学单一的视频播放功能，开发出可不断供学生练习试错的小程序或者其他技术手段，使学生能够随机抽题答题，通过不断尝试错误操作，了解多种错误操作产生的结果并分析错误原因，了解自己的短板之处所在，反复练习，继而深度掌握计算机知识的重难点。同时，校外访问系统还需添加计算机练习服务这一项，使得学生可以不受时间地点的限制登录自己的学生账号进行题目练习。

### （二）变革课堂模式，大力推广混合式教学

目前计算机技术基础课程教学是每周 3 学时，其中 1 学时线上理论、2 学时线下课堂实践。对于该课程的网络学习，90%以上的学生在教学反馈中提到课程网络学习，不仅能够学习到丰富的课程内容，还感受到了学习形式的多样性。此外，教师及时的在线答疑也让学生获得了非常好的学习体验。

从疫情期间教学反馈来看，大部分同学通过线上自学能够较好地完成操作和学习任务，今后可以大力推广混合式教学。在今后的教学规划中，就可以将线上课时推广到 2 课时，线下课时调至 1 课时。线上线下教学的高度融合既可以实现网络的视觉化教学，又可以一定程度地避免线下学习的抽象化，从而达到 1+1>2 的教学效果。

### （三）采取分班分级教学，提高学生的学习适应性

本次教学反馈中 2%的学生反映网络课程的作业布置科学但内容不足，这就出现了学生有因学习能力强、学习效率高而在学习过程中吃不饱的情况；除去家中网络学习条件不完备的同学，根据访谈情况估计约 30%的同学对计算机技术基础课程在线学习不太适应。

现我校计算机公共课每位教师负责 4 个班级 200 多名学生，教师无法做到对每个学生有足够的关注度，并且出现了学生对学习内容消化快慢的两极分化现象。在加强混合式教学后，教师有精力对不适应网络教学的学生采用小班教学，可以实现对不同学习能力的学生进行差异化教学，解决学生因学习接受能力强弱而产生的两极分化现象。① 教师也能够有更多的精力关注到班上的每一位学生，对于主动性弱的同学，想办法增强他们敢于提问的勇气，提高他们对课程的兴趣度、表达自己观点的能力；对于主

① 丁立、林燕、高瑞：《“大学计算机基础”课程分层次教学探析》，载《电脑知识与技术》2019 年第 33 期，第 61-62 页。

动性强的学生，可以开设创新班，鼓励学生在学习必修内容之后进行分组讨论，以利于产生新想法、创造新产品。

在疫情期间，计算机网络教学工作虽然进行得相对顺利，但计算机课程要想在今后的教学改革中站稳脚跟，成为高校特色教育学科，实现蓬勃发展，还需要与线下教育模式进行深度融合。笔者相信，在后疫情时代，在广大教育者对新型教育模式的不断研究探索下，教学效果必将上升到一个新的高度。

（作者单位：信息工程学院）

# 课程思政专题

# 环境科学与工程专业课程思政元素挖掘初议①

陈坦 金军 杨婷 刘颖 王英

高等教育承担着培养高水平人才的责任和使命，尤其要提高培养质量，适应高层次、战略型、创新型、复合型人才的需求②。国家的富强需要培养一流的人才，一流人才的培养需要创新的高等教育，新时代民族复兴对高等教育变革既是动力也是机遇③。大学不仅要为学生搭建完整的知识框架体系，训练必要的专业技能，更要引导学生树立正确的价值取向，磨炼健全的意志品质④。知识的积累和心志的成熟都是大学育人的重要组成部分，后者尽管备受重视，但难以量化评测，往往易流于形式。立德树人，德育为先，思想政治教育在育人过程中的重要性不言自明。思想政治的教育与引导具有鲜明的全程性，贯穿培养的全过程，也要求多环节的全方位投入。

环境科学与工程是综合交叉的理工科专业，本专业以培养环境科学研究人员、环境保护工程师、环境管理专门人才为目标。专业培养体系要全面支撑这样的高级人才培养目标，专业课程作为重要的组成部分，也应该共同承担思想政治教育的任务和功能。

---

① 本文是中央民族大学 2020 年度校级本科教学项目（KC2050）、教育部新工科研究与实践项目“面向西部民族地区环保工程人才需求的协同育人模式改革研究”、中央民族大学 2018 年本科专业建设项目“环境工程新办专业建设”的阶段性成果。

② 唐亚阳、陈三营：《“四个全面”战略布局下高等教育的责任和使命》，载《中国高等教育》2018 年第 1 期，第 27-29 页。

③ 吴爱华、杨秋波、郝杰：《以“新工科”建设引领高等教育创新变革》，载《高等工程教育研究》2019 年第 1 期，第 1-7、第 61 页。

④ 贺祖斌：《新时代本科教育的内涵建设——兼议“不重视本科教育的校长不是合格的校长”》，载《现代大学教育》2019 年第 3 期，第 84-87 页。

## 一、内外诉求的耦合：专业课程为什么要融入思政元素

这是大学内涵外化的内在要求。大学既是创造知识的主要基地，也是传播文化的重要阵地。大学的责任和内涵都内生地要求良好的文化建设。大学文化建设的外化，一方面体现在管理水平上①，另一方面体现在育人的思想政治教育上。而文化建设渗透在大学日常的方方面面，理工科的专业课程对塑造学生的价值取向、专业认同、科学素养、工程伦理观念具有重要意义。因此，思政元素融入专业课是大学内涵的自然要求和应然活动。

也是新时代培养合格人才的外在要求。2014 年 4 月，《教育部关于全面深化课程改革落实立德树人根本任务的意见》中要求："立德树人是发展中国特色社会主义教育事业的核心所在，是培养德智体美全面发展的社会主义建设者和接班人的本质要求。课程是教育思想、教育目标和教育内容的主要载体，集中体现国家意志和社会主义核心价值观，是学校教育教学活动的基本依据，直接影响人才培养质量。"2019 年 9 月，《教育部关于深化本科教育教学改革　全面提高人才培养质量的意见》中提出，要"把思想政治教育贯穿人才培养全过程"，"把课程思政建设作为落实立德树人根本任务的关键环节，坚持知识传授与价值引领相统一、显性教育与隐性教育相统一，充分发掘各类课程和教学方式中蕴含的思想政治教育资源"。落实课程思政建设，将思政元素融入专业课程中，是培养适应国家和社会发展需求合格人才大势所趋的必要举措和重要保障。

究竟什么是课程思政？课程思政与"大思政"和"隐性思想政治教育"理念一以贯之，是将思想政治教育融入专业课、通识课的教育实践活动。课程思政不是思政课程的替代，应该发挥承载思想政治教育的功能，可以隐性地与专业教育互相促进。②

本文认同课程思政应该坚持潜移默化、润物无声、言传身教的理念。首先在定位上，课程思政不是放弃专业课自身的思维特点、学科体系，也

---

① 梁叔全等：《基于创新人才培养目标导向的理工类学院文化多维建构策略——以中南大学材料科学与工程学院为例》，载《现代大学教育》2019 年第 6 期，第 100-108 页。

② 赵继伟：《"课程思政"：涵义、理念、问题与对策》，载《湖北经济学院学报》2019 年第 17 卷第 2 期，第 114-119 页。叶莲：《课程思政与素养教育同向同行的内在逻辑及实践路径》，载《大学教育》2020 年第 3 期，第 121-123 页。

不是让专业课承担思政课程的功能，而是让专业课充分发挥育人上的思想教育引导能力。其次在方法上，并不是要求专业课教师放弃专业课教学的特性方法和体系，相反希望教师在以往专业讲解的基础上适当引导学生开展一定的深入思考，更有利于丰富授课方式，激发学生的学习兴趣。最后在操作上，并不是给专业课教师增加额外的工作量，也不是要求专业课教师要用思想政治理论教条授课，而是备课的过程中再向深入的方向走一步，某种程度上说只是强化了过去授课内容的教学效果，只是显性指出了专业课教师曾经忽视的隐性工作。

环境科学与工程本身是新兴的综合交叉专业，具有鲜明的理工科性质，浸润着深厚的人与自然、人与未来的伦理和哲学思考。新时代对本专业合格人才的要求，技术上基础更广博、特长更精专①，意志品质上更顽强、更有韧性。课程思政建设，将思政元素融入专业课，是环境科学与工程专业改革创新教学方法、保障提高培养质量的必由之路。

## 二、梳理融化在知识体系中的素材：专业课可以挖掘哪些类型的思政元素?

新时代，社会经济发展进入了新阶段，为培养适合新要求的人才，无论课程层面还是专业层面的课程思政探讨都已逐步展开，如生物类专业②、信息类专业③、医学微生物学课程④、环境影响评价课程⑤、大气污染控制工程课程⑥、环境专业实验课程⑦等。专业课中挖掘哪些思政元素，也是在回答“大学教什么”这个问题，更是在重构学科—专业—课程的人才培养

---

① 陈坦等：《民族院校环境工程专业的建设特色与培养方案调整初探》，载《教育教学论坛》2019 年第 31 期，第 119-123 页。

② 吴伟、李慧涵：《生物类专业课程思政教学改革初探：以生物化学为例》，载《微生物学通报》2020 年第 4 期，第 1191-1195 页。

③ 夏建文：《信息类专业课程中的“思政元素”及其运用》，载《课程教育研究》2019 年第 17 期，第 77、第 80 页。

④ 韩俭等：《医学微生物学教学中的课程思政教育探索》，载《医学教育研究与实践》2020 年第 1 期，第 102-105 页。

⑤ 郑丽娜等：《高校“环境影响评价”课程思政教育教学设计探索》，载《中国多媒体与网络教学学报》（上旬刊）2019 年第 5 期，第 55-56 页。

⑥ 张晓东、黄远东、王冠：《环境工程专业教学中的课程思政教育探索——以“大气污染控制工程”课程为例》，载《上海理工大学学报》（社会科学版）2019 年第 4 期，第 380-385 页。

⑦ 王栋等：《浅谈高校环境专业实验课程思政教育教学改革》，载《中国多媒体与网络教学学报》（上旬刊）2018 年第 9 期，第 143-144 页。

体系。①

基于新时代对人才思想品质的要求和环境科学与工程专业的自身特点，本文初步总结了专业课程可挖掘的思政元素类型。

（1）价值观。全面引导学生树立正确的人生观、世界观、发展观、大局观②，是课程思政元素挖掘的题中之义，也有利于学生自己的身心健康和协调发展。例如，用发展的眼光看待问题，杀虫剂 DDT 是诺贝尔化学奖重要成果，有效杀灭蚊虫、控制疟疾暴发，但人们逐渐发现其对环境危害显著，可导致人体罹患癌症，如何使用 DDT 趋利避害、造福人类应该根据科学和技术的进步不断评估。

（2）家国情怀。尽管在国际化的大背景下，大学人才培养的服务对象已经逐步转向全人类，但不应忽视思想中国家认同、国家统一观念构建的重要性。每个学生都坚信“做一个中国人很自豪”，才是成功的教育。例如，王淦昌院士一句“我愿以身许国”的承诺，毅然放弃名利与安逸，从此隐姓埋名，面对重重艰难困苦，投入了祖国的原子弹研制工作。

（3）道路自信，理论自信，制度自信，文化自信。在中国共产党的领导下，全国各族人民紧密团结，同心协力，经过不懈的奋斗，取得了国家建设和社会发展的辉煌成就。历史和事实都不容置疑。

（4）科学思维和科学方法。怀疑精神、实事求是的态度都是从事科学研究工作的思想基础。唯物辩证法是理工科认识世界、认识真理的思想工具，抓住主要矛盾、假设演绎法、严谨的逻辑关系、收敛—发散思维方式的切换与平衡等科学思维与方法都是要通过“浸润”慢慢引导学生养成的。③ 例如，生活垃圾处理方式如何客观评价，针对不同性质的生活垃圾如何妥善处理，都需要辩证理解生活垃圾“资源—污染源”的双重性和各种处理处置工艺的优劣两方面。

（5）科学家精神与工匠精神。科学家精神和工匠精神是对未来的科学研究工作者、工程师、管理者的精神层面更严格的律己要求，爱国、奉

---

① 叶志明：《大学新生研讨课“大学学什么”教学札记》，载《中国大学教学》2017 年第 4 期，第 65-69 页。叶志明等：《对学科、专业和课程及其在高校发展中作用的再认识》，载《中国大学教学》2010 年第 1 期，第 37-42 页。

② 李锐等：《创新实践导向的交通土建类专业课程教学改革》，载《黑龙江工程学学报》2020 年第 1 期，第 58-62 页。

③ 王宝军：《大学理科专业课程思政的特点和教学设计》，载《中国大学教学》2019 年第 10 期，第 37-40 页。叶志明：《科学思维和科学方法在力学和工程教学中的应用》，载《中国大学教学》2011 年第 6 期，第 6-8 页。

献、严谨、执着这些特质是从事好环境科学与工程专业工作的必要保证，也是安身立命的为人处世高标准。

(6) 个人品行。意志品质和操守既是生活中对个人道德水平的一般要求，也是专业操作和合作中必不可少的基础，重要性不言而喻。环境科学与工程专业培养的人才要具有坚强的意志，要敬畏自然、顺应自然，要尊重规则，要守正出奇。

(7) 人与自然的命运共同体——环境伦理与工程伦理。如何判断哪些工程措施得当，如何判断哪些化学品当推广，不仅关涉科学技术本身，还关涉一定的伦理价值判断。面对生态破坏和环境污染而生的环境科学与工程专业，要思考人与自然的关系如何定位，所有的科学知识体系和工程技术手段都承载了社会发展与生态环境关系、人与环境的地位定位等伦理辩证思考结果。

## 三、以案例为出发点：如何挖掘专业课素材中的思政元素？

专业课程挖掘思政元素，是在现有专业课授课素材的基础上，以专业课教师良好的思想政治素养为支撑，在备课过程中凝练专业课素材中蕴含的思政元素，授课全过程中通过讨论、展示、提问等方式，在知识点层面化隐性为显性，在课程和培养体系层面专业课依然承担思想政治教育功能，加强专业课程的思想政治教育作用。

本文认为，以案例为出发点，整理科学家逸事、学科发展简史、同类学说比较、重大成果评述、政策标准沿革路径等素材，剖析其背后蕴藏的思政元素，配合设计引导学生深入思考的环节，是简便易行的专业课思政元素挖掘方法。紧密围绕专业课的知识体系，典型案例的主要类型包括①：科学研究中的经典实验，与课程相关的、引人关注的社会事件，教学中遇到的客观现象，学科发展史上的著名事件，本领域著名学者的研究经历等。值得注意的是，每个案例中蕴含的思政元素可能涉及多个类型，讲解过程中由专业课教师自主取舍与侧重，不必所有思政元素都展开深入剖析。环境科学与工程专业课程中的思政元素体量庞大、涵盖面广，下面试举例说明。

---

① 李崴、周宜君、戴景峰：《浅谈案例教学在微生物学教学中的应用》，载《微生物学通报》2016 年第 2 期，第 403-409 页。

（1）“固体废物处理与处置工程”课程中，中国全面禁止“洋垃圾”的案例。在讲授“固体废物的处理现状及其危害”一节时，介绍 2017 年 7 月《国务院办公厅关于印发禁止洋垃圾入境推进固体废物进口管理制度改革实施方案的通知》发布的背景和世界各国的不同反映，通过向学生提问“固体废物的产生是否可以避免？固体废物的处理责任应由谁承担？”“如何看待固体废物的双重属性？怎样理解污染源是其首要属性？”“这种做法对不对？究竟是谁不负责任？”引导学生在掌握专业课知识点的同时，思考改革开放以来全国人民艰苦奋斗的伟大建设实践，提高对国家、制度的自豪感和自信心；激发学生辩证认识环境、公平，在人类命运共同体的框架下进一步认识环境伦理和环境责任。

（2）“固体废物处理与处置工程”课程中，“固体废物的环境问题及管理”一章，主要介绍固体废物的含义、危害和管理原则。其中，固体废物的“污染源—资源”双重属性知识点，强调固体废物的污染源属性和资源属性互为表里，不能片面强调其一（辩证客观地看待问题），同时以控制污染为固体废物管理的首要前提（抓主要矛盾）；固体废物的全过程管理知识点，指出在固体废物的产生、收集、运输、利用、贮存、处理和处置各个环节实行技术管理，在污染控制方面最小投入、最大产出（系统性思维方式和全局观）。

（3）“环境学导论”课程中，“固体废物的全过程管理”一章，主要向环境科学与工程专业的大一新生总体介绍固体废物的污染情况和管理现状。其中介绍固体废物的管理依据知识点时，比较国内外生活垃圾、医疗废物、其他危险废物焚烧处理过程烟气中二噁英排放浓度的标准限值，讲解标准设定的环境风险考量。引申说明经过不懈的努力，我国环境标准体系已趋于完善，大部分技术要求已处于国际先进甚至领先的水平，增强学生的自信心；同时指出我国面临的环境污染和生态破坏严峻趋势，激发学生的专业认同感和责任感。

（4）“环境工程原理”课程中，介绍实际工程问题的分析思路，宏观现象微观解析—微观过程宏观还原、实际问题简单模型化—简单模型复杂还原的思路贯穿整个课程，配合的数学表达方法就是先微分再积分。如刻画平推流式反应器基本方程时，就先确定断面微元，构建物料衡算方程，再在全反应器积分；再如分析固相催化反应过程，可概括七个微观步骤，讨论了各步骤的相对速率，才可能构建整个固相催化反应的动力学方程。这既是在介绍知识点，又是在传播“微观—宏观”“一般—特殊”的科学认识世界思维方式。

（5）“物理性污染控制过程”课程中，“放射性核素应用物理基础”一章涉及原子能和原子弹的相关知识。讲解我国核武器的研发历程中，介绍“两弹一星”元勋等功勋科学家的事迹。他们放弃了国外富足的生活和受人尊敬的职位，放弃了自己深爱着的国际前沿研究课题，毅然回到“一穷二白”的祖国，隐姓埋名，告别了世俗的功名利禄，披荆斩棘，筚路蓝缕，甚至一些人为祖国的国防科技事业献出了生命。科学家们对祖国和事业的挚爱，艰苦奋斗、舍生忘死的奉献精神，孜孜不倦、钻研探索的科学态度，都是难得的课程思政元素，对学生也是莫大的激励与鼓舞。

（作者单位：生命与环境科学学院）

# 高校在线课程思政如何步入后疫情时代[①]

陈志伟　高　兵

在疫情防控常态化的背景下，高校的主要职责除了保证正常的教学秩序和质量之外，还应以德为先，强调通过将课程思政教育融入日常的在线教学工作中。

## 一、三大问题：大学生思政教育面临的挑战

自新冠肺炎疫情暴发以来，高校教学工作受到较大影响，除专业课程的授课方式、内容、风格等需要根据教学环境和条件的改变而形成较大调整外，对于大学生的思政教育工作也提出了巨大的挑战。反观疫情期间，部分青年学生个人和群体在脱离校园环境后所表现出的认知混乱、行为失范、导向偏差、意志游移等问题，同样需要在后疫情时代予以充分重视。

问题一：生活习惯怠惰。生活习惯的自控力明显不足。针对中国青年网对近千名大学生的调查显示，有 66.96%的被调查者在疫情期间设定了关乎自身学习、成长、实践的生活规划，但由于疫情改变了原有的在校生活和学习节奏，因此仅有 12.63%的被调查者能够按照计划有序安排生活且成果显著，48.47%的被调查者计划执行效果一般，38.90%的被调查者未能落实计划。意志力不够坚定（63.19%）、客观因素或突发情况（62.36%）、克服不了懒惰（57.88%）、计划本身不够合理（33.06%）等

① 本文是 2020 年度中央民族大学一流课程建设项目“《终身学习导论》英文翻转课堂的混合式教学设计与实现”（项目编号：KC2042）和 2020 年度中央民族大学铸牢中华民族共同体意识研究专项课题“新时代民族院校课程思政助推铸牢中华民族共同体意识的策略研究”（项目编号：2020MDZL21）的阶段性成果。

都是被调查者无法严格控制作息时间并按照计划生活的关键因素。① 最终导致的结果就是大多数大学生在居家期间形成了懈怠、拖延的习惯，部分受访大学生集中反映“在家里实在没有学习的念头，整天只想玩手机”。

问题二：不实信息干扰。舆情浪潮考验个人的理智与认知。在彼时面对各种关于疫情的起因调查、发展势态、医疗方案、防控举措、社会心态等焦点时，大学生拥有知识优势，对与科学相关的信息有基本的判断能力；然而对于舆论漩涡中的意识形态问题和社会立场站位等，则需要其具有正确坚定的价值观内核，以应对各种粉墨登场的谣言和“后真相”。大学生在居家期间的信息接收途径主要是网络和电视，传播形式单一、过程直接，部分无法判断来源、歪曲事实、混淆视听的网络信息。因此在后疫情时代，针对大学生理性看待和参与舆情讨论的教育具有充分的必要性。

问题三：娱乐文化消极。消极的娱乐文化有损思维成长。疫情期间“宅文化”在大学生群体中更为兴盛，其主要特征在于利用互联网获得在线交往及通过影视、游戏、综艺等满足感官刺激，由此衍生的亚文化在一定程度上不仅消磨学生的闲暇时间和意志，同时也会形成不良娱乐导向。包括“饭圈”等现象所映射的，就是包括大学生在内的部分青少年对于娱乐速食文化的崇尚及沉迷，对经典文化的忽视及对社会责任和人生目标的迷茫。

虽然通过反思可以发现以上问题的存在，但绝大多数大学生在疫情过程中，在彰显家国情怀、听从政府号召、做好自身防护等方面，具有充分的理论自觉性和政治进步性。在此良好的基础上，对其开展更为有效的思政引导，成为后疫情时代高教工作的重中之重。

## 二、三层意义：高校实施在线课程思政的价值

根据时代发展的特征和高校扩张的需求，在后疫情时代，在线教学将会伴随线下教学形式，从而获得更为广泛和深入的拓展。在线课程思政的优势在于发动各专业课教师共同发挥自身思政引领作用，以多样的在线教学形式，将思政理念和认识潜移默化地培植于参与课程的大学生思维过程中，特征在于覆盖广泛、影响持久、灵活生动。

第一，在于激发大学生学习斗志。专业课程从内容而言，具有充足的

---

① 中国青年网. 疫情防控少出门，这个寒假怎么过，八成大学生认为须制定假期计划［N/OL］.（2020-02-17）［2020-09-12］. http://news.youth.cn/jsxw/202002/t20200217_12199849.htm.

知识体量和思维宽度，这就使得大学生在线下学习过程中，需要广泛涉猎专业书籍和参考资料，以实现线上学习的有效参与和互动。专业课教师在教学环节中加入思政元素，重点引导学生积极、有序、合理、充分地利用自身的时间，通过布置阅读任务、协助计划制定、警示怠惰行为、促进团队协作，促使学生时刻以知识获取为导向，理性对待所获得的网络和时间便利，激发其学习和生活斗志，养成积极乐观的生活习惯和人生态度。

第二，能够增强大学生科学理性。课程思政的特色在于融合思政导向和专业技能，将各学科中的重要思想和优秀传统通过教学进行传承，最终打破学科壁垒，凝聚知识碎片，讲求文理结合。理工科课程本身具有对科学认知的正本清源功能，因此对学生科学理性看待矛盾和问题具有现实功用；而文科课程以思辨和共情的方式加入人文思政元素，对陶冶学生的文化品位和情操有相当裨益。在专业课程中加入对疫情和国内外局势的权威介绍、辩证讨论等，有助于学生获取知识，进行理性思考。

第三，最终导正大学生意识形态。高校各科教师所具有的政治意识、人文关怀、思维视野、人格魅力等，本身就是课程思政的活化教材；在线教学过程中，触类旁通地结合专业知识讲述抗疫一线的感人事迹，以科学为导线引发学生的情怀感知，激发责任担当，则更能体现专业课程密切服务社会的职能。

## 三、三项措施：打造常态化的在线课程思政

从形式上，充分利用在线优势，变不利为有利。通过疫情期间的经验可以发现，在线形式虽然对传统教学提出了挑战，但其本身是大学生所喜闻乐见的交流方式。因此在课程思政在线教学中，需要充分创新教学模式，提供网络音视频学习资源，设计问卷和随堂测验，引导学生就热点主题在线提问并形成讨论氛围；以专业知识为基础，触类旁通地引导学生对焦点话题形成科学认知和正面感悟。在线模式下，学生的线下思考空间应受到充分保障，可重复播放的课堂教学视频和资料将成为其自主、反复、多元学习的重要工具。北京市委教育工委联合高校将“学习强国”作为疫情防控公开课平台，就是课程思政在线形式的有效教学尝试。

从内容上，坚定社会主义信仰，讲好中国故事。备课前，教师应当已经广泛涉猎和汲取政策法规、正面典型事迹、国内外舆情信息等，在备课过程中时刻把握思政导向，在教学内容的选择和专业知识的引申上，充分融入社会主义核心价值观元素，展现中国形象和担当，突出行业先进人物

的贡献及榜样精神。专业课教师可以与思政课教师共同在线教研，根据学生的身心特征和认知习惯，直面学生思想困惑，把握所授思政内容的视角和方向，指导学生正确运用马克思主义的观点、立场和方法，理性看待和应对疫情防控中的社会问题和现象。

从方法上，全面打造混合教学，思政贯穿始终。课程思政的线上线下混合式教学需要具有流畅、系统、精准的课程设计。课前强调学生观看教学资料并通过理性思考完成相应任务点的作业。其中包括专业与思政相结合的问卷调查和问题征集；课中通过在线的专题化设计，引导学生在案例分析中受到思想启发，同时鼓励学生提问并打造问题链，主导学生利用在线平台针对问题开展互动讨论和交流；课后形成学习小组，以头脑风暴交流方式完成课程作业，在此期间教师应时刻关注和参与学生对思政内容的讨论过程，并以主导身份对互动方向进行校正；最后根据学生的认知结果和学习成效优化后续的课程设计。①

在疫情的考验下，更应突出课程思政的作用。专业和思政两手抓，才能更好地提升高校以在线形式进行政治和文化双重育人的教育功能和定位。

（作者单位：教育学院）

---

① 晋利珍：《疫情之下高校思政课在线教学的系统设计与思考》，光明网［2020-09-15］，http://theory.gmw.cn/2020-03/03/content_33613446.htm.

# 基于泰勒原理下少数民族预科高等数学课程思政的思考与构建①

施 娜

2020年教育部印发的《高等学校课程思政建设指导纲要》中提出：“课程思政建设工作要围绕全面提高人才培养能力这个核心点，在全国所有高校、所有学科专业全面推进，促使课程思政的理念形成广泛共识，广大教师开展课程思政建设的意识和能力全面提升，协同推进课程思政建设的体制机制基本健全，高校立德树人成效进一步提高。”②

## 一、课程思政的含义及大学数学课开展课程思政的状况

“课程思政”是指在学校的教学活动中，围绕教学任务和教学目标，以课程为立足点，落实育人的根本任务，将思想观念、政治观点和道德规范合理渗透到专业知识中。课程思政注重专业教育对人的思想观念、政治观念和道德品质的培养，是对“知识传授、能力培养、价值塑造”三位一体教学目标中价值塑造的价值细化和强调。

笔者发现，目前对于大学数学课程开展课程思政的研究较多且发表时间都集中于2019—2020年。如郑奕在《大学数学“课程思政”的思考与实践》中提出，大学数学课程开展课程思政的着力点应该为提升数学教师对“课程思政”的认知，挖掘“课程思政”内容纳入数学课程教学。③ 公徐路在《课程思政下离散数学课堂教学中的改革与实践》中从课程思政的

---

① 本文是2021年度中央民族大学“青年教师科研能力提升计划”项目“我国民族预科数学教育研究的回顾与展望——基于文献的统计与分析”（项目编号：2021QNPYT1）的阶段性成果。

② 中华人民共和国教育部：《高等学校课程思政建设指导纲要》，http://www.moe.gov.cn/srcsite/A08/s7056/202006/t20200603_462437.html.

③ 郑奕：《大学数学“课程思政”的思考与实践》，载《宁波教育学院学报》2019年第1期，第7页。

含义，开展“课程思政”的必要性、可行性和实施方案四个方面对离散数学开展课程思政进行了分析。李云的《课程思政视域下“微积分”开学第一课教学设计与实施》通过该课程开学第一课教学环节的设计与实施，探索思政融入课程的可能性。[①]

在大学数学类课程开展课程思政的研究中，对于课程思政的目标和实施，不同的教师有不同的理解。教师结合自身的体会及学科的特点，从课程思政的含义、意义、目标及实施等角度进行研究，这使得大学数学课的课程思政建设虽有亮点，但整体上缺乏统一、系统的理论支撑，较为主观、零散。

## 二、泰勒原理的内容

被誉为“现代课程理论之父”“当代教育评价之父”的美国教育家拉尔夫·泰勒于1949年在《课程与教育基本原理》中提出了泰勒原理。泰勒原理阐释的是课程开发的指导原则，认为如果要参加课程开发活动，就必须回答四个问题：学校应该实现哪些教育目标？提供哪些教育经验最有可能实现这些目标？怎样才能有效地组织这些教育经验？我们怎样才能确定这些目标正在实现？[②] 对于课程开发的描述，泰勒原理集简洁、完备和完美为一体，被称作“课程领域的主导范式”。

课程思政虽起源于三位一体教学目标中的价值塑造，但它作为一个新的理念有着新的课程要求，不同学科的教师有着不同的理解和不同操作。运用泰勒原理构建少数民族预科高等数学课程思政，可以为课程思政提供理论指导，避免在课程开发中出现一些问题或者遗漏某些环节，让课程思政的建设变得更科学、更明确、更具可操作性；同时，对于其他课程开展课程思政设计具有可借鉴性。

## 三、多因素分析，综合确定三维思政目标

少数民族预科教育的受教育对象全部是来自少数民族地区的少数民族学生。他们年龄普遍在18到22岁，价值观尚未完全确立，思想不够成熟；

① 李云：《课程思政视域下“微积分”开学第一课教学设计与实施》，载《山东广播电视大学学报》2020年第3期，第22页。

② 李磊：《重读“泰勒原理”》，载《浙江教育科学》2018年第2期，第7页。

情感波动较大，容易感情用事。他们拥有不同的文化背景，从经济发展较落后的地区来到经济较发达的地区接受教育，文化的冲突和环境的改变会让少数民族预科生产生迷茫感、孤独感，在社会活动中易受别人的影响。少数民族预科学生需要形成科学、理性的思考方式及正直、脚踏实地的人格特质。

《义务教育数学课程标准（2011 版)》强调，数学课程能使学生掌握必备的基础知识和基本技能，培养学生的抽象思维和推理能力；培养学生的创新意识和实践能力；促进学生在情感、态度与价值观等方面的发展。①

《高等学校课程思政建设指导纲要》指出，理学类专业课程，要注重科学思维方法的训练和科学伦理的教育，培养学生探索未知、追求真理、勇攀科学高峰的责任感和使命感。②

泰勒原理提出在编制课程目标时，要考虑学生的需要，学科专家的建议及社会生活的需要等因素，然后根据实际情况从中进行筛选。通过泰勒原理的启示，我们综合少数民族预科生的特点与需要、义务教育阶段数学课程标准的课程目标及国家和社会的需要，共同确定少数民族预科高等数学课程的三维思政目标（表 1）。

**表 1　少数民族预科高等数学课程的三维思政目标**

| 品　　质 | 具体描述 | 数学活动 |
|---|---|---|
| 陶冶人的情操 | 面对困难的心理素质；正直、脚踏实地的品格；与他人交流、合作的能力等 | 教师的言传身教；<br>数学问题的解决过程等 |
| 提高理性思维能力 | 抽象思维 | 数学问题的解决过程；<br>数学思想方法等 |
| | 逻辑推理能力 | |
| | 准确、严谨的表达 | |
| 增强社会责任感 | 关注社会，关注现实，探索未知，追求真理 | 数学史；数学与实时热点、科技的结合；数学情境等 |
| | 对中华民族共同体的认同；家国情怀，人类关怀 | |

① 中华人民共和国教育部：《义务教育数学课程标准（2011 年版)》，2011 年。

② 中华人民共和国教育部：《高等学校课程思政建设指导纲要》，2020 年。

## 四、积累课程资源，准确捕捉思政元素

泰勒原理提出要根据学生的学习兴趣和生活环境构建情境，为学生的学习提供教育经验。根据少数民族预科高等数学的三维思政目标，从挖掘数学的人文价值，关注数学问题的解决过程及数学史三个角度，积累课程资源，准确捕捉少数民族预科高等数学课程的思政元素。

### （一）挖掘数学的人文价值，提升学生的思想认识

1. 在数学情境中加入中华民族的传统文化

中华民族的传统文化是中华民族长期的发展过程中形成的优秀文化成果。这些文化成果的形式多种多样，有思想性的、有实体性的。高等数学这一门课主要介绍的是300多年前西方一些科学家所创建的微积分的知识，距离现实和少数民族学生都很远。在高等数学这一门课的数学问题的情境中加入中华民族的传统文化，有助于增强少数民族学生对中华民族共同体的认同，同时从中华民族的传统文化的角度，拉近学生与高等数学的距离，提高学生学习数学的兴趣。

在少数民族预科高等数学的数学问题情境课程资源的建构中，我们可以在数学思想的背景中介绍中国数学家或思想家的思考，如在介绍极限思想时，可以引入庄子的极限思想“一日之锤，日取其半，万事不竭”及魏晋时期数学家刘徽的割圆术，也可以在数学情境中融入中华民族的文化背景，如定积分的应用中计算旋转体的体积的背景可以选择计算乌鲁木齐二道桥国际大巴扎的体积，计算弧长可以选择计算云南佤族的竹桥的弧长作为背景等。

2. 将高等数学与时事热点和科技相结合

微积分的创立距今已有300多年，微积分对科学、社会的影响已经随着时间沉淀在文化成果的底部，但我们仍要在现实生活和科技成果中找寻微积分的蛛丝马迹。微积分的现实意义能够拉近学生和学科的距离，让学生感受科学的力量、科技的进步，激发学生的求知欲、探索欲，培养学生勇于创新、将理论变为实际的责任感和使命感。在课程资源的构建时，将高等数学与时事热点和科技结合，如利用高铁当前时速的提示牌问题来引出导数的概念、冬奥会冰场冰面的面积计算问题引出定积分的概念等。

## （二）关注数学问题的解决过程，培养学生的综合素质

数学问题的解决过程是指学生用数学的眼光观察问题、用数学的思维思考问题，以及用数学的语言表达问题的过程。数学问题的解决过程既是思维塑造的过程，同时也是心理品质构建的过程。这一过程可以帮助学生形成科学、严谨的思维方法，即数学抽象、逻辑推理和数学建模；同时，也有助于培养学生面对困难时乐观积极的态度，解决困难时的自信，脚踏实地的实干精神及与他人合作、交流的能力。数学问题的解决过程在培养学生的理性思维能力、面对困难时的态度和品格方面有着积极的作用，是提升学生综合素质的最佳途径。

少数民族学生在学习数学时，往往只关注数学问题的结果，忽视数学问题的解决过程。因此，在构建少数民族预科高等数学的课程时，要通过数学实践活动重视数学问题的解决过程。例如，选择一些恰当的符合学生数学能力的问题，请同学们独立思考，思考后组成小组，合作交流，进行整合，并把整合的结果用数学的语言进行呈现。通过这样的实践活动，学生能够经历一次完整的数学问题的解决过程，收获解决数学问题必备的思维方法和情感态度。在这一过程中，教师要多关注学生的心理状态和情感变化，及时引导，适当鼓励，帮助学生形成面对困难时积极乐观的态度和克服困难的自信。

## （三）将数学史融入课程，塑造学生的个人品质

数学史的教育价值及其在数学教学中的积极作用已经被广泛认可，如HPM的先驱者卡约里在其著作《数学史》的前言中指出：“如果用历史轶事点缀枯燥的计算和证明，学生的兴趣就会大大增加，通过对数学历史的介绍，能够让学生明白：数学并不是一门呆板乏味的学科，而是一门不断进步且生动有趣的学科。”① 在高等数学的课程资源中融入数学史的内容，一方面，有助于拉近学生和微积分的距离，有助于提高学生的学习兴趣，能更深层次地理解微积分的起源、背景；另一方面，从数学史汲取养分，对于学生个人品质的培养及多元文化的世界观的形成有着积极的意义。

在少数民族预科高等数学的数学史资源构建中，重点关注微积分的历史以及为创立与发展微积分做出贡献的数学家，如牛顿、莱布尼兹、费马

① 覃淋、姚芳：《研究数学史与数学教育之间的关系以及发展措施》，载《首都师范大学学报》（自然科学版）2018年第3期，第9页。

等人及他们的经历。介绍微积分的后续故事，如微积分的冠名之争及由此产生的后果。这样的历史事实及思考对于培养学生宽广的心胸、多元文化的世界观有着积极的意义。再如，高斯职业生涯中个人的工作态度等，这有助于培养学生精益求精、脚踏实地的品质及爱国情怀。

## 五、润物细无声，自然融入思政元素

泰勒提出，在组织学习经验时，应遵守连续性、顺序性与整合性，即组织课程时，首先确定课程要素，然后将各要素有机地统一起来，达到综合化的效果。在开展少数民族预科高等数学课程思政的课堂组织中，结合学生的特点和需要，从数学情境、数学问题的解决过程、数学史等角度渗透思政元素，促进学生的全面发展。将思政元素融入课程的过程中，应做到润物细无声。自然地、合理地、巧妙地将思政元素延伸至课程之中，避免思政元素出现过多、过于牵强、过于直接等问题，防止思政教育对少数民族预科学生产生“反向作用”。

## 六、采用多种方法，多角度评价思政效果

泰勒提出对学生的评价，应结合学生各方面的情况，进行综合性、多元化的评价。课程思政的效果评价是教学设计中容易被忽视但极其重要的环节。思政教育有助于学生能力、情感、态度及价值观的转变。这些转变的结果有可能显化于外，也有可能隐化于内心之中。在少数民族预科高等数学课程思政的效果评价时，应明确评价的内容，采用多种评价角度，选择多种评价方法，设计评价标准。在评价的内容上，我们在关注分数的同时，也要关注学生课堂学习和课下实践的表现。在评价的角度上，不仅要从教师的角度观察学生的前后变化，也要从学生自身的角度进行反思。在评价的方法和标准上，可以选择调查问卷、调查量表、复试记录等方法，做好评价标准的设计。

本文对课程思政的背景、含义及大学数学类课程开展课程思政的研究进行了梳理，以泰勒原理作为理论基础，探索在少数民族预科高等数学课程教学中，开展课程思政。以泰勒原理作为指导，开展少数民族预科高等数学课程思政，可以使课程设计更加完整、科学，具有可操作性，同时对于其他课程开展课程思政设计具有一定借鉴意义。但需要注意的是，泰勒原理作为时代的产物，也有其局限的一面，如限制人的创造性等。因此，

在开展课程思政设计时，教师要提升课程思政的意识和能力，充分发挥自己的主观能动性，要结合学科的特点、学生的特点及国家和社会的需要来开展课程思政。

## 参 考 文 献

[1] 中华人民共和国教育部：《高等学校课程思政建设指导纲要》，2020 年。
[2] 李磊：《重读“泰勒原理”》，载《浙江教育科学》2018 年第 2 期，第 7 页。
[3] 中华人民共和国教育部：《义务教育数学课程标准（2011 年版）》，2011 年。
[4] 覃淋、姚芳：《研究数学史与数学教育之间的关系以及发展措施》，载《首都师范大学学报》（自然科学版）2018 年第 3 期，第 9 页。

（作者单位：预科教育学院）

# 思想铸魂　实践强魄

## ——对民族高等院校思政课程建设路径的思考

郑骄阳　和之缘子

中国是统一的多民族国家，56个民族繁荣共生，每一个民族都是这个多民族大家庭中必不可少的成员。在历史长河中，各族人民共同创造了灿烂辉煌的中华文明，留下了无数宝贵的历史文化遗产，为推动国家统一、社会进步和人类发展做出了卓越贡献。

在我国高等学科教育与文化课程的实施过程中，思想政治教育工作是重要一环。民族高等院校不仅承担着培养各民族社会主义事业建设者和接班人的时代重任，同时还肩负着团结各族青年、构筑爱国统一战线的历史使命，需要更加重视思想政治教育的重要性和迫切性。

目前，我国高校思想政治教育工作正处于一个重要转折阶段，民族高等院校应该以培养和铸牢中华民族共同体意识作为课程改革的主线，从理论和实践两个维度积极探索和构建新时代思政课程体系，不断开创思政教育新局面。

### 一、理论路径

党的十八大对新时代高校的思想政治教育工作提出了新的要求。加强和改进高校思想政治教育工作是一项系统工程，需要方方面面共同努力，其中理论教育的完善在高校的思想政治教育工作中有着不可或缺的重要作用。思想政治教育的中心任务必须紧紧围绕“培养什么样的人、如何培养人及为谁培养人”这个根本问题，将其作为思想政治教育教学工作的基本立足点和切入点，构建多层次、多维度、多人员、多要素协同的“大思政”育人格局，推进“全员全程全方位”的育人体系逐渐落地生根，取得实效。

在民族高等院校的思想政治教育中，应坚持以马克思主义和中国特色社会主义理论体系为指导思想，以弘扬爱国主义为核心的民族精神和改革创新为核心的时代精神为精神支柱，引导各民族学生树立科学的世界观和正确的人生观，培养学生的爱国主义精神和社会主义核心价值观，铸牢中华民族共同体意识。从这一理论路径出发，将原有的思政课程框架延伸扩大至“四史”理论学习、课程思政和学科思政等方面，探索思政教育的创新理念和体系建设。

### （一）深化“四史”理论学习

读史使人明智，鉴以往而知未来。中国共产党党史、新中国史、改革开放史和社会主义发展史系统展现了中华民族从站起来、富起来，到强起来的艰辛历程，书写了中国人民拼搏进取、敢于牺牲的激越壮丽画卷。读“四史”，学“四史”，知“四史”，在少数民族大学生中宣讲“四史”，引领学习“四史”，一方面能增强学生对中华民族共同体的历史记忆，让学生深切了解中国近代以来经历的深重苦难，了解中华民族为实现伟大复兴所做出的巨大牺牲，了解中国共产党百折不挠的伟大征程和举世瞩目的光辉成就；另一方面有助于学生增进政治认同、理论认同、思想认同和情感认同，筑牢理想信念，坚定初心使命，将知史爱党、知史爱国、知史担当落到实处。思政课程应汲取“四史”中坚韧的民族精神，引导各民族学生相互尊重、相互欣赏、相互学习，以辉煌的奋斗历程激发各民族学生对家国情怀的共鸣和共情，增强中华民族共同体的向心力和凝聚力。

### （二）夯实思政课程的理论功底

马克思主义基本原理概论、毛泽东思想和中国特色社会主义理论体系概论、铸牢中华民族共同体意识通识教育系列课程是思政课程体系的重要组成部分，是充分开展民族团结思想教育、构筑中华民族多元一体格局的理论根基。民族高等院校在建设思政课程体系的实践过程中，应以扎实的理论功底为教学目标，以铸牢中华民族共同体意识通识教育系列课程为主线，融合基础思政课程内容，开发和培育思政教学课程群。在少数民族大学生中，夯实新时代各族人民共同团结奋斗、共同繁荣发展的思想基础，对于实现中华民族伟大复兴的中国梦具有添砖加瓦的现实意义，也必将产生深远的历史影响。

### （三）挖掘学科思政的深刻内涵

思政课程的重点是德育培养，要做到“有温度”的思政教学，应掌握一定的规律和方法论。首先，要坚持实事求是的原则，把立德树人的总体要求与本学科、本课程的具体要求结合，不搞空泛缥缈和形式主义的思政教育，做到接地气，贴近教学对象。其次，要把握好显性教育和隐性教育之间的联系和区别，理顺思政课与专业课的关系，挖掘专业知识课程本身所蕴含的道路自信、理论自信、制度自信和文化自信等内容。通过教学活动培育学生价值观，把思政教育融入学生的成长和发展中，满足学生的发展需求，使其真正产生认同感，由此实现情感教育和理性教育的统一。

## 二、实践路径

在铸牢中华民族共同体意识的思政课程建设的实践中，需要在顶层设计、组织形式和课程改革等方面进行积极探索和尝试，形成学校、教师、学生多方参与、协同配合的联动机制，推动思想政治教育落到实处，见到实效。

### （一）顶层设计，制度创新

要结合现有思政课程存在的问题和不足，与时俱进，更新思路，探索新方法，打造新模式。首先，面对社会新思潮的不断涌入和网络新媒体技术的冲击，要在思政课原有教学模式的基础上推陈出新，进一步激发学生的学习热情。随着现代科技的快速发展，通过人机交互、增强现实等技术再现历史情景，让学生在重大的历史事件中学习、体验和感悟，身临其境地触摸历史发展的脉络，体会革命征程的艰辛，所学知识就能真正入脑、入心。其次，推动课堂改革。在理论学习的基础上将博物馆、图书馆、纪念馆搬进课堂，增强课堂在宏大叙事背景下的感染力和号召力，学生能够将看到的故事和听到的声音与所学知识进行有机联系，主动思考，不断促进学生热爱中华文化、传承民族精神、提升爱国意识。

### （二）课程改革，“三全”育人

课程思政改革，不仅局限于马克思主义哲学领域的课程资源整合，还应进行社会学、民族学等人文科学和自然科学等领域的多学科统筹，促进和实现学科交叉融合。实现“三全”育人，离不开全员的共同努力、全过程的陪伴和全方位的指导，思政课程要与课程思政有效衔接，形成实现“三全”育人的课程闭环。思政课教师用前沿理论搭建起学生思想体系的基本框架，专业课教师在理论框架下结合学科背景，挖掘思政和德育内涵。例如，针对少数民族学生所具有的语言优势，通过开设相关的语言文字课程，在教学过程中有意识地呈现语言文化之美，增强学生美美与共、知行合一意识；作为专业课教师，要利用好课堂主渠道营造民族大家庭团结友爱的氛围，传播中华民族优秀传统文化，促进各民族学子交流互鉴，从内心自然充满爱国情、报国志。

在课程思政的教育教学方式上，需要改变传统的“教—学”双方的主客体地位。首先，鼓励和动员学生参与课堂教学设计的不同环节。教师可以安排教学实践和实习，为不同民族的学生提供开展小组交流与合作的机会，在增进彼此了解的同时也能凝聚互帮互助的团队精神。其次，课堂展示的内容和形式也应该多样化，不拘泥于课本内容介绍，可以采用具有特色的现场展示，与图文、影像相互呼应，直观地呈现中华民族文化精粹；也要利用好红色资源使之发挥教育人、激励人、塑造人的卓著功效。同时要增强学生自信，让学生在自主探究中充分展现个人风采。

习近平总书记指出：“全面贯彻党的民族政策，深化民族团结进步教育，铸牢中华民族共同体意识，加强各民族交往交流交融，促进各民族像石榴籽一样紧紧抱在一起，共同团结奋斗、共同繁荣发展。”① 在党和国家大步迈向第二个百年奋斗目标的新征程中，民族高等院校担负着培养各民族社会主义事业建设者和接班人的重任。传授系统的科学知识是教师最基本的任务，思政课在落实立德树人根本任务的过程中处于关键一环。思政课程建设是凝聚各族学子共识、铸牢中华民族共同体意识工作中的重要组成部分，要鼓励学生深怀爱国之心，砥砺报国之志，主动担负起时代赋予的使命责任。这项事业关乎社会发展和人才强国，需紧抓不懈、驰而不息、久久为功。

## 参考文献

[1] 代贤萍. 新时代高校思政理论课要有“四度”.（2019-07-03）. https://theory.gmw.cn/2019-07/03/content_32969798.htm.

[2] 中华人民共和国教育部：《教育部关于印发〈新时代高校思想政治理论课教学工作基本要求〉的通知》，教社科〔2018〕2号。

[3] 尔肯江·吐拉洪：《铸牢中华民族共同体意识》，载《人民日报》2020年11月3

① 习近平：《决胜全面建成小康社会　夺取新时代中国特色社会主义伟大胜利——在中国共产党第十九次全国代表大会上的报告》，载《人民日报》2017年10月28日。

日，第 9 版。

[4] 杨胜才、余凤：《高校铸牢中华民族共同体意识的基础论析》，载《学校党建与思想教育》（高教版）2020 年第 1 期，第 31-33 页。

[5] 王新刚：《新时代大学生的中华民族共同体意识培育探析》，载《中国高等教育》2019 年第 21 期。

[6] 蒋文静、祖力亚提·司马义：《学校铸牢中华民族共同体意识的逻辑层次及实践路径》，载《民族教育研究》2020 年第 31 期，第 13-21 页。

[7] 吴月刚、张红：《铸牢中华民族共同体意识背景下民族院校思政课程建设研究》，载《民族教育研究》2020 年第 4 期，第 41-47 页。

[8] 习近平：《决胜全面建成小康社会 夺取新时代中国特色社会主义伟大胜利——在中国共产党第十九次全国代表大会上的报告》，载《人民日报》2017 年 10 月 28 日。

[9] 习近平. 在庆祝中国共产党成立 100 周年大会上的讲话（2021-07-01），https://www.12371.cn/2021/07/01/ARTI1625122624003841.shtml.

（作者单位：文学院）

# 人才培养与学情研究

# 排球特长生运动技能与学习成绩的相关性分析

## ——以北京市排球传统学校为例[①]

王　磊　侯　崛　赵　薇

排球特长生指“在排球项目上有较高运动技能水平的中学生”，是高考大军中一类特殊的群体。近年来，教育部办公厅相继印发了《关于做好2019年普通高等学校部分特殊类型招生工作的通知》《关于加强高校特殊类型招生校考管理工作的通知》等文件，强调高水平运动队试点高校要按照本校自身情况，公布录取考生文化课成绩的最低要求方案，这对体育特长生的文化课成绩提出了明确的要求。长期以来，由于体育特长生在课余时间投入大量的时间和精力进行专项训练，导致其文化课学习严重滞后，这也就是“学训矛盾”的主要体现。2017年教育部在《关于进一步加强普通高校高水平运动队建设的实施意见》中指出：“要妥善处理学训矛盾，提高学生运动员的学业水平，采取有效的措施，提高运动员文化教育水平，确保学生按照有关学业规定完成培养计划。”因此，提高高中阶段体育特长生文化课成绩是培养高素质体育人才的重要保证，也是高水平建设试点高校招收体育特长生的基本要求。目前，排球特长生的训练时长、次数、训练内容安排等与其课余文化课学习时间和精力的投入形成“此消彼长”的特点。因此，本次研究旨在通过对北京市排球传统学校排球特长生的运动技能与学习成绩相关性进行研究与分析，了解其运动技能与学习成绩的内在联系，由一般个体概括出整体的基本情况，力求研究结果能够为我国排球特长生的培养模式提供理论参考。

运动员的运动技能与学习成绩关系到国家体育后备人才的培养和高校高水平运动队的建设。本文通过对北京市传统学校排球特长生的运动技能

① 本文是2019年度中央民族大学创新训练计划北京市级项目“排球特长生运动技能与学习成绩的相关性分析——以北京市排球传统学校为例”的结题论文。

与学习成绩的相关性进行问卷调查、运动技能测评及文化课水平测试，分析其运动技能与学习成绩的内在关联，揭示其运动技能与学习成绩之间呈现的特征，探究其运动技能水平与学习成绩共同提高的策略和措施，为我国排球特长生的培养模式提供理论参考。

## 一、国内外研究动态

### （一）相关概念界定

1. 运动技能

目前国内外对于运动技能概念的定义多种多样，没有统一的概念界定，本文中关于运动技能概念的引用参照《体育大辞典》中关于运动技能的定义："动作技能也称'运动技能'。按一定运动项目的技术规格要求完成的动作。正确地掌握动作技能是取得良好体育锻炼效果的重要条件之一。"因此，本文以运动技术和运动能力两方面作为运动技能的概念界定。其中，运动技术包含发球、扣球、米字移动和助跑摸高；运动能力包含 50 米跑、1000/800 米跑、上肢力量和下肢力量。

### （二）国内研究现状

目前，国内对于体育特长生的研究具有一定局限性，关于学训矛盾的研究相对较多，邓慧惠、刘红在《高中艺体类学生和普通学生适应性的比较研究》中提出，艺体类学生文化课基础偏弱，学习的自觉性和学习习惯相对较差，缺乏自控力，因为艺体类学生经常训练，导致文化课学习时间较少；孙正阔、亓圣华在《山东省体育高考特长生高三阶段训练计划的探索与制定》中指出，训练后身体过度疲劳会严重影响到学生学习文化课的精力状态，训练和学习应合理进行安排，在训练结束后应适当进行休息，而不是立马进食或者学习；赵欣在《青少年体育训练"体教结合"培养模式分析》中提出，近年来，体育运动学校在金牌战略的影响下，过多地重视体育训练和竞赛成绩，忽略了对青少年的文化教育，文化课教育方面常存在教师不足、配备不完善、管理松懈等问题，文化课只是一种上课形式，而不重视教育过程和结果。上课时间得不到充分的保障，学习精力受到影响；黄贤文也在《从学训矛盾现实出发试析如何提升福建省青少年运动员文化学习的效率》一文中提出："长期以来，'学训矛盾'成为举国体制下我国运动员文化教育工作中最难以调和的重点和难点。究其原因，在于文化教育与运动训练的规律相冲突；从事竞技体育的是年轻人，具有一定年龄限制，而青少年阶段又是接受文化知识教育的黄金时期，优秀运动员高强度的训练比赛需要大量时间，所以不可能获得与普通学生一样的文化学习时间和学习精力；在许多情况下，国家规定的青少年运动员最低学习时间（每周 12 小时）未能得到保障。”

上述四篇论文明确提出，体育生在学习方面受到了一定客观因素的影响，导致大多体育生学习成绩不佳，学习能力相对较弱，同时也影响着我国相关体育人才的培养质量。

而对于相关制度和政策方面，有学者提出以下观点。毕然在《体教结合模式下高水平运动员学训矛盾问题探究》中提出，由于国家方针政策，体育部门与教育部门管理协调问题及高校自身管理体制等问题，目前国内高校高水平运动员的学习成绩影响到了运动队的日常运作、竞技水平、运动员培养质量等。作者认为，学训矛盾的产生不仅是由于学生学习主观态度不端正，自我约束能力差，更大一部分原因在于高校高水平运动员在招生环节普遍采用降分、单招政策，导致高水平运动员普遍文化基础薄弱，这也是造成学训矛盾的关键原因。许晓瑛在《关于我国高校高水平运动队建设“体教结合”模式的现状分析与反思建议》中指出：“管理机制方面的问题主要体现在两个方面，一是校园内部校体管理的矛盾，二是体育部门和教育部门的管理和运行机制的紧密联系性的问题。在校园内部体教结合的管理问题中凸显在管理目标不明确，管理职责分权不明确。体育教师对日常的班级管理不太了解，班主任、辅导员对体育教师的工作也不太了解，导致了管理的对立性，甚至出现矛盾。在体育教师和班主任、辅导员的管理中无法得到一个良好的衔接，阻碍了日常的体教结合下的学生培养。”周小云在《青少年运动员文化学习现状及其应对策略》中指出，学训矛盾是我国“举国体制”的运动训练体系及其社会环境制造的一种制度性弊端，也是在这种制度环境中各种利益相关方相互博弈的结果造成的。体育生的文化教育学制和普通学生有所不同，而这一差异一定程度上也导致了学训矛盾的出现。

同时，学习态度及学习目的等因素也是影响体育特长生学习成绩较薄弱的原因之一。韩金铁在《如何激发学生在体育训练中的兴趣》中认为，体育生的运动成绩既与本身的身体素质有关，又与运动兴趣有关。作者强调在训练中，首先端正体育生训练态度，让其明确知道训练意义，然后充分利用情景训练和反馈教学等方法来激发体育生的训练兴趣，根据学生自身特点，采用不同的方法和手段，调动学生的训练兴趣。黄梦夏在《对梧州市普通高中体育生学习学训现状的调查研究》中提出，体育生参加训练和文化学习的主要目的在于升学，其在训练过程中能保持积极的态度，在学习过程中部分体育生不够积极，且学习方法不当，没有形成良好的学习习惯，同时缺少老师的鼓励教育，在训练方面体育教练的队伍建设不够完善，训练形式单一，训练持续时间达不到标准，学校场地和设施不完善。

曾宪斌在《高中体育生学习动机、心理健康与学业成绩的关系》中表明，体育生文化课学习动机与高考成绩没有显著的相关，其学习动机与其高考成绩没有显著关系，这种原因很可能是高考成绩跟多种综合的因素密切相关。也有可能是一般的体育生对体育专业教练员都比对文化课科任教师亲近，在体育生的眼里，基于自己在文化课堂或考试中的不成功，文化课科任教师往往是看不起自己的，感觉他们也很少关心文化课堂之外的自己，因此也就不自觉地对文化课科任教师敬而远之，不肯向他们敞开自己的心扉。因此，文化课的学习动机可能与高考成绩没有直接或密切的关系，这也是一个客观问题。王兵元在《少数民族地区高中体育特长生心理教育现状及原因分析》中提出，高中体育特长生会因自我认知不足而导致自卑，特长生不仅是班级的一员，也是训练队的一员，相比于在训练队中所获得的凝聚力和责任感，特长生对于班级的归属感相对差一些，导致这些学生跟同学和老师的交流变少，文化课落后也很少去沟通交流，文化课越跟不上，越会感到自卑，最后使得特长生沉默寡言，产生绝望、厌学等不良情绪。

以上两位学者通过心理分析，得出体育生学习成绩不理想的部分原因。综上所述，通过国内学者从多角度的探究，发现影响国内体育生学习成绩提高的客观因素有很多，而有关学习成绩与运动技能相关性的研究国内并未找到有关资料，本论文也是从这一角度作为出发点，旨在通过客观的数据收集和分析探索，提出提高体育生学习成绩的可行方法和措施，以在我国学训矛盾问题上给出相关参考建议。

### （三）国外研究现状

1. 美国体育人才培养方法

L. Masteralexis 等人在 *Principles and practice of Sport Management* 一书中指出，美国竞技体育后备人才的输送来源主要是地方各级普通学校，其运动人才的文化教育和运动训练均由这些普通学校完成，在这种“学校体制”的推动下，其高等学校的竞技水平已经达到国际水准。同时，其政府出台了相关的法案，明确规定各级政府不允许直接介入竞技体育管理，而这一领域的管理主要由美国奥委会和各级各项目的运动委员会来进行独立管理和执行。由于美国的市场经济体系高度发达，其经济活动早已深入体育竞赛和有关活动中，其体育竞技的商业化和职业化程度高，当中的利益也十分巨大，所以不允许政府随意介入。同时其体育后备人才的培养则是依托这一巨大的商业经济和一部分公共事业，可以这么说，其人才培养的基础推力主要来自市场经济手段，依托全面、系统的学校培养体系来完成。

兹比格涅夫·朱宾斯基（Zbigniew Dziubiński）认为，体教结合是由专业人士进行的有意识和有计划的使人们获得培训和教育，并得到各种技能的体育活动，是终身的、多方面的过程。拉里·帕特里夏（Lally Patricia S）认为，学生运动员可以同时投资运动员和学生两种角色，投资于后者其职业生涯选择会更宽广。大卫·巴尼（David Barney）和罗伯特·克里斯特森（Robert Christenson）认为，学校体育课程能够帮助学生运动员树立健康理念，实现身体和技能双向发展。

美国大学生运动员拥有量身定制的学习计划，运动员专业技能和文化课学习双向发展。例如，琳达·夏普（Linda A. Sharp）认为，NCAA 在学术、竞技和思想上对大学生运动员设定专门的培养方案，以保证运动员文化课知识的学习。

2. 澳大利亚体育人才培养方法

佩蒂·帕克（Patti C. Parker）等人认为，竞技学生运动员虽然可能会遇到比赛计划与课堂学习相重叠等额外的压力影响学习，但是进入大学的运动员更能够适应严格的学习时间表，学习能力依然优于非运动员。澳大利亚主要采取体育院校和高校教育相结合的形式培养体育人才，并形成集决策、组织、实施、服务于一体的全国体育工作管理体系。英国高水平运动员课业发展主要体现在运动员培养标准与国民教育相统一和重视运动员个性发展两个方面，高水平运动员的学业评估与学术考核灵活变通，并且有职业规划师为运动员定制学习计划和职业生涯规划。

综上所述，对于体育生的研究层面相对单一，在以体育生为研究主题时，并未找到学训相关性方面的专门的研究结果。为此，本研究在进行文献综述时不得不将文献搜索范围扩大至有关于学训矛盾及体育生学习训练动机等方面，多篇论文证实，学训矛盾的存在影响了高水平运动员和运动队的发展，由此可知，学习训练二者相关性这一问题很值得去探索和挖掘。

3. 日本体育人才培养方法

日本体育发展起步较早，自第二次世界大战以后日本体育事业取得了很大的发展，为其体育人才培养打下了良好基础。当今日本基础教育和高等教育已居世界前列，亚洲领先。1999 年日本文部省（文部科学省）实施的《高中学习指导要领·保健体育篇》就明确指出了高中阶段的体育教学要为终身体育运动的发展打好基础，规定“保健体育课程要将学生的身心看作一个整体，通过学生对运动的合理实践，培养学生终身有计划地亲近体育运动的资质和能力，提升学生保持健康的实践能力和体力，培养学生愉快、充满活力的生活态度”，指出了体育教学与学生终身体育运动能力培养之间的关系。为持续提供高质量的学校教育，日本政府已于 2017 年 3 月完成《义务教育体育科学习指导要领》的修订工作并告示全国。《义务教育体育科学习指导要领》相当于我国教育部颁布的《义务教育体育与健康课程标准》。而运动技能课程内容作为体育课程的核心要素，是实现课程目标的载体。

## 二、研究对象与方法

### （一）研究对象

以高中排球特长生运动技能与学习成绩的相关性为研究对象，以北京市 6 所排球传统校高中的排球特长生为调查对象，分别为：北京景山学校 21 名男生、北京理工大学附属中学 18 名男生、北京市六十五中学 17 名男生、北京市师范大学二附中 21 名男生、北京市一零一中学 20 名女生、北京市十二中 18 名女生。

### （二）研究方法

1. 文献资料法

通过对中央民族大学图书馆、CNKI、中国体育教育网、中国运动文化教育网、万方数据库、教育网、中国体育信息网及与本文研究有关的论文和数据等资料的全面搜索，获取了与运动员技术能力与学习成绩相关的大量信息，了解国内外目前研究状况，并进行阅读研究、整理分析和归纳利用。这为此论题的设计、调查、分析提供了有力的理论依据及研究方法。

2. 问卷调查法

在实践中，我们组根据研究需要编制了“关于排球体育特长生运动技能培养与学习成绩困惑调查问卷”，对北京市6所传统校115名体育特长生训练动机、技术等级、学习成绩等方面进行调查。其中，北京市景山学校发放21份，回收21份，有效率100%；北京市第六十五中学发放问卷17份，回收17份，有效率为100%；北京理工大学附属中学发放18份，回收18份，有效率为100%；北京市一零一中学发放20份，回收20份，有1份无效，有效率为95%。北京市师范大学第二附属中学发放21份，回收20份，有效率为100%；北京市第十二中学发放18份，回收16份，有效率为100%；具体发放与回收情况见表1。

为了检验问卷的效度，本研究咨询了5名排球教学领域的相关专家学者（中央民族大学体育学院教授1名、副教授1名和排球专项教师1名；北京市景山学校体育组组长；北京市一零一中学体育组组长），对问卷的内容和结构进行定性评价，结果显示：问卷设计合理，能够满足论文要求。

为检验问卷的信度，本研究采用重测法间隔30天，对6所学校部分排球特长生进行重复抽测，根据测试结果运用卡方检验对问卷信度进行一致性检验。经检验，前后两次测试问卷信度系数为 Kappa = 0. 87，$P<0.01$。笔者认为，问卷前后测试检验一致性较好。因此，问卷内容信度较高，能够满足研究需要。

**表1　6所中学学生调查问卷发放与回收情况统计**

| 学校 | 发放（份） | 回收（份） | 有效（份） | 有效率（%） |
|---|---|---|---|---|
| 北京市景山学校 | 21 | 21 | 21 | 100 |
| 北京市第六十五中学 | 17 | 17 | 17 | 100 |
| 北京理工附属中学 | 18 | 18 | 18 | 100 |
| 北京市一零一中学 | 20 | 20 | 19 | 95 |
| 北京市师范大学第二附属中学 | 21 | 20 | 20 | 100 |
| 北京市第十二中学 | 18 | 16 | 16 | 100 |

3. 访谈法

就相关问题对3所传统校的教练及班主任进行访谈，了解排球特长生的运动技能水平与学习成绩情况，弥补了文字资料上的空白，且更具有真实性，为后期研究与分析提供更真实有力的论据。

4. 测试法

(1) 测试目的

本次测试旨在掌握6所被调查学校排球特长生的运动能力和运动技术水平及其文化课水平的真实情况，为后续研究奠定基础。

(2) 测试对象

测试对象为北京市6所排球传统校的110名排球特长生。其中，国家一级运动员：男生21名、女生12名；国家二级运动员：男生38名、女生21名。

测试内容如图1所示。

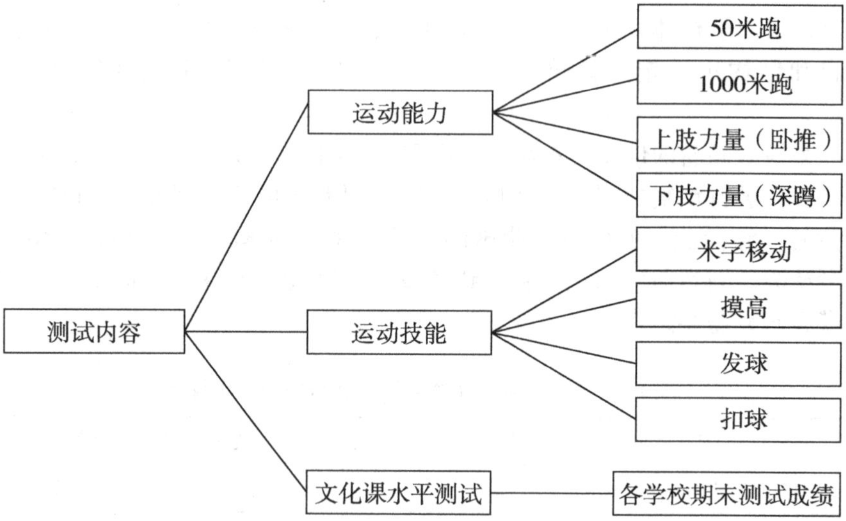


**图1 测试内容**

(3) 测量工具及方法

在运动技能测试方面，采用人工测量，工具包含秒表、皮尺、史密斯机等，测量方法与测量标准均完全按照《2019年体育单招排球专项考试方法与标准》进行测试；在文化课水平测试方面，以各学校学期末考试为主。

5. 数理统计法

利用Excel软件对问卷调查结果进行数理统计，运用SPSS 17.0软件中相关分析的分析方法对其运动技能与学习成绩进行相关分析，通过相关系数值（$R$值）得出：$R>0$，为正相关，$R<0$，为负相关；$R$的绝对值介于

0.8~1.0，为极强相关，$R$ 的绝对值介于0.0至0.2间，为极弱相关或无相关。通过 sig 值得出：$P$ 值>0.05 为不存在显著性差异；$P$ 值<0.05 为存在显著性差异。

6. 逻辑分析法

运用逻辑分析法结合所学理论知识对各类数据进行逻辑分析，运用归纳、类比、综合等思维方式对数据分析结果进行逻辑处理，进而为论文撰写奠定基础。

## 三、研究结果与分析

### （一）排球特长生运动训练等相关内容的调查结果分析

1. 排球特长生运动训练年限的调查结果分析

**表 2　6 所排球传统学校特长生的训练年限情况**

| 训练年限 | 人数 | 百分比（%） |
| --- | --- | --- |
| 1~2 年 | 18 | 16.4 |
| 3~4 年 | 38 | 34.6 |
| 5 年及以上 | 54 | 49.0 |

由表 2 可知，接近半数的队员具有 5 年及以上的球龄，这部分学生基本已经可以完全适应训练和学习生活，参加过大大小小的若干比赛，拥有较为娴熟的竞技能力；同时有 34.6%的队员球龄在 3~4 年，这些队员基本上也是从初中开始接触排球训练，熟悉了体育生学习和训练的生活节奏，具有较强的个人能力，但是仍不太成熟；有 16.4%的队员接触排球时间较短，在 1~2 年，这些队员大多是从高中开始才接触训练，个人竞技能力相对较差，同时可能会出现不适应训练生活的情况，导致学习成绩起伏较大。

2. 排球特长生运动技术等级情况的调查结果分析

**表 3　6 所排球传统学校特长生的运动技术等级情况**

| 当前学习成绩 | 人数 | 百分比（%） |
| --- | --- | --- |
| 一级运动员 | 32 | 29.4 |

续表

| 当前学习成绩 | 人数 | 百分比（%） |
|---|---|---|
| 二级运动员 | 59 | 54.1 |
| 其他 | 18 | 16.5 |

由表 3 可知，由于各传统学校每年参加国家级和省部级中学生排球比赛较多且成绩都较为突出，因此，球队中大部分队员具备国家二级运动员技术等级及以上水平。其中 29.4%的运动员具备国家一级运动员技术等级。这部分学生在考学上压力主要来源于文化课成绩；超过一半的特长生具备国家二级运动员技术等级。这也为 6 所中学的特长生将来考学奠定了一定的基础，选择面也更加宽广。其中有 16.5%的学生未达到二级运动员的水平，这部分学生运动技能相对差，平时在训练投入的时间和精力也比较少，考学方面大多靠自己的学习成绩，不会过多侧重于运动技能。

3. 排球特长生周训练频数与课训练时长的调查结果分析

**表 4　6 所排球传统学校特长生的周训练频数情况**

| 训练频数 | 人数 | 百分比（%） |
|---|---|---|
| 1~2 次 | 1 | 0.9 |
| 3~4 次 | 9 | 8.2 |
| 5~6 次 | 63 | 57.3 |
| 6 次以上 | 37 | 33.6 |

**表 5　6 所排球传统学校特长生的训练时长情况**

| 训练时长 | 人数 | 百分比（%） |
|---|---|---|
| 1~2 小时 | 22 | 20.0 |
| 2~3 小时 | 72 | 65.5 |
| 3~4 小时 | 10 | 9.0 |
| 4 小时以上 | 6 | 5.5 |

由表 4 和表 5 可知，绝大多数的同学投入了大量时间进行了排球训练，90%以上的同学每周能达到五练甚至七练，以保证自己的体育成绩达到预计的目标，但同时对于很多同学是个比较大的压力，在保证日常学习的同

时还要投入大量的精力和时间用到体育训练上。还有 8.2%的同学每周训练 3~4 次，这部分同学基本上大多处在高三年级，为了保持竞技状态只是投入较少时间在训练上，重心更偏向于提高学习成绩从而为考学做出保障。另外有不到 1%的同学每周训练只有 1~2 次，据了解这些同学的学习成绩很好，大多是为了锻炼身体或者对排球项目感兴趣才参加排球训练的，这些同学的考学压力不大，对体育成绩也没有很高要求。

4. 排球特长生参加排球运动训练的目的调查结果分析

**表 6　6 所排球传统学校特长生参加排球运动训练的目的情况**

| 训练目的 | 人数 | 百分比（%） |
|---|---|---|
| 锻炼身体 | 15 | 13.9 |
| 考学 | 73 | 67.6 |
| 丰富课余生活 | 5 | 4.6 |
| 热爱排球运动 | 15 | 13.9 |

由表 6 可以看出，6 所中学调查的学生中有 13.9%的学生参与排球运动训练是为了锻炼身体，并通过与教练交流，发现这部分学生在训练中投入程度相对低一些，但文化课成绩也较高，在训练方面投入的时间和精力也比较少；有 18.4%的学生参加训练的动机是项目吸引力，参加训练是为了丰富课余生活或者单纯对排球项目的热爱，这部分学生普遍对排球比较有热情，训练积极性也较高，他们自愿抽出一些课后学习的时间来投入排球运动；调查显示 67.6%的特长生参加排球训练是为了升学，这也充分体现了特长生的特殊性，这部分学生的运动技能水平比较高，参加排球训练年限长，基本上都从事过 4 年以上的排球训练，训练投入程度也很高，但这一部分学生也是出现学训矛盾的主要群体。

### （二）排球特长生文化课学习等相关内容的调查结果分析

1. 排球特长生学习成绩排名情况的调查分析

**表 7　6 所排球传统学校特长生学习成绩的情况**

| 学习成绩 | 人数 | 百分比（%） |
|---|---|---|
| 优秀 | 7 | 6.4 |
| 中等偏上 | 18 | 16.4 |

续表

| 学习成绩 | 人数 | 百分比（%） |
| --- | --- | --- |
| 中等 | 35 | 31.8 |
| 中等偏下 | 42 | 38.1 |
| 还需努力 | 8 | 7.3 |

由表 7 可知，有 6.4%的学生文化课成绩能够在年级排名中达到优秀，16.4%的同学能够排名中等偏上，这一部分同学升学压力较小，有了运动成绩的加持基本上都能考上一个理想的大学，择校的选择范围广；中等及中等偏下的学生占总人数的 69.9%，这部分学生选择范围相对更小，同时对运动成绩的要求更高；7.3%的特长生学习成绩落后，这部分同学需要非常优秀的体育成绩才能得到大学队伍的青睐，其升学压力最大，同时在高考或单招考试中具有一定落榜风险。在一定程度上，文化课的成绩也为左右学生参与排球训练的动机。

2. 排球特长生课余学习时间的调查分析

**表 8　6 所排球传统学校特长生的课余时间情况**

| 课余时间 | 人数 | 百分比（%） |
| --- | --- | --- |
| 小于 1 小时 | 10 | 9.0 |
| 1~2 小时 | 47 | 42.7 |
| 3~4 小时 | 44 | 40.0 |
| 4 小时以上 | 9 | 8.3 |

由表 8 可知，多数体育特长生相对学习时间不充足的情况，对文化课成绩会造成一定的影响，有将近 50%的学生每天课余学习时间在两小时及两小时以下，体育训练时间占用越多，文化课学习时间越少，反之亦然。对于普通学生来说，学习时间不够充足，大多数学生的课外学习时间被训练所占用，没有充足的时间按质按量完成学习任务，课下任务无法完成，对文化课成绩也有一定程度的影响。而另外 48.3%的同学学习时间在 3 小时以上，基本上和普通生相当，没有因训练而占用平常的课外学习时间，学习时长上能够得到保障，参加训练对学习成绩的影响不是很大，学习状态也很平稳。

3. 排球特长生考学政策选择的调查分析

表 9　6 所排球传统学校特长生考学政策选择情况

| 类型 | 人数 | 百分比（%） |
| --- | --- | --- |
| 单招单考 | 24 | 21.8 |
| 二本线的 65% | 30 | 27.3 |
| 二本线 | 37 | 33.6 |
| 一本线 | 19 | 17.3 |

由表 9 中可以看出，问卷填写学生考学政策选择二本线的人数占比最大，一本线占比最少，二本线 65%和单考单招人数占比居中。选择二本线为考学政策的学生占 33.6%，这部分学生学习成绩在体育生中居中等偏上的水平。选择二本线 65%为考学政策的学生占 27.3%，选择单考单招为考学政策的学生占 21.8%，选择一本线为考学政策的学生占 17.3%。在所有填报学生中愿意选择二本线和二本线 65%这种较为稳妥的考学政策的占大多数，而专业水平较高的学生更倾向于单考单招这种专业水平起决定性作用的考学政策，只有少数学生选择一本线这种学业分数要求高的考学政策，这部分学生学习成绩优秀，就考学而言并不会在日常训练中投入过多的精力，当然也有一少部分运动技能优异，学习成绩也名列前茅的学生，其升学选择面最大，考入的学校也是一流大学。

**（三）排球特长生运动训练与文化课学习之间关系的调查结果分析**

1. 排球特长生学习与训练的重视程度调查分析

表 10　6 所排球传统学校特长生学习和训练重视程度

| 重视情况 | 人数 | 百分比（%） |
| --- | --- | --- |
| 学习比较重要 | 19 | 17.3 |
| 训练比较重要 | 7 | 6.3 |
| 二者应该齐头并进 | 84 | 76.4 |

由表 10 可知，6 所高中特长生中有 76.4%的同学认为学训两者要齐头并进，学习训练两头抓，这样才能在升学择校上有更多的选择权利，同时也是对高考或单招考试有一个基础保障。多数学生认为文化课成绩与专项

成绩应该兼顾，不能厚此薄彼，这也与调查中学生选择考学政策时，多数学生选择二本线与二本线65%的情况相符。另外有17.3%的同学认为学习更加重要，这类学生基本上已经达到了自己目标中的体育成绩，对于自己的体育技术很自信或者对其要求不高，所以将重心放在了学习上。最后有6.3%的同学认为训练更加重要，这部分同学基本上学习成绩不高，在运动成绩上压力更大，他们需要不断提高自己的技术水平，才能考入自己理想的大学。

2. 排球特长生有关“学训矛盾”的调查分析

**表11 6所排球传统学校特长生训练对学习的影响情况**

| 影响情况 | 人数 | 百分比（%） |
|---|---|---|
| 缓解大脑疲劳，使学习更具高效性 | 23 | 20.9 |
| 强健的身体是提高学习成绩的保障 | 26 | 23.6 |
| 训练后的身体疲劳降低了学习效率 | 36 | 32.7 |
| 训练占用了学习时间 | 17 | 15.5 |
| 其他（没有影响） | 8 | 7.3 |

从表11可知，6所排球传统学校特长生中认为训练对学习有积极影响和有消极影响的百分比相近。在认为训练对学习有消极影响的问卷中，大多数学生认为“训练后的身体疲劳降低了自己的学习效率”，占32.7%；在认为训练对学习有积极影响的问卷中，“缓解大脑疲劳，使学习更具高效性”和“强健的身体是提高学习成绩的保障”两个影响占比相近，分别为20.9%和23.6%。问卷调查结果中认为积极与消极影响参半，积极影响中主要是良好身体素质和缓解疲劳可以更好地为文化课学习提供保障，消极影响中主要是时间与精力有限，无法两者兼顾。

**表12 6所排球传统学校特长生学习对训练的影响情况**

| 影响情况 | 人数 | 百分比（%） |
|---|---|---|
| 课堂学习提高了自身的理解能力，在训练时促进了技战术的掌握 | 55 | 50.0 |
| 优异的学习成绩可以弥补运动技能的欠缺 | 28 | 25.5 |
| 课外学习计划与训练任务有冲突 | 13 | 11.8 |

续表

| 影响情况 | 人数 | 百分比（%） |
| --- | --- | --- |
| 学习压力分散自己训练时的精力，影响训练质量 | 3 | 2.7 |
| 其他（没有什么影响） | 11 | 10.0 |

由表12可知，6所排球传统学校特长生中认为“课堂学习提高了自身的理解能力，在训练时促进了技战术的掌握”的居多，占50%；认为“优异的学习成绩可以弥补运动技能的欠缺”的其次，占25.5%；认为“课外学习计划与训练任务有冲突”和“其他”（没有什么影响）的相近，分别占11.8%和10.0%；认为“学习压力分散自己训练时的精力，影响训练质量”的很少，只占2.7%。大多数学生认为文化课学习对专项训练起到弥补作用，可以增强理解能力，更好地理解技术概念、与教练员进行沟通；也有少数学生认为文化课学习对专项训练有负面影响，占用时间和精力，导致训练效率下降，提升缓慢效果不佳。由此可见，文化课成绩与运动技术水平是相互关联、相互影响的。

### （四）不同运动等级的排球特长生运动技能与学习成绩的相关性分析

1. 国家一级运动员运动技能与学习成绩的相关性分析

（1）国家一级运动员的运动能力与学习成绩的相关性分析

**表13　一级运动员运动能力与学习成绩描述性统计结果**（男 $n=21$；女 $n=12$）

| 运动能力与学习成绩 | 男子 | | 女子 | |
| --- | --- | --- | --- | --- |
| | 均值 | 标准差 | 均值 | 标准差 |
| 学年成绩（分） | 369.57 | 103.38 | 397.25 | 58.52 |
| 50米跑（秒） | 6.85 | 0.14 | 7.77 | 0.19 |
| 1000米/800米跑（秒） | 209.24 | 14.36 | 200.00 | 10.52 |
| 卧推（千克） | 68.57 | 9.10 | 42.50 | 7.83 |
| 深蹲（千克） | 120.95 | 10.56 | 106.25 | 9.08 |

由表13可知，在男子排球特长生方面，其学年成绩均值为（369.57±103.38）分，50米跑均值为（6.85±0.14）秒，1000米跑均值为（209.24±14.36）秒，卧推均值为（68.57±9.10）千克，深蹲均值为（120.95±10.56）

千克；在女子排球特长生方面，其学年成绩均值为（397.25±58.52）分，50米跑均值为（7.77±0.19）秒，800米跑均值为（200.0±10.52）秒，卧推均值为（42.50±7.83）千克，深蹲为（106.25±9.08）千克。由分析可知，一级运动员男子、女子在学习成绩方面均值离散程度较大。其中男生两极分化较为严重，有学习成绩水平较高和较差的学生；而女生的学习成绩较为集中，无极端现象，学习成绩水平大体一致且高于男生。在运动能力方面其各项均值离散程度较小，男生、女生之间差异较小。

**表14 一级运动员运动能力与学习成绩 Pearson 相关性检验结果**

| 性别 | | 学年成绩/50米跑 | 学年成绩/1000米跑(800米) | 学年成绩/卧推 | 学年成绩/深蹲 |
|---|---|---|---|---|---|
| 男子 | *R* | -0.077 | -0.055 | -0.890** | -0.940** |
| | *P* | 0.741 | 0.814 | 0.000 | 0.000 |
| 女子 | *R* | 0.909** | 0.800** | -0.966** | -0.909** |
| | *P* | 0.000 | 0.002 | 0.000 | 0.000 |

**：在0.01水平（双侧）上显著相关，本文下同。

由表14可知，男子排球特长生学习成绩与50米跑检验方面，*R*=-0.077，*sig*值（双侧）为0.741，*P*值>0.05，无显著的线性关系；学习成绩与1000米跑检验方面，*R*=-0.055，*sig*值（双侧）为0.814，*P*值>0.05，无显著的线性关系；学习成绩与卧推检验方面，*R*=-0.890**，*sig*值（双侧）为0.000，*P*值<0.01，具有非常显著的负相关线性关系，具体体现为学习成绩好的排球特长生上肢力量（卧推）较差；学习成绩与深蹲检验方面，*R*=-0.940**，*sig*值（双侧）为0.000，*P*值<0.01，具有非常显著的负相关线性关系，具体体现为学习成绩好的男子排球特长生其下肢力量（深蹲）较差。

女子排球特长生学习成绩与50米跑检验方面*R*=0.909**，*sig*值（双侧）为0.000，*P*值<0.05，存在非常显著的正相关线性关系，具体体现为50米跑成绩随着学习成绩的提高而下降；在学习成绩与800米跑检验方面，*R*=0.800**，*sig*值（双侧）为0.002.，*P*值<0.01，存在非常显著的正相关线性关系，具体体现为800米跑的成绩随着学习成绩的提高而下降；在学习成绩与卧推检验方面，*R*=-0.966**，*sig*值（双侧）为0.000，*P*值<0.01，具有非常显著的负相关线性关系，具体体现

为学习成绩好的女子排球特长生上肢力量（卧推）较差；学习成绩与深蹲检验方面，$R=-909^{**}$，*sig* 值（双侧）为 0.000，$P$ 值<0.01，具有非常显著的负相关线性关系，体现为学习成绩好的女子排球运动员下肢力量（深蹲）较差。

笔者结合运动生物力学知识及对各传统校教练员访谈分析认为，各学校在训练课中安排 50 米、800/1000 米等提高学生爆发力及有氧耐力的项目，男生机体感受刺激后产生的反应时间较短且消除较快，而女生则相反，持续时间较长，消除较慢。此外，各校均比较重视学生专项力量素质的发展，每周会安排一次力量专项训练，而在高强度的力量训练之后，会出现乳酸堆积的现象，体现为肌肉酸痛，后经过血液循环的作用，堆积的乳酸进入肝脏后在肝脏酶的作用下转化为糖原，肌肉中乳酸含量降低，疼痛感逐渐消除，但这个过程会持续 48 小时。因此，在高强度的力量训练后，排球特长生因其机体疲劳、肌肉酸痛，从而无法正常参加文化课学习，这也是导致学习成绩与力量素质呈负相关线性关系的根本原因之一。各校应在假期前安排力量素质练习，这样可以有效避免排球特长生因机体反应而无法集中精力进行文化课学生的现象，同时也有利于排球特长生的各项机能恢复。

综上所述，具有一级运动员技术等级的男子排球特长生学习成绩存在两极分化现象。此外，其上肢力量与下肢力量与学习成绩呈负相关线性关系；具有一级运动员技术等级的女子排球特长生的学习成绩较为均匀略高于男子，其运动能力与学习成绩呈负相关线性关系。

（2）国家一级运动员的运动技术与学习成绩的相关性分析

**表 15　一级运动员运动技术与学习成绩描述性统计结果**（男 $n=21$；女 $n=12$）

| 运动技术与学习成绩 | 男子 | | 女子 | |
|---|---|---|---|---|
| | 均值 | 标准差 | 均值 | 标准差 |
| 学年成绩（分） | 369.57 | 103.38 | 397.25 | 58.52 |
| 米字移动（秒） | 15.60 | 0.93 | 16.76 | 0.47 |
| 助跑摸高（厘米） | 333.33 | 7.69 | 292.83 | 9.74 |
| 发球得分（分） | 17.52 | 1.69 | 18.58 | 0.42 |
| 扣球得分（分） | 23.31 | 1.63 | 24.25 | 2.72 |

由表 15 可知，在男子排球特长生方面，其学年成绩均值为（369. 57±103. 38）分，米字移动均值为（15. 60±0. 93）秒，助跑摸高均值为（333. 33±7. 69）厘米，发球得分均值为（17. 52±1. 69）分，扣球得分均值为（23. 31±1. 63）分；在女子排球特长生方面，其学年成绩均值为（397. 25±58. 52）分，米字移动均值为（16. 76±0. 47）秒，助跑摸高均值为（292. 83±9. 74）厘米，发球得分均值为（18. 58±0. 42）分，扣球得分为（24. 25±2. 72）分。由分析可知，在运动技能方面，男子发球技术分值的均值离散程度较大，发球技术运用效果具有差异，女子在该方面则较为集中。此外，女子扣球技术分值的均值离散程度较大，在扣球技术运用效果方面具有差异，男子在该方面较为集中。

**表 16　一级运动员运动技术与学习成绩 Pearson 相关性检验结果**

| 性别 | | 学年成绩/米字移动 | 学年成绩/助跑摸高 | 学年成绩/发球得分 | 学年成绩/扣球得分 |
|---|---|---|---|---|---|
| 男子 | *R* | 0. 862** | −0. 685** | −0. 651** | −0. 949** |
| | *P* | 0. 000 | 0. 001 | 0. 001 | 0. 000 |
| 女子 | *R* | 0. 927** | −0. 948** | 0. 286** | −0. 818** |
| | *P* | 0. 000 | 0. 000 | 0. 368 | 0. 001 |

**：在 0. 01 水平（双侧）上显著相关，下表同。

由表 16 可知，在男子排球特长生学习成绩与米字移动的检验方面，$R=0.862^{**}$，*sig* 值（双侧）为 0. 000，*P* 值<0. 001，存在非常显著的正相关线性关系，表现为学生的学习成绩越高，其米字移动测试时间越长，移动能力则较差；在学习成绩与助跑摸高的检验方面，$R=-0.685^{**}$，*sig* 值（双侧）为 0. 001，*P* 值<0. 01，具有显著的负相关线性关系，表现为学生学习成绩越高，其摸高高度越低；在学习成绩与发球得分的检验方面，$R=-0.651^{**}$，*sig* 值（双侧）为 0. 001，*P* 值<0. 01，具有显著的负相关线性关系，表现为学习成绩越高，其发球得分值越低；在学习成绩与扣球得分的检验方面，$R=-0.949^{**}$，*sig* 值（双侧）为 0. 000，*P* 值<0. 001，具有极其显著的负相关线性关系，表现为学生学习成绩越高，其扣球分值越低。

在女子排球特长生学习成绩与米字移动的检验方面，$R=0.927^{**}$，*sig* 值（双侧）为 0. 000，*P* 值<0. 001，存在非常显著的正相关线性关系，具体体现为学生的学习成绩越高，其米字移动时间越长，移动能力则相对较

差；在学习成绩与助跑摸高的检验方面，$R=-0.948^{**}$，*sig* 值（双侧）为 0.000，$P$ 值<0.001，具有非常显著的负相关线性关系，具体表现为学生学习成绩越高，其摸高高度越低；在学习成绩与发球得分的检验方面，$R=0.286^{**}$，*sig* 值（双侧）为 0.368，$P$ 值<0.05，具有正相关线性关系，表现为学习成绩越高，其发球分值越高；在学习成绩与扣球得分的检验方面，$R=-0.818^{**}$，*sig* 值（双侧）为 0.001，$P$ 值<0.01，具有显著的负相关线性关系，表现为学生学习成绩越高，其扣球分值越低。

在男子排球特长生运动技能方面，其学习成绩均与运动技能存在着非常显著的负相关线性关系，即学习成绩越优异的学生，其运动技能水平越低，这也反映出排球体育特长生的专项训练对其文化课学习具有一定负面影响。在女子排球特长生运动技能方面，其学习成绩受米字移动、助跑摸高、扣球分值等方面影响，在学习成绩与发球分值方面呈正相关线性关系，即学习成绩优异的学生发球能力较为稳定，这与男子检验结果呈现差异。在排球运动中，发球技术是一项不借助外界力量、凭个人已掌握的相关技术而完成的进攻手段，它既是比赛的开始，也是进攻的开始，其运用效果与心理稳定性有关。笔者认为，学习成绩良好的女子排球特长生心智更为成熟，不易受外界环境影响，发球技术运用效果较好。此外，在日常训练中要遵循青少年的神经发展规律，合理利用其学习疲劳期与运动兴奋期的关系，科学地安排专项训练内容，同时对训练的强度和负荷进行实时调控，在训练之余安排放松拉伸环节以促进其身体机能恢复，避免出现疲惫或运动损伤等情况发生。

2. 国家二级运动员运动技能与学习成绩的相关性分析

（1）国家二级运动员的运动能力与学习成绩的相关性分析

**表 17　二级运动员运动能力与学习成绩描述性统计结果**（男 $n=38$；女 $n=21$）

| 运动能力与学习成绩 | 男子 | | 女子 | |
|---|---|---|---|---|
| | 均值 | 标准差 | 均值 | 标准差 |
| 学年成绩（分） | 502.50 | 38.875 | 497.71 | 54.582 |
| 50 米跑（秒） | 7.14 | 0.497 | 7.93 | 0.294 |
| 1000 米/800 米跑（秒） | 217.53 | 8.209 | 210.19 | 8.072 |
| 卧推（千克） | 56.05 | 6.058 | 40.95 | 7.520 |
| 深蹲（千克） | 116.05 | 8.067 | 100.48 | 8.352 |

由表 17 可知，在男子排球特长生方面，其学年成绩均值为（502.50±38.875）分，50 米跑均值为（7.14±0.497）秒，1000 米跑均值为（217.53±8.209）秒，卧推均值为（56.05±6.058）千克，深蹲均值为（116.05±8.067）千克；在女子排球特长生方面，其学年成绩均值为（497.71±54.582）分，50 米跑均值为（7.93±0.294）秒，800 米跑均值为（210.19±8.072）秒，卧推均值为（40.95±7.520）千克，深蹲均值为（100.48±8.352）千克。由分析可知，男子在学习成绩方面均值离散程度较小，女子在学习成绩方面均值离散程度较男子突出，存在两极分化的现象，表现为存在女子特长生学习成绩水平较高和学习水平较低的学生，而男子特长生的学习成绩较为集中，整体较女子学习成绩水平高。在其他项目的运动能力均值离散程度较小，整体水平较为平均，男、女生之间差异较小，且整体较一级运动员各项运动能力水平弱。

**表 18　二级运动员运动能力与学习成绩 Pearson 相关性检验结果**

| 性别 | | 学年成绩/<br>50 米跑 | 学年成绩/<br>1000 米（800 米）跑 | 学年成绩/<br>卧推 | 学年成绩/<br>深蹲 |
|---|---|---|---|---|---|
| 男子 | *R* | −0.133 | −0.308 | −0.509** | −0.685** |
| | *P* | 0.427 | 0.600 | 0.001 | 0.001 |
| 女子 | *R* | 0.875** | 0.717** | −0.849** | −0.915** |
| | *P* | 0.000 | 0.000 | 0.000 | 0.000 |

由表 18 可知，男子排球特长生学习成绩与 50 米跑检验方面，$R=-0.133$，*sig* 值（双侧）为 0.427，$P$ 值 $>0.05$，无显著的线性关系；学习成绩与 1000 米跑检验方面，$R=-0.308$，*sig* 值（双侧）为 0.600，$P$ 值 $>0.05$，无显著的线性关系；学习成绩与卧推检验方面，$R=-0.509^{**}$，*sig* 值（双侧）为 0.001，$P$ 值 $<0.01$，具有显著的负相关线性关系，具体体现为学习成绩好的排球特长生上肢力量（卧推）较差；学习成绩与深蹲检验方面，$R=-0.685^{**}$，*sig* 值（双侧）为 0.001，$P$ 值 $<0.01$，具有显著的负相关线性关系，具体体现为学习成绩好的男子排球特长生下肢力量（深蹲）较差，该检验结果与具有一级运动技术等级的排球特长生一致，也表明在排球运动训练中力量训练对学生文化课成绩具有一定影响。

女子排球特长生学习成绩与 50 米跑检验方面，$R=0.875^{**}$，*sig* 值

(双侧) 为0.000，$P$值小于0.001，具有显著的正相关线性关系，表现为学习成绩越好，50米跑用时越久，其成绩越差；学习成绩与1000米跑检验方面，$R=0.717^{**}$，*sig*值（双侧）为0.000，$P$值小于0.001，具有显著的正相关线性关系，表现为学习成绩越好，800米跑用时越久，即成绩越差；学习成绩与卧推检验方面，$R=-0.849^{**}$，*sig*值（双侧）为0.000，$P$值<0.001，具有显著的负相关线性关系，具体体现为学习成绩好的排球特长生上肢力量（卧推）较差；学习成绩与深蹲检验方面，$R=-0.915^{**}$，*sig*值（双侧）为0.000，$P$值<0.001，具有非常显著的负相关线性关系，具体体现为学习成绩好的女子排球特长生下肢力量（深蹲）较差。以上检验均与具有一级运动技术等级的排球特长生运动能力与学习成绩检验结果一致。

（2）国家二级运动员的运动技术与学习成绩的相关性分析

**表19　二级运动员运动技术与学习成绩描述性统计结果**（男 $n=38$；女 $n=21$）

| 运动技术与学习成绩 | 男子 | | 女子 | |
|---|---|---|---|---|
| | 均值 | 标准差 | 均值 | 标准差 |
| 学年成绩（分） | 502.50 | 38.875 | 497.71 | 54.582 |
| 米字移动（秒） | 16.59 | 0.785 | 17.54 | 0.569 |
| 助跑摸高（厘米） | 326.95 | 3.3938 | 282.09 | 6.465 |
| 发球得分（分） | 18.26 | 1.155 | 16.40 | 1.419 |
| 扣球得分（分） | 22.86 | 1.888 | 17.38 | 1.634 |

由表19可知，米字移动均值为（16.59±0.785）秒，助跑摸高均值为（326.95±3.3938）厘米，发球得分均值为（18.26±1.155）分，扣球得分均值为（22.86±1.888）分；在女子排球特长生方面，米字移动均值为（17.54±0.569）秒，助跑摸高均值为（282.09±6.465）厘米，发球得分均值为（16.40±1.419）分，扣球得分为（17.38±1.634）分。由分析可知，具有二级运动技术等级的排球特长生在运动技能方面与具有一级运动技术等级的排球特长生存在明显差距。

表 20　二级运动员运动技术与学习成绩 Pearson 相关性检验结果

| 性别 | | 学年成绩/米字移动 | 学年成绩/助跑摸高 | 学年成绩/发球得分 | 学年成绩/扣球得分 |
|---|---|---|---|---|---|
| 男子 | *R* | 0. 132 | −0. 113 | 0. 222 | −0. 476** |
| | *P* | 0. 430 | 0. 500 | 0. 180 | 0. 003 |
| 女子 | *R* | 0. 286 | −0. 745** | 0. 726** | −0. 232 |
| | *P* | 0. 208 | 0. 000 | 0. 000 | 0. 313 |

由表 20 可知，男子排球特长生在学习成绩及米字移动的检验方面，$R=0.132$，*sig* 值（双侧）为 0. 430，$P$ 值>0. 05，无显著的线性关系；在学习成绩与助跑摸高的检验方面，$R=-0.113$，*sig* 值（双侧）为 0. 500，$P$ 值>0. 05，无显著的线性关系；在学习成绩与发球得分的检验方面，$R=-0.222$，*sig* 值（双侧）为 0. 180，$P$ 值>0. 05，无显著的线性关系；在学习成绩与扣球得分的检验方面，$R=-0.476^{**}$，*sig* 值（双侧）为 0. 003，$P$ 值<0. 01，具有显著的负相关线性关系，表现为学生学习成绩越高，扣球得分越少，表明学习成绩优异的排球特长生排球扣球能力较差。

女子排球特长生在学习成绩及米字移动的检验方面，$R=0.286$，*sig* 值（双侧）为 0. 208，$P$ 值>0. 01，无显著的相关线性关系；在学习成绩与助跑摸高的检验方面，$R=-0.745^{**}$，*sig* 值（双侧）为 0. 000，$P$ 值<0. 001，具有非常显著的负相关线性关系，具体表现为学生学习成绩越高，其摸高高度越低；在学习成绩与发球得分的检验方面，$R=0.726^{**}$，*sig* 值（双侧）为 0. 000，$P$ 值<0. 001，具有非常显著的正相关线性关系，表现为学生学习成绩越高，其发球得分数量越多，这与具有一级技术等级排球特长生学习成绩与发球技术检验一致，也进一步印证学习成绩突出的女子运动员其心智更为稳定；在学习成绩与扣球得分的检验方面，$R=-0.232$，*sig* 值（双侧）为 0. 313，$P$ 值>0. 01，无显著的相关线性关系。

综上所述，二级运动员较一级运动员各项检验更为均衡，虽然各项排球运动技能运用不够扎实，缺乏实战经验，但基本掌握各项技术动作，加之学习成绩良好且学习基础更为扎实，其接受和理解能力也相对突出。因此，具有二级技术等级的排球特长生发展潜力较大，亦能正确处理“学训矛盾”。

## 四、结论与建议

### （一）结论

（1）排球运动训练的年限、学习与训练的节奏及心理适应程度是影响文化课成绩的主要因素，其运动技能与学习成绩均是考学的基础要求，文化课成绩优异的特长生择校选择更多。

（2）二级运动员较一级运动员的学习成绩和运动技能更为均衡，学习成绩良好且基础更为扎实，接受和理解能力也相对突出，发展潜力较大，亦能正确处理“学训矛盾”。

（3）在具有国家一级运动技术等级的排球特长生中，男子的学习成绩存在两极分化的现象，整体较女子差；在具有国家二级运动技术等级的排球特长生中，女子的学习成绩存在两极分化的现象，整体较男子差。

（4）在具有国家一级运动技术等级排球特长生的学习成绩与运动能力检验方面，男子的学习成绩与 50 米跑、1000 米跑无线性关系，而学习成绩与上肢力量和下肢力量呈现显著的负相关线性关系；女子的学习成绩与其运动能力均存在显著的负相关线性关系，运动能力对女子排球特长生的学习成绩影响更大。

（5）在具有国家一级运动技术等级排球特长生的学习成绩与运动技术检验方面，男子的学习成绩与运动技术呈负相关线性关系，学习成绩突出，则运动技术水平下降；女子的学习成绩与米字移动、助跑摸高、扣球技术呈现负相关线性关系，学习成绩与发球技术无相关线性关系。

（6）在具有国家二级运动技术等级排球特长生的学习成绩与运动能力检验方面，男子检验结果与具有国家一级运动技术等级的男子特长生检验结果一致；女子学习成绩与发球技术检验呈正相关线性关系，学习成绩与其他项目呈负相关线性关系。

### （二）建议

（1）在日常教学训练方面应注意排球特长生个体差异，各学科应紧密联系，因材施教，就特长生出现的偏科等问题可采用小班教学模式加以提高。

（2）专项训练中应遵循青少年的神经发展规律，合理利用学习疲劳期与运动兴奋期的关系，对训练的强度和负荷进行实时调控，避免出现疲惫或运动损伤等情况发生。

（3）在专项训练中应重视运动素质和专项技术练习对特长生消除机体疲劳反应的时间，合理安排训练内容，保障特长生有充沛的精力在训练之余进行文化课学习。

（4）要培养学生的意志品质，学习和训练是两种不同的状态，在相互转换的过程初期必然会产生一些生理和心理上的抑制，不能让学生很好地相互转换，尤其是在训练之后投入学习，因此需要学生用坚强的意志品质来对抗这种抑制。

（5）提高青少年运动员的时间管理能力，特长生每天的时间是很有限的，不仅要完成文化课的学习，还要进行运动训练，在时间的支配上也必须更加合理，充分利用时间进行学习、训练和休息，提高学习和训练的效果，维持学习和训练的平衡。

## 参考文献

[1] 陈安槐、陈萌生：《体育大辞典》，上海辞书出版社，2000 年版。

[2] 邓慧慧、刘红：《高中艺体类学生和普通学生学习适应性的比较研究》，载《贵州师范学院学报》2011 年第 10 期，第 65–68 页。

[3] 孙正阔、亓圣华：《山东省体育高考特长生高三阶段训练计划的探索与制定》，载《山东体育科技》2011 年第 4 期，第 88–91 页。

[4] 赵欣：《青少年体育训练"体教结合"培养模式分析》，载《科学大众》（科学教育）2016 年第 6 期，第 175 页。

[5] 黄贤文：《从学训矛盾现实出发试析如何提升福建省青少年运动员文化学习的效率》，载《福建体育科技》2014 年第 2 期，第 19–21 页。

[6] 毕然：《体教结合模式下高水平运动员学训矛盾问题探究》，大连理工大学学位论文，2018 年。

[7] 许晓瑛：《关于我国高校高水平运动队建设"体教结合"模式的现状分析与反思建议》，载《体育科技文献通报》2020 年第 3 期，第 60–62 页。

[8] 周小云：《青少年运动员文化学习现状及其应对策略》，载《体育世界》（学术班版）2019 年第 5 期，第 109–110 页。

[9] 韩金铁：《如何激发学生在体育训练中的兴趣》，载《科学大众》2008 年第 12 期，第 47 页。

[10] 黄梦夏：《对梧州市普通高中体育生学训现状的调查研究》，广西师范大学学位论文，2017 年。

[11] 曾宪斌：《高中体育生学习动机、心理健康与学业成绩的关系》，华中师范大学

学位论文，2015 年。
[12] 王兵元：《少数民族地区高中体育特长生心理教育现状及原因分析》，载《冶金管理》2019 年第 19 期，第 152 页。
[13] MASTERALEXIS L, BARR C A, HUMS M A. Principles and practice of sport management. Marryland: Aspen Publishers, Inc. 1998.
[14] DZIUBINSKI Z. Social aspects of physical education and sport in schools. Physical Culture and Sport, Studies and research, 2011, 52(1): 49-60.
[15] LALLY P S, KERR G A. The career planning, athletic identity, and student role identity of intercollegiate student athletes. Research quarterly for exercise and sport, 2005, 76(3): 275-285.
[16] SHARP L A, H SHEILLEY. K. The institution's obligations to athletes. New directions for higher education, 2008, (142): 103-113.
[17] PARKER P C, PERRY R P, HAMM J M, et al. Enhancing the academic success of competitive student athletes using a motivation treatment intervention (attributional retraining). Psychology of sport & exercise, 2016, (26): 113-122.
[18] 刘世磊、黄彦军：《日本〈义务教育体育科学习指导要领〉运动技能课程内容设置对我国的启示》，载《体育学刊》2020 年第 2 期，第 108-114 页。
[19] 日本文部科学省：《高等学校学习指导要领》，2008 年。

（作者单位：体育学院）

# 面向需求的旅游管理藏语实验班人才培养模式优化研究①

彭　建

改革开放以来，我国旅游业发展迅速，旅游业在促进国民经济发展中的作用越来越大。随着国民人均收入水平的提高和交通等基础设施的不断完善，民族地区旅游业迎来了千载难逢的发展机遇，发展旅游业已经成为民族地区各级政府发展经济、摆脱贫困的重要抓手。近年来，随着旅游基础设施的完善，尤其是青藏铁路二期的开通，藏族地区的旅游业呈现出井喷式的发展态势。然而，藏族地区旅游管理专业人才紧缺，熟悉经营管理的本土旅游管理专业人才更为稀缺，极大地限制了旅游业在促进藏族地区经济社会发展中应有的作用。

中央民族大学是我国少数民族教育的最高学府。为了更好地服务于藏族地区经济社会发展需要，更有针对性地为藏族地区培养旅游管理人才，学校从 2017 年开设旅游管理本科藏语实验班，面向五省藏族地区招收藏族学生，由管理学院和藏学研究院联合培养。这种招收特定民族的学生，精准服务于特定民族地区的发展需要，培养本土专业人才的实验班是中央民族大学近年来人才培养方面的一个创新性尝试，相关的院系和教师也都是在摸索中前进。对于旅游管理专业来说，开办藏语实验班是一个创举，没有先行经验可以借鉴。事实上，藏族地区到底需要什么样知识结构的旅游人才？在读的藏族同学对所学专业教育又有何要求？笔者对需求一侧的这些具体情况并不是十分了解，需要加以深入研究，使学校少数民族旅游专业人才培养更有针对性和实效性。鉴于民族地区旅游业发展的巨大潜力和旅游专业人才的巨大需求，深入研究旅游管理藏语实验班人才培养模式中存在的问题，并提出相应的对策建议，对于提高旅游管理和其他专业学生

① 本文是 2018—2019 年度中央民族大学教育教学改革立项项目“面向需求的汉藏双语旅游管理本科人才培养模式研究”的阶段性研究成果。

的人才培养质量，对于学校和学院更好地服务藏族地区经济社会发展需要，均具有重要的现实意义。

## 一、文献综述

民族院校人才培养模式问题本质上属于民族高等教育的研究范畴。在我国，民族高等教育研究是随着高等教育的发展而逐步兴起的。我国现代民族高等教育发轫于20世纪50年代，但关于民族高等教育问题的专门研究和探讨则始于改革开放之后。鉴于学术期刊上发表的论文成果能及时反映出相关研究领域的最新动态和进展。笔者在中国期刊网上对篇名含有“民族”+“高等教育”的期刊论文进行了检索，讨论民族高等教育问题的期刊文献共有463篇。其中，在核心期刊及CSSCI和CSCD收录期刊上发表的有262篇。1979年延边大学校史编写组在《延边大学学报》（哲学社会科学版）上发表的《坚持社会主义方向，发展民族高等教育事业》是我国民族高等教育研究的开先河之作。此后，我国学者关于民族高等教育的研究成果层出不穷，数量上呈波动变化特征（图1）。

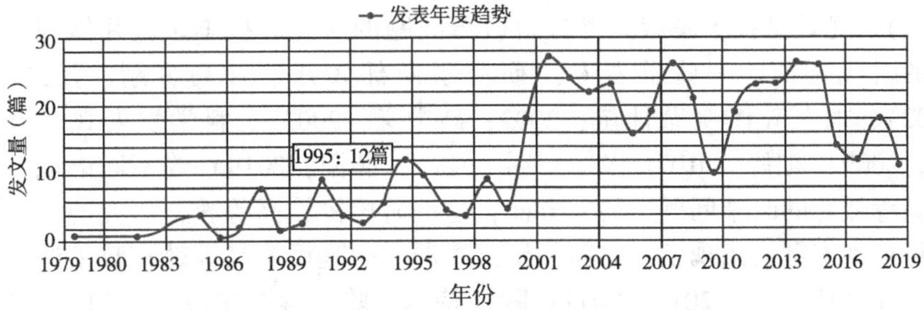


**图1　1979—2019年我国学者关于民族高等教育研究的文献成果统计**

从图1可以看出，以2000年为界，我国学者关于民族高等教育研究可分为两个阶段。2000年以前，研究成果少，每年发表的论文数大多不足10篇，研究的主题比较单一，主要集中在以下几个方面。一是关于民族高等教育基本理论问题的讨论，如民族高等教育的概念（周成厚，1988）、特征（谭举先，1989；任世琦，1990）及发展目的与方向（郑生海，夏日科，1992；任世琦，1991；呼格吉勒图，1992）。二是对我国民族高等教育发展历程的回顾，吴德刚（1988）、林仕梁和郭晓合（1992）及梅进才和权生鳌（1995）等分别从不同角度梳理了新中国成立以来我国民族高等教育的发展历程。三是针对特定民族地区民族高等教育发展现状和特征的研究，重点聚焦在青海（李延福，1991；赵顺珍、荣增举，1996）、新疆（许国禄，1982）、西藏（孔艳霞，1995）、内蒙古（陈宝泉，1991）、广西（覃晓航，1988）和贵州（王芳，1999）等省区，有的学者在区域尺度上对西南和青藏地区民族高等教育的发展现状进行了研究（林远志，1996；陈化育，1998）。此外，随着改革开放政策的实施，一些学者还对我国民族高等教育的改革问题进行了初步的探讨（唐奇甜，1985；任世琦，1990；李登福，1991），但成果不多，深度和广度有限。

2000 年以后，随着 1998 年《中华人民共和国高等教育法》的颁布实施，民族高等教育的法律地位得到提高，加之民族地区经济社会发展的加速和对少数民族专业人才需求的增加，我国民族高等教育研究也随之进入了新的阶段。

从图 1 可以看出，2000 年以后，每年发表的关于民族高等教育研究的期刊文献成果稳定在 10~30 篇，虽然在数量上有所波动，但明显多于前一阶段。一方面，前一阶段关于民族高等教育的概念、特征、功能，以及我国民族高等教育的发展历程和特定民族地区发展状况等主题的研究更加深入（陈巴特尔、张朝乐门，2016；曲木铁西，2006；蔡文伯、李魁，2017）。尤其是关于民族高等教育改革问题的研究成果丰硕，并体现出鲜明的时代特征，一些学者专门研究了西部大开发（马少刚、张维民，2002）、加入 WTO（荣仕星，2002；高中义，2003）、科学发展观（杨健强，2009；刘凯，2010）及“一带一路”（薛阳，2019）等不同语境下民族高等教育的改革问题。另一方面，这一阶段民族高等教育研究的内容也变得更加丰富，出现了一些新的研究主题。一是民族高等教育政策法规问题研究（张立军，2010、2011；陈巴特尔、陈雪婷，2019）；二是民族高等教育公平问题研究，主要从性别、城乡、文化资本及区域均衡等角度展开（洪彩真，2006；许春清，2009；韩月，2012；杨倩，2016）；三是其他国家（主要是美国和加拿大）民族高等教育的发展历史、经验、特点、问题及政策等的研究（万秀兰，2002；陈巴特尔，ENGLERT，2008；李立峰，2008；冯晖，2018）。

人才培养是民族高等教育的重要内容。人才培养模式是指“在一定的教育思想和理念指导下，以人才培养活动为本体，为实现培养目标所设计的某种标准构造样式和运行方式。人才培养模式的构成一般包括培养目标、培养过程、培养制度、培养评价四个方面”（刘明浚，1993）。20 世纪 90 年代以来，许多学者在不同层面上对高校的人才培养模式问题进行了广泛而深入的研究。进入21世纪以来，民族院校的人才培养模式问题也引起了一些学者的关注。例如，徐桂兰（2004）提出了“一体两翼”的民族高校人才培养模式，即以通用型人才的培养为主体，以研究型人才和特色优势人才的培养为两翼；黎树斌（2005）总结了大连民族大学创新型人才培养的经验；唐纪南等（2005）研究了我国民族院校人才培养模式的问题，并从人才培养观、教学方法体系和教育测评体系等方面提出了改革和创新的建议；王振权等（2007）以新疆为例提出了西部民族地区高校人才培养的“梯田模式”；周文书（2010）和侯超惠（2012）分别探讨了民族高校数学学科和金融学科创新应用型人才的培养模式；雷召海（2011）和土登等（2010）分别进一步在更广泛意义上探讨了创新型人才和应用型人才的培养模式问题。值得一提的是，马现诚（2005）基于民族高等教育的特殊性和普通高校文科人才培养模式改革趋势，探讨了民族高校文科专业人才的培养问题。

总体来说，改革开放以来我国学者对民族高等教育的相关问题进行了持续不断的研究，取得了可观的学术成果，研究的主题在广度和深度上都在不断拓展和深化。随着我国民族高等教育的不断发展，新的学术课题层出不穷，需要学术界及时跟进加以深入研究。与以往普通高校开办的“民族班”不同，民族高校开办“民族实验班”是为了更好地服务于民族地区人才需求的创新举措，在新的发展形势下，对“民族实验班”的人才培养提出了更高的要求，“民族实验班”如何办，如何优化其人才培养模式以取得预期的人才培养目标，都亟须深入研究。

## 二、研究过程与方法

学生是高校人才培养工作的核心主体，培养方案是人才培养模式的关键。从学生的角度调查了解其对培养方案的认知和评价，对于调整、优化培养方案意义重大。有鉴于此，笔者对在读的旅游管理藏语实验班全体同学进行了问卷调查，重点了解其对培养方案中的相关课程设置的合理性，尤其是其对相关课程重要性的评价，问卷采用李克特5分量表设计，1~5分别代表非常不同意、不同意、不确定、同意和非常同意。问卷调查于2019年3月进行，回收数据整理后用SPSS软件进行相应的统计分析。旅游企事业单位是旅游管理专业学生就业的主要去处，其对旅游管理专业学生的需求、要求及建议，对于提升人才培养质量具有重要意义。为此，笔者先后对藏族地区的部分旅游企事业单位的管理人员进行了深度访谈。访谈从2018年开始，持续到2020年。累计访谈15人。其中，男性4人，女性11人；年龄多在30~39岁；汉族6人，藏族7人，回族2人；来自四川的4人，甘肃8人，青海2人，西藏1人；工作单位有地方旅游局8人，旅行社2人，酒店及行业协会5人。

## 三、学生对培养方案课程体系的重要性感知与评价

从结构上来说，目前旅游管理藏语实验班的课程体系包括通识教育课、学科基础课、专业必修课和专业选修课。以下分别从这四个方面阐述在读藏族学生对四类课程重要性的感知差异。

### （一）通识教育课重要性感知评价

通识课程在大学本科人才培养中具有重要地位，是社会主义建设人才培养不可或缺的部分。然而，从学生的角度来看，他们对通识教育类课程的重要性评价差异显著。大学英语被认为是最重要的通识课，李克特5分量表的均值高达4.88分，标准差也最小，说明绝大多数同学认为英语的学习非常重要。其次是计算机类课程，包括计算机文化基础和计算机技术基础两门课程。均值分别为4.25分和4.54分，可以看出学生对计算机操作方面的课程更加重视。此外，学生对体育和职业规划方向的课程也比较重视，均值都在4分以上。相对来说，思政类的课程不受重视，尤其是中国近代史纲要、马克思主义基本原理概念，平均得分仅为3.29分。

### （二）学科基础课重要性感知评价

在教育部最新版的高校本科专业名录中，旅游管理归属管理学一级学科。通过学科基础课的学习，可以夯实学生在管理学基本理论知识方面的基础。目前，旅游管理藏语实验班开设的学科基础课主要有管理学基础、宏观经济学、微观经济学、旅游学概论（导学课）、藏学概论及高等数学等数学类课程。所有学科基础课中，学生对与自己专业关系更加紧密的导学课旅游学概论认同度最高，均值4.21分。其次是同藏族文化关系最密切的藏学概论，平均得分也在4分以上。居中的是管理学及宏观和微观经济学。重要性认同度最低的是数学类课程，高等数学、概率论与数理统计及线性代数等的均值都不到3分。经了解得知，藏族学生对数学类课程的认同度低主要有两个原因：一是这些课程学习难度大，加之藏族学生数学基础和语言方面的制约，大多数同学表示在课堂上很难听懂，也听不进去，

最后导致不及格率较高；二是这些课程对于藏族同学来说实用性不强，大多觉得除了考研和做学术研究外，今后的工作中很难用到这些数学知识，他们的学习动力和兴趣也不强。

### （三）专业必修课重要性感知评价

专业必修课方面，藏族学生对涉及本民族文化的藏族文化及在藏族地区应用性较强也比较急需的旅游规划与开发课程高度重视，平均得分均为4.5。旅游目的地管理得分4.46分，也得到了绝大多数学生的高度认可。有意思的是，酒店是旅游业的重要组成部分，也是主要就业方向，但饭店管理原理在所有专业必修课程中的得分最低，认同度也最低。究其原因，可能与学生对饭店工作的认知和偏见有关。饭店一线的服务工作辛苦，收入也不高，容易形成饭店工作低人一等的认识。对“985”和“双一流”高校的学生来说，饭店工作与就业期望之间差距较大。

### （四）专业选修课重要性感知评价

在培养方案列出的专业选修课中，绝大多数课程的平均值都在4分以上，说明其重要性得到了大多数学生的认同。其中，得分最高的是少数民族文化旅游学，得分高达4.67分。其次是藏族地区自然和人文旅游资源保护与开发课程，这两门课程对于藏族地区的旅游业发展意义重大，受到了学生的认同。此外，关于藏族民俗、历史等方面的课程受到大多数学生的重视。藏族地区缺乏景区经营管理方面的人才，学生对这方面的知识也比较感兴趣，景区经营与管理也得到了4.42分的高分。与专业必修课调查结果相似，饭店类课程在专业选修课中不受重视。值得指出的是，与旅行社和导游相关联的课程得到重视程度也相对较低，这或许与学生对导游工作的认可度不高有关。

## 四、藏族地区人才需求分析

### （一）旅游行政管理机构调查

旅游局是地方旅游业发展的主管机构，既制定和执行旅游发展促进政策，也负责组织本地区旅游从业人员的业务培训，对所在地区旅游人才的需求问题有较为宏观、全面的认识。如果按照人才的来源地划分，本地出生、成长的是本土人才，外地过来的属于外来人才。目前，藏族地区的旅游专业人才大多是外来人才，本土人才相对较少。在西藏，由于本土旅游专业人才较少，旅游旺季时，常常需要到周边省份借调导游讲解类人才援藏。几乎所有受访者都一致认为，本土少数民族旅游人才比外来人才更受欢迎，高校应该为民族地区培养更多的本土旅游管理专业人才。其原因主要是：首先，本土藏族学生熟悉藏族的历史文化和藏族地区的情况，能带给游客更加独特的文化体验，也有助于更好地开发利用当地的特色文化旅游资源，形成有市场吸引力的文化旅游产品。其次，本土藏族学生思想稳定，有助于解决藏族地区留不住人才的问题，能扎根家乡安心工作，对于提升藏族地区旅游人才素养作用明显。最后，藏族地区旅游资源丰富，发展潜力大，土生土长的藏族学生熟悉本民族的风土人情，他们学习旅游专业知识后再回到藏族地区工作，有助于推动藏族地区旅游业的发展。

不少受访者表示，为了更好地满足藏族地区旅游业发展的需要，藏族旅游管理人才应掌握多样化的专业知识和技能。这些需要的专业知识技能主要包括语言表达能力（包括外语）、导游讲解能力、接待服务能力、经营管理能力、资源开发能力、营销策划能力及歌舞表演能力。也有受访者谈到，现在旅游管理专业的学生学的知识太杂太散，深度不够，难以满足旅游业对人才的实际需求。从需要掌握的知识技能水平来分，不同层次旅游管理教育对人才的培养和就业定位是有区别的。对于本科院校的毕业生来说，虽然未来职业生涯定位主要在后台管理岗位上，但也需要掌握一线的接待服务技能，熟悉一线岗位的工作性质和要求。这对高校和学生来说，都具有较高的难度和挑战性。

### （二）旅游企业调查

一个企业的运营需要多元化的专业人才，大型企业尤其如此。虽然说旅游企业的人才需求不限于旅游管理专业的毕业生，毫无疑问，既懂管理又懂旅游的专业人才应该是旅游企业发展的重要支柱。对藏族地区旅游企业管理人员的访谈表明，藏族地区主要旅游企业具备旅游专业背景的人才较少，对旅游管理专业毕业生的需求量比较大，既懂运营又懂管理的旅游专业本科毕业生尤其匮乏。受旅游季节性的影响，这种需求在旅游旺季期间更突出。一些受访者表示，经营管理类旅游专业人才的匮乏已在一定程度上成为制约旅游企业成长的因素。

作为用人单位，旅游企业对旅游管理类专业人才质量有比较明确的要求。几位受访的旅游企业管理人员认为，本科旅游管理专业人才应掌握和具备多方面的知识和能力。具体来说，主要有以下几方面：语言表达能力、管理创新能力、接待服务能力。在应具备的知识方面，受访者认为，藏族本土旅游管理专业人才应熟悉本民族的历史和文化、熟悉旅游行业的发展历程和现状，方能做好自己的旅游本职工作。

### （三）行业协会调查

旅游行业协会是介于政府、旅游企业之间，以旅游企业为会员，并为其提供服务、咨询、沟通、监督、公正、自律、协调的社会中介组织。根据服务地域范围的大小，旅游行业协会有不同等级之分，大至国家小至县市。通常来说，旅游行业协会的管理机构和工作人员对自己所在地域的企业运营和人才需求状况比较了解。有鉴于此，课题组对甘肃旅游行业协会的一位领导进行了访谈，以更加深入了解藏族地区旅游管理人才的需求。

访谈表明，藏族地区旅游业发展对旅游专业人才的需求量还是很大的，在甘肃、宁夏等地，具有较强酒店管理能力的管理人才需求缺口在80%以上。为了弥补这一缺口，旅游行业协会采取了积极的应对措施，尤其是对本地旅游从业人员的培训，以提升他们的业务能力。但效果不是很好，从业人员积极性不高，参加的人数较少。随着一些更具吸引力的新型就业岗位的出现，从旅游行业分流了相当一部分从业人员，培训参与度低。另外，现在有的培训形式主义较为严重，培训内容比较虚，真正的技能培训质量不高，学员对培训效果不满意。

对于高校参与培养本土少数民族旅游管理专业人才的必要性，有的受访者表示："必要性很大。因为少数民族生活的环境相对闭塞，他们在这方面还是有很大需求。酒店本身就有地域性，还是要由本地区的人员来经营。双语这个班有很大好处。"当被问及本土少数民族学生学旅游管理专业应该掌握的知识技能有哪些时，受访者表示旅游专业学生需要掌握多方面的技能，包括接待服务技能、营销能力、组织能力等。

## 五、旅游管理藏语实验班人才培养问题与优化建议

### （一）旅游管理藏语实验班本科人才培养实践的主要问题

1. 部分课程不受欢迎，课程体系有待优化

从对在读学生的问卷调查结果来看，学生对所学课程的感知和评价具

有强烈的实用导向，学生认为比较重要的通常都是那些在未来工作中实用性较强的课程。现有培养方案中的部分课程学生认可度低，学习兴趣不高，既有公共课，也有专业课。例如，通识课中，思政类课程的得分普遍不高，认可度较低。其原因大致有二：一是这类课程在学生看来具有一定的说教性质，课程形象不是很好；二是这类课程实用性不强，但要求学生付出的时间不少。学科基础课中，数学类课程（包括概率论与数理统计和线性代数）不是很受欢迎，但原因和思政类课程有所不同。数学类课程知识体系较为复杂，学习难度大，需要耗费学生大量的精力。加之藏族学生的数学基础普遍较差，考试成绩也很不理想，导致大量的同学考试不及格。同时，数学类课程的学习除了考研外，对大多数同学来说似乎没有什么用，这更加阻碍了学生的学习积极性。专业必修课方面，绝大多数学生对旅游专业的必修课认可度较高，均值一般都在4分以上。值得指出的是，个别专业必修课本身很重要，却不受学生欢迎与认可。据调查，这主要受任课教师的教学水平和教学质量影响。专业选修课方面，也有少数适用性相对较低的课程认可度较低。这些认可度较低的课程包括导游实务、饭店实务等技能性较强的课程。这些课程对于从事导游和酒店服务等工作比较实用。由于本科院校学生对此类工作岗位的认可度不高，相应地对这些课程的评价也比较低。

2. 实践教学环节不足，学生动手能力较弱

旅游管理是一个实用性较强的专业。我校旅游管理专业的人才培养也一直比较重视学生实践能力的培养，在培养方案中也设置了多元化的实践教学环节，以提高学生的实践能力，如社会实践、专业见习、毕业实习、学年论文等。同时，在培养方案的相关课程设计方面，一些专业课程还留有一定的实践教学课时。从对藏族地区旅游行政管理部门、旅游企业及旅游行业协会的调查来看，藏族地区相关旅游机构和组织对本土藏族旅游管理专业毕业生的能力要求较高，既有比较基础的语言表达能力（包括外语）、导游讲解能力、接待服务能力、歌舞表演能力，也有较为高级的经营管理能力、资源开发能力及营销策划能力等。对学生的访谈也发现，学生普遍反映目前人才培养过程中，自己的专业实践机会较少，实践动手能力（尤其是发现、分析和解决问题的能力）有待加强，恐难以应对毕业后的工作需要。从行业发展需求和学生的诉求来看，虽然已经加强了实践教学的分量，但似乎仍不能很好地满足学生和藏族地区旅游企业对旅游专业人才的规格要求。

3. 单一民族编班，不利于交流

目前，旅游管理乃至全校其他藏语实验班都是单一民族编班，面向藏族地区招收藏族学生。这样编班的好处在于有助于更加精准地为藏族地区培养特定的专业人才，更好地服务于民族地区经济社会发展的人才需求。然而，通过对在读学生的调查了解，他们对这种单一民族的编班模式不是很认可。民族大学是一个具有鲜明民族特色的高等院校，既承担着为民族地区培养人才的重任，也肩负着促进民族交流和团结的使命。许多学生来此学习，很大程度上希望能更多地与其他民族学生交流，而单一民族编班无形之中限制了这种交往的意愿，一定程度上影响了学生的学习积极性。客观上来说，多民族编班更有利于为不同民族学生之间的交流创造机会，搭建沟通的桥梁。从这个角度来说，单一民族编班的培养模式需要适当调整。

### （二）旅游管理藏语实验班本科人才培养的优化建议

1. 调整课程设置，优化课程体系

根据前面的分析，旅游管理藏语实验班的课程设置需要适当调整，以优化现有课程体系。思政类课程关乎高校为谁培养人才的问题，在人才培养中具有重要意义，虽然学生的认可度不是很高，但仍应予以保留。教师在授课中，可尽量多地结合中国的实际情况通过案例分析，提升课程的趣味性，提高学生的学习积极性。数学类课程虽然比较难，鉴于其在优秀学生的职业生涯中的重要性，应予以保留，但授课内容和考核可根据学生的基础适当降低难度。专业课方面，个别开设意义不大，学生认可度低的课程可以从培养方案中剔除，如旅游地学、世界遗产与旅游等。另外，随着经济社会的发展和时代的进步，培养方案也应与时俱进地开设一些针对旅游业发展前沿的课程，如大数据、智慧旅游、电子商务、互联网营销等方面的课程。

2. 强化实践教学，增强学生实践能力

总体来说，当前旅游管理藏语实验班的实践能力还比较低，实践教学工作还需进一步加强。第一，加强实践教学基地建设，为实践教学创造有利条件。为了便于学生实习实践，旅游管理专业已建有一些专业实践教学基地，主要集中在旅游规划咨询（达沃斯巅峰、深圳麟德）和酒店（北京香格里拉饭店）方面，在学生实践能力培养中发挥了一定的作用，但实践教学基地的数量及行业和地域覆盖面均有待提高。未来，一方面应在北京增建一批实践教学与研究基地，满足学生就近实习实践需求；另一方面在民族地区（尤其是藏族地区）也建设一批基地，既为学生创造更多更好的实践机会，也加强我校与民族地区在人才培养方面的合作。第二，加强课内实践教学，兼顾理论知识学习和实践动手能力培养。旅游专业课程的实践教学形式比较多样，如基于课程内容的实地考察、专题讨论及调研汇报等。尤其是实地考察，学习积极性高，在教师指导下进行，效果良好。例如，对2017级藏语实验班学生的访谈表明，他们在专业教师带领下参加了华东旅游实地考察，通过对系列景区、酒店等的专题考察及课内的展示汇报，学生感觉自己发现、分析和解决问题的专业素养和能力都有所提高。第三，给予经费和人力支持，做实专业实践教学。在一些专业课程的教学中，除了理论课的讲授外，可留出更多的课时进行实践教学。目前，通过培养方案的不断修订和完善，不少课程都留出了6~9学时的实践内容。但是，由于种种原因，部分课程的实践教学没有落到实处，没有达到预期的效果。

3. 丰富民族构成，兼顾人才培养与民族高校的特殊使命

虽然民族实验班的主要目的是针对性地培养特定专业的少数民族人才，更好地精准地满足少数民族地区经济社会发展的人才需求，但在编班的民族构成方面需要注意，尽量避免单一民族编班。除了为民族地区培养专业人才外，少数民族高校还承担着促进民族交流、维护民族团结的特殊使命。民族实验班实施单一民族编班，无形之中弱化了民族高校的这一重要的特殊功能。我们的调研也表明，相当一部分人在谈及当前人才培养模式时，认为单一民族编班限制了他们和其他民族学生交流的机会，为大学生活留下了一些遗憾。未来，民族实验班的编班在民族构成上，可在考虑特定民族地区人才培养需要的前提下，采取多民族编班方式。这样既能针对性地培养特定民族专业人才，也能促进民族交流和了解，更好地发挥中央民族大学在促进全国民族大团结中的积极作用。

4. 增强服务意愿，强化职业素养教育

本科院校旅游专业人才的培养定位为旅游企事业单位的中层管理人员。然而，旅游行业本质上是一个接待服务行业，所有的员工，不论是本科学历还是高职高专学历，都需要从一线的接待服务工作做起，这也是成为一名合格乃至优秀管理者所需具备的基本职业经历。由于本科生对自己的职业期待较高，加之没有形成正确的旅游职业观，往往有看不起一线接待服务岗位工作的心态，不少学生工作一段时间就离职了。通过民族实验班培养的本土少数民族人才，虽然能较为稳定地扎根在家乡工作，但由于服务意愿不强，眼高手低，不能满足旅游企业的用人需求，他们往往会选

择跳槽或转行，造成旅游人才流失。例如，多名受访的旅游企业管理者提到，现在的大学生服务意识不强、不好用。因此，在校期间，应通过积极的专业教育，增强学生的旅游职业素养，使得他们能成长为既有经营管理能力，又具备一线吃苦耐劳的精神，真正成长为民族地区旅游业发展所需的本土优秀人才。

## 参考文献

[1] 蔡文伯、李魁：《中国民族高等教育发展理念的反思与展望——基于国家政策文本的分析》，载《黑龙江民族丛刊》2017 年第 4 期，第 151-159 页。

[2] 陈巴特尔、Peter ENGLERT：《从民族大学的建立看中加少数民族高等教育发展模式的异同——以中国中央民族大学和加拿大第一民族大学为例》，载《民族教育研究》2008 年第 3 期，第 61-66 页。

[3] 陈巴特尔、陈雪婷：《改革开放 40 年我国民族高等教育政策的演进逻辑》，载《贵州民族研究》2019 年第 1 期，第 197-201 页。

[4] 陈巴特尔、张朝乐门：《“民族高等教育”概念研究的反思与辨析》，载《民族教育研究》2016 年第 5 期，第 5-13 页。

[5] 陈宝泉：《内蒙古民族高等教育现状与发展方向》，载《民族教育研究》1991 年第 4 期，第 64-67 页。

[6] 陈化育：《浅论青藏高原民族高等教育的改革与发展》，载《青海民族研究》1998 年第 3 期，第 42-48 页。

[7] 陈立鹏：《对我国少数民族高等教育法规体系的构思》，载《民族教育研究》1996 年第 3 期，第 43-48 页。

[8] 冯晖：《美国少数民族高等教育的历史沿革及启示》，载《贵州民族研究》2018 年第 5 期，第 250-253 页。

[9] 高中义：《加入 WTO 与我国民族高等教育的改革》，载《中南民族大学学报》（人文社会科学版）2003 年第 4 期，第 148-150 页。

[10] 韩月：《少数民族高等教育机会的文化资本理论解读》，载《教育与职业》2012 年第 26 期，第 15-17 页。

[11] 洪彩真：《中国少数民族女子高等教育现状探析与对策研究》，载《贵州民族研究》2006 年第 2 期，第 173-180 页。

[12] 侯超惠：《论民族院校金融应用型人才培养模式的构建》，载《内蒙古师范大学学报》（教育科学版）2012 年第 11 期，第 39-41、第 45 页。

[13] 呼格吉勒图：《发展民族高等教育，为民族地区经济建设和社会进步服务》，载《中国高等教育》1992 年第 12 期，第 32-34 页。

[14] 黄艳：《中国民族高等教育法治化水平最新测度——基于对国内 14 所民族大学的

实证研究》，载《民族教育研究》2018 年第 5 期，第 83-89 页。
[15] 孔艳霞：《西藏民族高等教育三十年来的发展及其作用》，载《西藏研究》1995 年第 3 期，第 52-56 页。
[16] 雷召海：《关于民族院校人才培养模式创新的探索》，载《中南民族大学学报》（人文社会科学版）2011 年第 6 期，第 60-64 页。
[17] 黎树斌：《创新型民族高等教育人才培养体系的研究与探索——大连民族学院创新型人才培养纪实》，载《辽宁教育研究》2005 年第 12 期，第 84-86 页。
[18] 李登福：《关于深化少数民族高等教育改革的问题》，载《中央民族学院学报》（哲学社会科学版）1991 年第 5 期，第 33-36 页。
[19] 李立峰：《美国少数民族高等教育入学政策的演进与争论》，载《教育学术月刊》2008 年第 4 期，第 74-77 页。
[20] 李延福：《青海省民族高等教育发展战略的思考》，载《民族教育研究》1991 年第 1 期，第 53-56 页。
[21] 林仕梁、郭晓合：《新中国少数民族高等教育发展概述》，载《广西社会科学》1991 年第 2 期，第 98-101 页。
[22] 林远志：《中国西南少数民族地区的民族高等教育》，载《西南民族大学学报》（人文社会科学版）1996 年第 1 期，第 92-99 页。
[23] 刘凯：《以科学发展观统领民族高等教育发展》，载《云南民族大学学报》（哲学社会科学版）2010 年第 1 期，第 142-145 页。
[24] 刘明浚：《大学教育环境论要》，航空工业出版社，1993 年版。
[25] 马少刚、张维民：《西部大开发中的民族高等教育》，载《黑龙江高教研究》2002 年第 2 期，第 22-24 页。
[26] 马现诚：《民族高等教育文科学科专业人才培养的几点思考》，载《广西民族大学学报》（哲学社会科学版）2005 年第 2 期，第 190-193 页。
[27] 梅进才、权生鳌：《关于解放后民族高等教育的回顾与思考》，载《青海民族大学学报》（社会科学版）1995 年第 3 期，第 85-90 页。
[28] 曲木铁西：《试论少数民族高等教育与少数民族地区社会发展的关系》，载《中央民族大学学报》（哲学社会科学版）2007 年第 3 期，第 88-93 页。
[29] 任世琦：《略论少数民族高等教育的特色》，载《中央民族学院学报》（哲学社会科学版）1990 年第 4 期，第 3-7 页。
[30] 任世琦：《民族高等教育改革与思考》，载《民族教育研究》1990 年第 2 期，第 3-7 页。
[31] 任世琦：《努力发展民族高等教育推进民族地区四化进程》，载《民族教育研究》1991 年第 3 期，第 8-14 页。
[32] 荣仕星：《中国加入 WTO 对民族高等教育的影响及对策》，载《民族研究》2002 年第 5 期，第 10-17 页。
[33] 覃晓航：《广西民族高等教育发展试探》，载《广西民族研究》1988 年第 2 期，

第 39-45 页。
[34] 谭举先:《民族高等教育特色的思考》，载《鄂西大学学报》(社会科学版) 1989 年第 2 期，第 29-33 页。
[35] 唐纪南、张京泽、王丽萍:《民族院校人才培养模式的改革与创新》，载《西南民族大学学报》(人文社科版) 2005 年第 11 期，第 357-359 页。
[36] 唐奇甜:《民族高等教育改革浅议》，载《中南民族学院学报》(哲学社会科学版) 1985 年第 1 期，第 1-5 页。
[37] 土登、耿亚军、汪卫琴:《民族院校应用型人才培养模式探析》，载《西南民族大学学报》(人文社会科学版) 2010 年第 9 期，第 245-248 页。
[38] 万秀兰:《美国少数民族高等教育问题的表现、原因及对策》，载《比较教育研究》2002 年第 8 期，第 34-38 页。
[39] 王芳:《贵州民族高等教育的发展历程及对策探讨》，载《贵州民族研究》1999 年第 3 期，第 148-152 页。
[40] 王振权、肖建芳、张晓帆:《西部民族区域高等教育人才培养的“梯田模式”》，载《教育研究》2007 年第 5 期，第 88-92 页。
[41] 吴德刚:《中国少数民族高等教育的回顾与展望》，载《民族研究》1988 年第 3 期，第 10-15 页。
[42] 徐桂兰:《民族院校人才培养模式多元化论》，载《广西民族大学学报》(哲学社会科学版) 2004 年第 2 期，第 150-155 页。
[43] 许春清:《西部民族高等教育均衡发展论纲》，载《西北师范大学学报》(社会科学版) 2009 年第 3 期，第 84-87 页。
[44] 许国禄:《社会主义时期新疆发展民族高等教育中的几个问题》，载《新疆大学学报》(哲学·人文社会科学汉文版) 1982 年第 2 期，第 1-7 页。
[45] 薛阳:《少数民族高等教育融入“一带一路”的路径选择》，载《贵州民族研究》2019 年第 1 期，第 202-205 页。
[46] 杨健强:《坚持科学发展观 促进民族高等教育发展》，载《西南民族大学学报》(人文社科版) 2009 年第 6 期，第 1-3 页。
[47] 杨倩:《城乡少数民族高等教育机会差异变化研究——以内蒙古为例》，载《民族教育研究》2016 年第 4 期，第 18-23 页。
[48] 张立军:《改革开放 30 年民族高等教育政策的演进》，载《教育学术月刊》2010 年第 8 期，第 56-60 页。
[49] 张立军:《我国民族高等教育政策 60 年回眸》，载《河北师范大学学报》(教育科学版) 2011 年第 1 期，第 5-10 页。
[50] 赵顺珍、荣增举:《青海民族高等教育浅议》，载《青海民族学院学报》1996 年第 2 期，第 108-110 页。
[51] 郑群:《关于人才培养模式的概念与构成》，载《河南师范大学学报》(哲学社会科学版) 2004 年第 1 期，第 187-188 页。

[52] 郑生海、夏日科：《试论少数民族高等教育的目的与发展方向》，载《青海民族学院学报》1992 年第 3 期，第 102-106 页。
[53] 周成厚：《四川民族高等教育的特殊性及其发展对策》，载《西南民族大学学报》（人文社会科学版）1988 年第 1 期，第 8-14 页。
[54] 周文书：《民族院校数学学科创新应用型人才培养模式的研究与实践》，载《黑龙江民族丛刊》2010 年第 4 期，第 173-176 页。

（作者单位：管理学院）

# 法学案例教学的新趋势与课程设置的调整

王　帅

教育部高等学校教学指导委员会编写的《普通高等学校本科专业类教学质量国家标准》中明确指出，法学类专业人才培养需要具有熟练的职业技能。所谓职业技能，就是能够在职业中应用所学知识，将知识转化为具体实践的技能。案例教学是强化法学本科学生职业技能的有效手段，能够模拟司法裁判、行政执法甚至立法过程，能将抽象的法律与生动的个案对应起来。学生能在模拟实践中强化自己的职业技能，教师能通过这种方式提高课堂教学的生动性，正因如此，这种教学方式被法学高等教育课堂广泛采用。

教学必须基于实践，并反映实践的需求。近年来，随着案例质量的发展，案例在指导和统一法律适用中的作用越来越大，指导性案例制度、裁判文书说理制度、类案检索制度的发展是这样一种趋势的体现。2020 年 7 月，最高人民法院印发的《关于统一法律适用加强类案检索的指导意见(试行)》中指出："本意见所称类案，是指与待决案件在基本事实、争议焦点、法律适用问题等方面具有相似性，且已经人民法院裁判生效的案件。"可见，类案不同于个案，更加关注待决案件与已决案件之间的对应，而不是个案与法律之间的对应。在类案检索制度建立后，案例也会逐步脱离对法条、理论的纯粹依附关系，逐渐具有独立性。相应地，法学高等教育中的案例教学也有必要关注这样一种现实，逐步强调案例本身独立存在的价值，建立一种"从案例到案例"的教学方式。

但是，目前的案例教学大多依然将之视为一种辅助性的教学方法，并未体现出其相对独立的地位。这样的一种现状，无法满足法律实践的需求，也制约着法学案例教学的进一步发展。由此，笔者认为有必要立足当前的实践需求，重新审视目前对法学案例教学的认识，并以此为基础重新建立相应的课程结构。

## 一、我国法律案例制度的新发展及对法学案例教学提出的新要求

### （一）法律案例制度的发展过程及类案制度的建立

法律案例制度是随着我国法治进程的不断深化而发展起来的。从 20 世纪 80 年代中期开始，最高人民法院开始在《最高人民法院公报》上发布典型案例，对我国的司法实践产生了重要影响。随着依法治国的深化，法律适用过程中积累的案件数量不断增长，案件质量不断提高，随之而来的是党中央和国家对案例的重视程度越来越高，制度也在不断完善。党的十八届四中全会颁布的《中共中央关于全面推进依法治国若干重大问题的决定》明确指出，要“加强和规范司法解释和案例指导，统一法律适用标准”。

在此基础上，2019 年 10 月，在《最高人民法院关于建立法律适用分歧解决机制的实施办法》中提到，要严格落实全面推进“类案和新类型案件强制检索”制度。2020 年 7 月 27 日，最高人民法院《关于统一法律适用加强类案检索的指导意见（试行）》明确指出：“本意见所称类案，是指与待决案件在基本事实、争议焦点、法律适用问题等方面具有相似性，且已经人民法院裁判生效的案件。”将类案检索作为辅助法官作出司法判断的裁判方法，并将制度的负责主体设置为“承办法官”。从中可知，案例本身在司法裁判中的作用越来越重要，而对于案例的分析，已经从个案的裁判指引，逐步发展到对类案的检索归纳，这一能力也成为法官的必备能力之一。①

### （二）类案制度下对法律工作者的能力要求

我国是一个成文法国家，从传统认识上看，法律运行的整体状态一般是从成文法到案例适用，法律工作者重视成文法的设立和应用，在个案的问题上，更加关注从法律条文到个案的对应。其中的疑难问题也主要是个案的疑难性。但从世界大的趋势来看，成文法和判例法一直在互相吸收对方的优势。其中判例法在发挥着越来越重要的作用。霍姆斯曾言：“法律

① 李梦雨：《类案检索制度对法官提出新要求》，载《人民法院报》2020 年 7 月 30 日，第 2 版。

的生命不在于逻辑，而在于经验。”我国虽然是成文法国家，但司法实践越来越重视案例的作用。我国的法律制度经过多年的发展，已经积累了大量的案例，案例一方面作为一种经验性的知识，能够提高整个法律共同体的业务水平；另一方面作为一种先例，也会在整个法律共同体内部塑造一种共同的意识，进而实现法律适用的统一。从这两点上讲，案例的地位是非常重要的。而随着案例数量的增加和质量的提高，在我国未来的法治进程中，案例的地位将更加重要。尤其是“类案检索”制度建立之后，已经开始呈现出一种从“个案”到“类案”的转向。这就要求法律工作者不仅要具备“从法律到案例”（“法律—案例”）的能力，还要具备“从案例到案例”（“案例—案例”）的能力。

### （三）新背景下对法学案例教学提出的新要求

法学教育的任务是基于国家司法现实需求，培养有法律信仰，有知识积累，有实践能力的人。现实需求是我们设置法学本科教育目标的基础，也是风向标。案例教学作为法学教学的一种方法，也必须最大程度地满足现实需求。从这个角度讲，案例分析教学除了要关注教学，还必须关注案例制度在我国法律实践中的存在意义与发展脉络，了解到案例对法律实务工作者具体工作的意义。在此基础上及时发展与调整案例分析教学的方法，如此才能真正贴合实践需求，也真正培养出合格的法律人才。而从2020年最高人民法院将“类案检索”作为一项制度来构建之后，最直接的影响就是要求法律工作者必须具备从类似案件中找到适用依据的技能。从这些转变上看，未来我国的法治建设对法律工作者的要求也在提高，从具备传统主流的“成法律—案例”的思维和能力，转变为更加全面的“法律—案例”+“案例—案例”的双重思维和能力，相应地，案例教学方式也必须有所发展，才能够适应新时代的需求。

## 二、对当前法学案例教学的反思

随着类案检索制度的建立，人们对案例的认识，也需要从之前的重视疑难案件分析到重视类案背后的规律，并擅长以类案指导法律适用。在这样一种“案例—案例”的情况下，案例制度已经逐步作为一种独立的法律制度存在，案例分析也逐步突破了对某一部门法的依赖，呈现出一种自主和自洽。那么，与之相配的法学案例教学也必须要具备更强的独立性。但是，反观目前的法学案例教学，还远远体现不出这一点。

以 M 校 F 学院开设的案例课程为例。该院对法学本科的培养课程分为专业必修、专业选修、专业实践教学三大部分，并细化为多个具体的模块。针对案例教学，首先是在专业选修课方向的“法律实务”模块中开设了刑事诉讼法案例研习、国际商事仲裁案例分析和国际民商事诉讼案例分析；其次是在本科专业实践教学环节中的“专业实践”模块，开设法律实务训练，主要是围绕案例开设民事法律诊所、刑事法律诊所、行政法律诊所、民事审判实务、刑事审判实务、行政审判实务、商事案例分析、模拟法庭等。当然，以上是专门的案例类课程，更多教师也习惯于在课堂上采用案例分析方法，加强课堂教学的生动性，提高学生理论联系实践的能力。这样的一种开设课程的方式，从表面上看似乎已经呈现出对案例教学的多角度、全方位覆盖。但深入思考，还存在一些问题。

### （一）纯粹依附于其他课堂

目前的案例教学整体上还不是一种相对独立的教学方法，在课堂上呈现出很强的依附性。本科法学教育由于要满足课程知识的普及，所以课堂的大部分时间要讲授基础的概念和理念，受制于课时，即使涉及案例教学，大多数也是点到为止。尤其是必修课，因为大多数是作为学生入门法学之后的基础课，就更多体现为理论教学，尤其是概念的建构和逻辑的推演。在这种情况下，大多数的案例教学都是配合其中的理论教学。其目标并不是更好地分析案例，而是强化知识本身的生动性，优化师生之间的互动效应，进而优化课堂的效果。但是，目前实践中案例的作用已经越来越重要，同案不同判已经成为关注的重点，作为教学的案例教学方法本身也应该越来越重要，这样一种纯粹的依附性教学，还不能完全满足司法实践需求。

### （二）案例课本身过分关注个案与疑难案件

案例教学想要确保相对的独立地位，最好的方法就是依托某一门具体的课程，开设专门的案例研习课或案例实践课。从目前的开课状况来看，的确有专门的案例研习课和实践课，但还采用传统的个案讨论，这样一种教学方式，往往重视疑难案例的分析和推理，或者以案例为基础展示制度的运行和程序的运行。它有效锻炼了学生的实践能力，强化了学生对案例的运用，但反映不了目前最新的司法形势需求。毕竟它过多关注于具体的个案，还无法满足司法机关关注点从个案到类案的转型。

同时，究竟将案例教学置于选修课中，还是实践教学中，也是需要继续讨论的问题。

### （三）无法回应类案制度下的需求

授人以鱼，不如授人以渔。但目前的案例研习大多还是为了满足理论知识的掌握，而不是实践能力的提高。除了课程本身关注个案分析或者类似案例分析，最终的考核也大多体现为具体案例的分析。学生虽然学会了分析案例，但并未有效掌握从案例中进行归纳总结和独立学习的能力。如何从众多案例中发现判决背后的经验性知识，如何在脱离案例课程后拥有独立的搜集案例、整合案例、分析案例的能力，还需要进一步思考。

总之，案例教学虽然是法学课堂上比较常用的方式，但还是为了满足某一个知识点的讲授，即便是有独立的案例教学科，也是依附于某一门具体的部门法，针对个案进行分析。这样的一种处理方式，满足了“法律—案例”的教学，但还满足不了“案例—案例”的教学。从这一点上看，传统的案例分析教学虽然满足了知识的传授，强化了课程效果，也让学生具备个案分析能力，但还是一种“法律—案例”或者“理论—案例”的教学思路，还谈不上对案例本身的重视，也难以从课堂的学习中获得对众多案例的整合分析能力。就这一点来讲，也许能够回应个案裁判的需要，但还无法有效回应学生可持续自发性学习和成长的需求，也无法适应国家层面的案例制度发展，更无法回应国家层面对相关人才的需求。

## 三、法学高等教育中案例教学方式的转型与课程设置

基于对实践的反思，我们需要重新认识法学高等教育中的案例分析方法，总体思路应当是在保留传统的基础上进行发展。毕竟，传统教学方式能够适应大部分实践的需求，师生也更加熟悉。但在此基础上，也要用发展的视角重新设置课程，去适应新时代新需求。本文认为，案例教学方式需要思维的转型，并在课程结构上加以完善。

### （一）案例教学方式的思维转型：从工具性到自主性

案例教学方式的思维转型，需要从将其视为一种纯粹的工具转变为强调其本身的自主性。从这个角度来讲，未来的案例教学可从以下三个层面展开。

第一个层面是最传统也是目前课堂上最熟悉的层面：依附于所有的法学课堂，作为某一种教学方法使用。该层面服务于所有的教学，目的就是强化课堂效果，确保学生更加准确地理解理论知识，可以在众多种类的课程中广泛采用。第二个层面是目前大多数开展的实践性教学的层面：依托某一门部门法，作为一门强化部门法实践性的课程使用。目的是强化学生对某一门部门法的实践能力，为以后的职业或深造奠定进一步的基础。第三个层面是亟须我们重视的层面：法学案例教学需要具有独立存在的地位。它的存在不再是为了解释某一个理论或概念，也不是为了强化某一门部门法的实用性，而是更加关注案例本身的价值，教学目标会强调如何搜集、归纳、分析案例。这个层面的要求是将案例应用方法本身作为独立的授课内容，围绕案例的应用开展教学设计。如果说传统的层面还是以案例为工具来强化对理论知识的理解。这一层面就是以案例本身为目标，采用一种“从案例到案例，从分析案例到使用案例，从个别案例到案例背后的普遍规律”的教学思路。不难发现，案例将会成为教学设计的重心与核心。

## （二）相关课程结构的调整和优化

目前大部分高校将案例教学方式作为一门课程，并在本科教育中形成了比较稳定且成体系的教学方式，但我们依然要重新根据其不同的功能，区分课程的不同类型进行进一步的调整和优化。本文认为，案例教学更贴近实践，更适宜作为专业实践课开设，如此一来，无论在课程内容安排和最终考核上，都更贴合其本身的特征。举例而言，如果采用选修课的课程设置方式，平时课程依然是以教师分析为主，最终考核大多是随堂考试或上交专题论文，体现不出对案例的分析，也无法考核学生的案例分析能力。专门的实践课则可以直接模拟实践，由学生作为案例分析的主体，期末课采用模拟案例对抗过程的考核方式，无疑更加符合案例教学的功能设定。

将案例分析本身作为授课内容，实际上已经脱离了传统法学，需要结合类案的背景，引入大数据分析。大数据分析是“互联网+”时代的典型分析技术，它的特点就是能够基于大规模的非结构化数据，运用计算机数据分析工具，实时完成大规模的数据分析，并能够对数据间的关联作出分析，帮助作出更加科学的决策。在大数据已经上升到国家战略高度的背景下，实务部门也越来越重视司法大数据的工作，从而为数据分析提供了原始的材料。司法大数据包括司法基本数据、审判流程数据、裁判文书数据、庭审活动数据、执行案件数据和诉讼服务信息。① 分析司法大数据就是对司法活动中形成的、对裁判结果具有关键性的要素和具有实质意义的数据进行获取、分析和解构，识别其中的关联变化和发展规律，进而产出实践逻辑。采用大数据分析方法，可以把大量的司法裁判案例作为基础数据，进行梳理分析，从而更好地分析已经发生的类案的原因、发展方向及类案之间的关联性，无疑能够满足类案裁判的相关需求。正如论者所言，可以使类案检索机制的运行更加便捷化、系统化和智能化。② 可见，"大数据+案例"的分析成为案例教学可以采用的技术手段。

如此一来，独立的案例分析课堂必须要融入大数据分析，具体体现为内容的融入，技术的掌握和思维的内化。首先，从内容的融入上看，需要引入司法大数据，可以对类案进行分析，在对案卷的关键要素进行自动抽取和跟踪的前提下，就可以对频繁出现的关键主题词进行定位，并进一步进行类案的相似度判断，从而发现实践中关键性的法律问题和争议焦点。其次，在数据处理技术上的掌握。未来的案例分析课堂将不只是内容的传播，更是向学生展示数据的收集、整理、分析、运用过程，教会学生甄别大数据的有效性和真实性，分析和判断数据之间的因果关系。大数据需要数学与计算机内容的交叉，通过熟练运用 SPSS、SAS 等统计分析软件，进一步深度挖掘隐藏在大数据中的内容。最后，在思维的内化上，需要让学生关注到法学与其他社会科学学科协作的可能性，使得未来的法学人才必须具备数据思维。目前计算社会科学已经兴起，它是基于特定社会需求，在特定的社会理论指导下，收集、整理和分析数据，以便进行社会解释、监控预测与规划的过程和活动。③ 在大数据的时代背景下，法学教育也必须要培养既懂技术又懂技术服务法学的未来法治人才，这种人才的首要特点，无疑是具备数据思维。

## 参 考 文 献

[1] 刘燕：《法学教学方法的问题与完善途径——以案例教学为例》，载《中国大学教学》2013 年第 7 期，第 62 页。

---

① 蒋惠岭：《司法大数据能为我们带来什么》，载《人民论坛》2017 年第 36 期，第 75 页。

② 北京市三中院课题组：《类案检索报告制作和运用机制研究》，载《法律适用》2020 年第 12 期，第 12 页。

③ 张小劲、孟天广：《论计算社会科学的缘起、发展与创新范式》，载《理论探索》2017 年第 6 期，第 37 页。

[2] 王泽鉴：《法学案例教学模式的探索与创新》，载《法学》2013年第4期，第41页。
[3] 高尚：《司法类案的判断标准及其运用》，载《法律科学》2020年第1期，第24页。

（作者单位：法学院、教务处）

# "体验式慈善"教学对大学生公益参与的影响研究

## ——以新冠肺炎疫情中的公益十讲课程为例①

马玉洁

公益教育对于培养全面发展的人具有非常重要的作用。近年来，越来越多的国内高校开设了公益教育课程。然而，在中国公益事业快速发展的同时，公众对于公益机构的了解仍然非常有限，甚至存在质疑，这些质疑常常阻碍着大众的公益参与。因此，高校如何通过有效的公益教育改变人们参与公益的态度和行为，是一项亟待研究的课题。

在公益教育的实践当中，"体验式慈善"教学法作为一种创新的服务学习（service learning）形式，使学生在资助公益机构的过程中，识别社会问题，学习解决社会问题的最佳策略。② 这类教学实践会为学生提供一笔小额资金，要求学生使用课堂上所学的专业知识关注社区需求或社会问题，并对相关公益组织进行调研、分析和参访，最终由学生将资金资助给一个或几个公益组织，因此这种教学方式又被称为"以捐赠促学习"(learning by giving)。③ 在这项教学实践中，参与的高校学生位于整个环节的中心位置，授课教师的任务是把学生的资助活动融入专业课程中，学生参与的目的是提升他们所学课程的专业能力；但与此同时，资助资金经由教师、学生流向公益组织，最终流向了需要解决的社会问题。由此，达到了学习效果与社会效益的双赢。国际上一些实证研究表明，从教学的角度看，"体验式慈善"教学实践结束后，超过80%的学生对课程感兴趣，对

---

① 本文是中央民族大学"国家级一流本科专业建设点"公共事业管理专业（专业代码：120401）建设成果。

② Li H, Xu C, & McDougle L, "Philanthropy Can Be Learned: A Qualitative Study of Student Experiences in Experiential Philanthropy Courses," *Philosophy & Education*, 2(2019): 29-52.

③ 马玉洁：《服务学习研究：以新冠疫情中的"体验式慈善"教学实践为例》，载《高等教育研究》2020年第9期，第93-102页。

自己应用所学知识的能力有信心；超过70%的学生认为他们的专业技能及包括沟通、表达和问题解决的通识技能得到提升。从公益的角度看，“体验式慈善”教学实践对学生公民意识、社会责任感有明显的促进作用，能够激发学生对公益慈善的兴趣，并且学生对于之后成为公益领域从业者的意愿也较高。[①] 因而，“体验式慈善”被认为是一种非常有效的公益教育模式。

然而，当前国内关于“体验式慈善”教学法的研究仍然非常少。因此，本文以中央民族大学2020年春季学期开设的本科生跨专业选修课公益十讲课程为例，分析“体验式慈善”教学法对大学生公益参与的影响机制，为有效开展大学生公益教育，培养大学生的公民参与意识和社会责任感提供有益参考。

## 一、教学案例

受新冠肺炎疫情的影响，2020年春季学期改为网络教学。这期间，公益十讲课程结合抗“疫”行动设计了“体验式捐赠”教学实践。教师为34位学生每人提供100元捐赠资金，要求学生在随后的第一周，确定此次疫情期间需要帮助的群体或解决的社会问题；第二周，选择一家慈善组织的公益项目进行一次性捐赠；第三周，根据自己发现的需求，提出一些切实可行的解决思路，设计服务方案，并跟进捐赠的落实情况；第四周，于活动结束时写下自己的心得和感受。在整个过程中，学生每周提交一篇相关的课程作业，并得到来自教师的及时反馈和专业指导。

本文通过结构式问卷对教学设计的有效性、学生参与和投入的程度及学生的公益认知水平、公益自我效能感、公益参与意愿等进行了调查。

在34位选课学生当中，有4位学生此前没有任何自主捐赠经历，“自主捐赠经历”是指除了学校、社区组织的捐款之外，自己主动进行捐赠的行为。在30位有过自主捐赠经历的学生当中，只有7位学生曾经向基金会、慈善会等社会组织进行过捐赠。在此次“体验式捐赠”教学活动中，学生尝试自己选择受益人群和捐赠对象。图1显示了学生在此次新冠肺炎疫情期间关注的社会群体的分布及捐款流向的机构类型。

---

① Olberding J C, “Does student philanthropy work? A study of long-term effects of the ‘Learning by Giving’ approach,” *Innovative Higher Education* 37, 2(2012): 71-87.

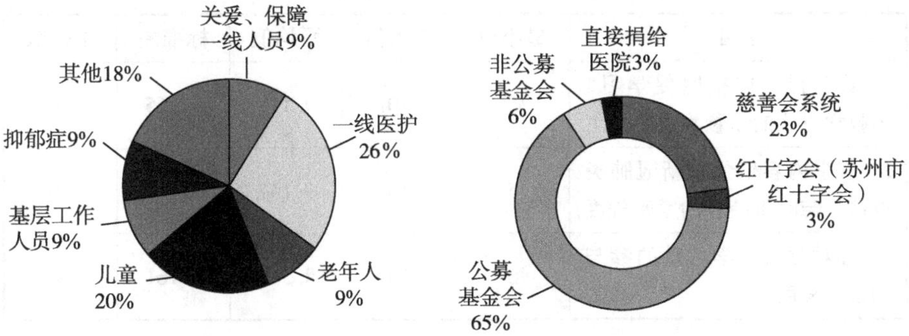


**图1　"体验式慈善"教学活动中学生的关注对象与捐赠流向**

从图1可以看出，大学生在此次疫情中关注的社会需求绝大多数是物资递送的基础需求，但关注的受助人群具有多样化的特点。例如，一线医护人员的新生宝宝、流动人群（因为探亲滞留湖北；患病痊愈后暂时无法返家本地又无亲友的外地人员）、基层社区工作人员、儿童、老年人等。有10%左右的学生关注社会服务需求，如对抑郁症患者的心理帮助。有2位学生分别关注新冠肺炎的康复者及研发疫苗的科研工作者。从善款流向上来看，71%的学生捐赠给了基金会，23%的学生捐赠给了各地慈善会。

## 二、数据分析与研究结果

### （一）课程参与程度与大学生公益认知水平的关系

此次"体验式捐赠"教学实践围绕举国关注的热点事件"新冠肺炎疫情"展开，为学生提供了参与抗"疫"行动的机会和努力目标。当时大学生正由于长期隔离在家，陷入孤独和焦虑的情绪，这种新颖的教学方式和与时事紧密结合的教学设计，使得学生参与捐赠的动机被高度激发。表1显示了该教学活动对学生的吸引力及学生在整个过程中的参与和投入程度。学生的高度参与和投入，对于在学习过程中主体性和创造性的发挥具有重要的作用。

表 1 有效的教学设计与学生的参与程度

| 题目 | 最小值 | 最大值 | 平均值 | 标准差 | 中位数 |
| --- | --- | --- | --- | --- | --- |
| 1. 你觉得“以捐赠促学习”的教学方式的新颖程度 | 5 | 10 | 9.118 | 1.365 | 10 |
| 2. 教学内容聚焦在新冠肺炎疫情，与时事结合的紧密程度 | 5 | 10 | 9.147 | 1.184 | 10 |
| 3. 你对此次教学活动的参与和投入程度 | 6 | 10 | 8.529 | 1.161 | 9 |

为了调查学生经过四周的实践和学习对公益领域基本知识的理解和应用达到什么程度，此次调查通过三个题目测量了学生对专业知识点的掌握，加权平均为 9.08 分；另外三个题目测量了学生的认知水平，加权平均分为 7.73 分。将每位学生在 6 题上的分数加总之后，平均分为五档进行统计。

图 2 显示，有 24 位学生分数非常高，在 49~60 分，占比 70.59%；有 8 位学生分数较高，在 37~48 分，占比 23.53%；分数最低的 2 位学生分别是 35 分和 36 分。这表明通过自身的捐赠体验和深度学习，学生已经具备了公益方面的专业认识。

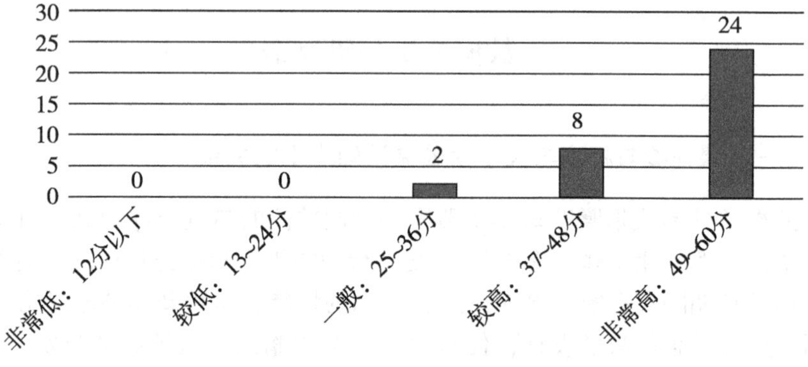


图 2 学生在公益方面的专业认识情况

通过进一步交叉分析发现，课程参与程度为 6 分的学生，其认知水平的平均分为 6.5 分；参与程度为 10 分的学生，其认知水平的平均分为 8.92 分。图 3 显示，学生的课程参与程度越高，其在认知方面的收获越大，整体呈上升趋势。

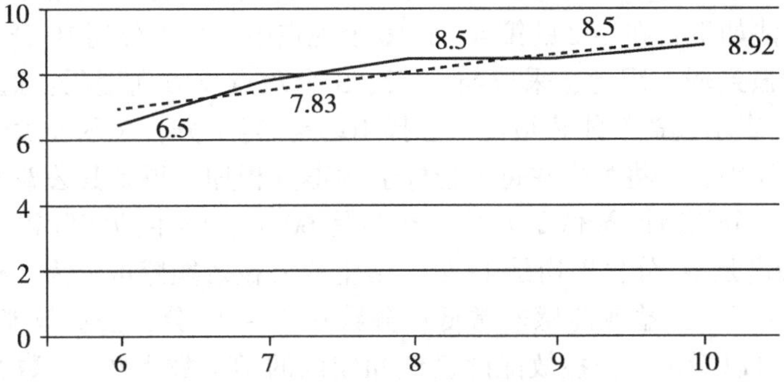


图3　课程参与程度与认知水平的关系

### (二) 学生对公益的认知水平与其公益效能感之间的关系

本文所称的"公益效能感",是指个体认为自己有能力通过捐赠行为参与到公益活动当中,并且对公益机构具有一定影响力的主观判断。为了测量学生参与公益的效能感水平,问卷设计了以下这组问题。对于题目1~3,"10分"表示该生参与公益的效能感最高,"1分"表示最低。对于题目4~6,"10分"表示该生参与公益的效能感最低,"1分"表示最高。

表2　学生的公益效能感

| 题目 | 最小值 | 最大值 | 平均值 | 标准差 | 中位数 |
|---|---|---|---|---|---|
| 1. 我能够理解公益机构的合法性、公开透明度、品牌项目知名度等信息 | 5 | 10 | 7.735 | 1.675 | 7.5 |
| 2. 我能够通过上述信息对公益机构和公益项目进行对比分析 | 4 | 10 | 7.706 | 1.679 | 8.0 |
| 3. 我觉得自己有能力参与公益 | 4 | 10 | 8.059 | 1.556 | 8.0 |
| 4. 像我这样的人对公益机构的运作没有任何影响力 | 1 | 10 | 3.824 | 2.769 | 3.0 |
| 5. 公益机构的工作人员并不关心像我这样的人是怎么想的 | 1 | 10 | 4.706 | 2.908 | 4.0 |
| 6. 公益太复杂,不是像我这样的人能够理解的 | 1 | 8 | 3.647 | 2.411 | 3.0 |

为了观察学生公益效能感的综合水平，我们将上述测量指标相加计算总分，方法如下：在表2的第4、5、6个观点中，由1分到10分表示公益效能感由强到弱。因此，采取与1、2、3个观点反方向编码：选择1分，得10分，表示公益效能感最高；选择10分，得1分，表示公益效能感最低。重新编码后，将学生在每个指标上的得分相加，得到其公益效能感的综合得分，分值范围最低是6分，最高是60分，学生的实际得分最低是32分，最高是60分，平均是44分。学生的公益效能感可分为5档，分数在12分以下，公益效能感非常低；分数在13~24分，公益效能感较低。从图4中可以看出，公益效能感极低和较低的学生数为0。分数在25~36分，公益效能感一般，这部分学生占23.53%；分数在37~48分，公益效能感较高，这部分学生占47.06%；分数在49~60分，公益效能感非常高，这部分学生占29.42%。也就是说，学生公益效能感非常高和较高的比例为76.48%。

对学生的公益认知水平与公益效能感进行交叉分析发现，学生的公益认知水平在25~36分的学生，公益效能感的平均分为6.25分；认知水平在37~48分的学生，公益效能感的平均分为6.56分；认知水平在49~60分的学生，公益效能感的平均分为7.76分。即学生在公益方面的专业知识收获越多，其公益效能感就越高，整体呈上升趋势。

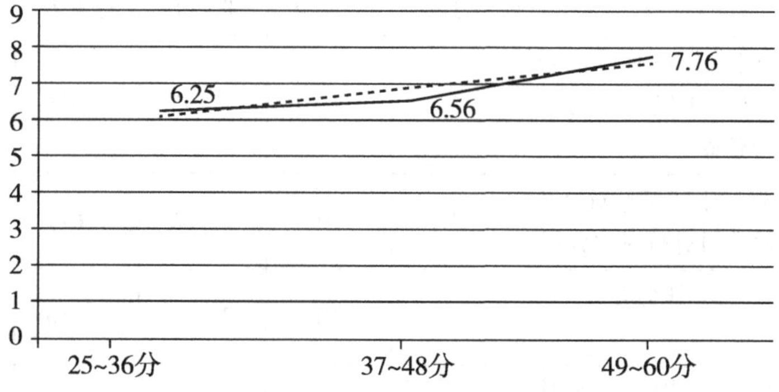


图4 学生的公益认知水平与效能感的关系

### （三）课程参与程度与大学生公益效能感的关系

通过交叉分析发现，课程参与程度为6分的学生，其公益效能感的平均分为6.5分；参与程度为10分的学生，其公益效能感的平均分为8.04分。图5显示，课程参与程度越高的同学，其公益效能感的水平也越高，整体呈上升趋势。

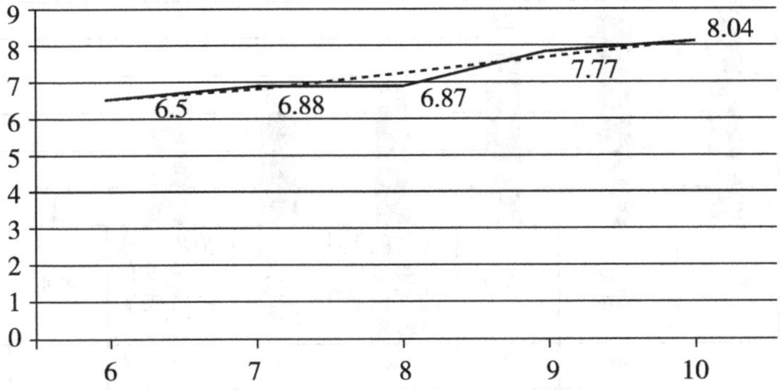


图 5　学生课程参与程度与公益效能感的关系

## （四）学生的公益效能感与未来公益参与意愿的关系

通过对学生关注媒体和身边公益事件的意愿进行调查发现，学生的公益效能感越高，其对媒体与身边公益活动的关注度也越高（图 6）。

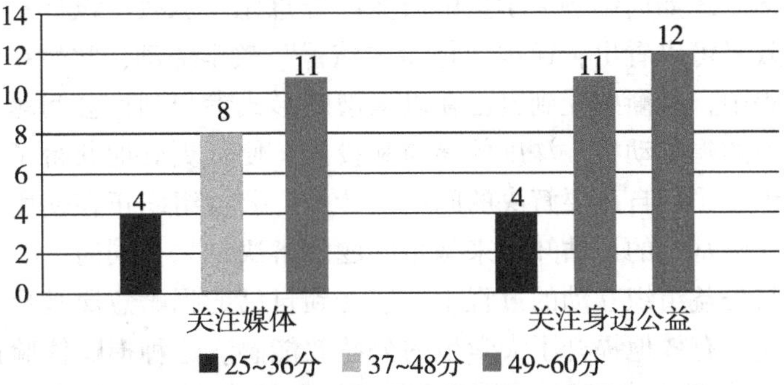


图 6　学生公益效能感与对关注媒体和身边公益的意愿

通过交叉分析发现，学生公益效能感在 24～36 分的学生，其未来公益参与意愿的平均分为 7. 7 分；公益效能感在 48～60 分的学生，其未来公益参与意愿的平均分为 8. 54 分。即越是认为自己有能力通过捐赠参与到公益活动当中，并对公益机构具有一定影响力的学生，其未来参与公益活动的意愿越强烈。此外，参与的方式也呈现出多样化的特点（图 7）。

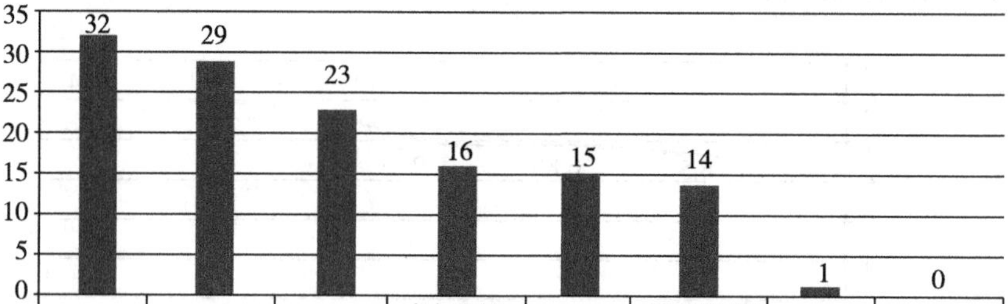


| | 捐钱 | 志愿活动 | 捐物 | 参与网上公益事件的评论或转发 | 人道主义捐献 | 捐步数等几乎没有经济成本的方式 | 其他 | 不会参与 |
|---|---|---|---|---|---|---|---|---|
| ■系列1 | 32 | 29 | 23 | 16 | 15 | 14 | 1 | 0 |

图 7　今后参与公益的方式

## 三、结　语

本文以新冠肺炎疫情期间开展的“体验式慈善”教学实践为例，探讨了这一教学方式如何影响大学生的公益参与意愿。从教学设计、实施与学生的学习效果可以看出，通过“体验式慈善”教学活动，学生在做出资助决策的过程中，逐渐感受到自己在以捐赠的形式参与到社会问题的解决之中。其强烈的捐赠动机、深度的参与和投入，使其更好地获得了公益领域的专业知识：明白自己要解决的问题是什么、公益组织正在使用怎样的方式解决及一些基本的评估知识来衡量问题的解决结果。同时，学生在通过捐赠行为与公益组织互动的过程中，感受到自己的捐赠意愿被尊重，相关建议被回应，有效地提升了大学生的公益效能感。这种捐赠体验使学生对参与公益活动更加感兴趣，并且坚定了他们认为自己可以改变社会的信念，进而促进了大学生的公益参与意愿。

值得注意的是，自发的捐赠体验未必能够提升大学生的公益参与意愿。“体验式慈善”教学活动中有效的教学设计至关重要。第一，选择恰当的捐赠主题，教师真诚和认真负责的态度有助于激发学生参与捐赠的强烈动机；第二，教师及时答疑和批改作业，对学生进行鼓励和认可的师生互动，能够促进学生认真对待并深度投入；第三，进阶式的学习目标和教师在专业方面的引导和支持，能够使学生在捐赠过程中通过自主学习增长获得知识的能力。由此可见，“体验式慈善”作为一种有效的教学方式，能够通过提高学生的公益效能感进而促进其未来的公益参与。

综上所述，在高校的公益教育课程中，"体验式慈善"教学有助于提升大学生的公益素养和社会责任感，对于引导其道德向善，积极关注国家和社会发展并参与其中，实现立德树人的教育目标具有积极的启发意义。

## 参考文献

[1] 李嘉、房俊东、陈明：《高校公益教育对大学生公益行为意向影响研究——基于计划行为理论的实证分析》，载《高教探索》2019年第4期，第124-128页。

[2] 马玉洁：《服务学习研究：以新冠疫情中的"体验式慈善"教学实践为例》，载《高等教育研究》2020年第9期，第93-102页。

[3] OLBERDING, J C. "Indirect giving" to nonprofit organizations: An emerging model of student philanthropy. Journal of public affairs education, 2009(15): 463-492.

[4] MCDONALD D, OLBERDING J C. Learning by giving: a quasi-experimental study of student philanthropy in criminal justice education. Journal of criminal justice education, 2012(3): 307-335.

[5] LI H, MCDOUGLE L, GUPTA A. Experiential philanthropy in China. Journal of public affairs education, 2019(3): 1-23.

（作者单位：管理学院）

# 民族院校管理学专业本科毕业论文（设计）工作平台构建研究

## ——以会计学专业为例①

刘璐琳　刘宇琦　秦阿杰

近年来，国家对高校人才培养质量高度重视。2018 年，教育部、财政部、国家发展改革委《关于高等学校加快“双一流”建设的指导意见》指出，高等学校加快“双一流”建设要形成高水平人才培养体系，突出质量水平，建立知识结构完备、方式方法先进的教学体系，充分利用现代信息技术实现优质教学资源开放共享，全面提升师生信息素养。2019 年教育部印发《关于深化本科教育教学改革全面提高人才培养质量的意见》，强调要严把考试和毕业出口关，科学合理制定本科毕业论文（设计）要求，严格全过程管理，严肃处理各类学术不端行为，完善提高人才培养质量的保障机制。2020 年，教育部吴岩司长在教育部新文科会议上指出，要构建以育人育才为中心的哲学社会科学发展新格局。其中，如何建设新文科，如何培养符合时代需要的时代新人成为摆在我们面前的迫切任务。

现今，毕业论文（设计）作为本科生涯的最后一个重要环节在机制方面还存在较多问题。因此，各大高校也在努力探索培养高质量人才之路。在此种情况下，研究本科毕业论文平台的构建有助于解决本科毕业论文教学中的各种困难，具体包括：师生时间和空间上的不协调性、学生论文写作能力较弱等，从而实现学生和指导教师及教学管理部门之间的即时指导，提高本科毕业论文流程的规范性，提升毕业论文的整体质量。

高水平的写作能力是提高个人核心竞争力的一个有力表现。近年来，高校的不断扩招和报考人数的不断增加都为毕业论文指导教师增加了负担。此外，许多高校在会计学的培养中都比较注重实操能力的培养，忽视

---

① 本文是 2019 年度中央民族大学“一流本科课程”建设项目“会计学”（项目编号：KC2023）的阶段性研究成果。

理论与写作能力。而这部分能力的缺失对于今后的工作和学习都会有较大阻碍。因此，构建会计学毕业论文设计平台不仅能够对当下许多热门专业起到引导作用，同时也能提高会计学人才今后的工作和学习的竞争能力。

## 一、民族院校会计学专业本科毕业论文（设计）现状

为了对该问题进行研究，我们团队在预调研的基础上，合理设计了问卷并通过问卷星进行发放。首先于 2020 年 2 月 20 日通过问卷星，向中央民族大学和西南民族大学会计学专业毕业生在线发放问卷 80 份，问卷主要涉及两方面的内容：一是本科毕业论文（设计）自身发展的现状与存在的主要问题；二是学生对于构建本科毕业论文（设计）工作平台的看法。经过总结和分析，传统的本科毕业论文（设计）教学方式存在一定问题，通过分析这些问题有助于平台设计过程中把握关键因素，有效解决当下困难，从而更符合用户需求。

### （一）当前会计学专业本科毕业论文（设计）中的最大困难

由表 1 可知，有 68.75%的学生选择了“专业知识欠缺”作为毕业论文（设计）过程中遇到的最大困难，而学生在毕业时面临的升学和就业压力，会大大压缩学生在毕业论文（设计）上的时间。此外，有 60%的学生选择了“参考资料不足”，在其他原因中有两位学生分别填写了“教学质量低下”和“掌握搜索资料的渠道不多”，暴露出高校日常教学中对于论文写作指导方面不足的问题。

**表 1　毕业论文（设计）过程中遇到的最大困难**

| 选项 | 百分比 |
| --- | --- |
| 专业知识欠缺 | 68.75% |
| 参考资料不足 | 60.00% |
| 就业、考研等造成的时间不足 | 35.00% |
| 与指导教师交流的欠缺 | 31.25% |
| 其他原因：教学质量低下、掌握搜索资料的渠道不多 | 3.75% |

### （二）指导教师研究方向与学生兴趣不匹配

由图 1 可知，有 63.75%的学生论文题目来源是与指导教师共同商讨

确定的。从图 2 中可以看出，对指导教师的研究方向感兴趣正成为学生选择指导教师的关键因素。但也有 5 位同学在“其他原因”中填写了“学校分配”，暴露出部分学校不考虑学生的兴趣和教师的研究方向而进行分配，从而加大了学生论文（设计）和教师指导过程中的困难，造成学生研究兴趣与教师研究方向不匹配的现象，也在一定程度上影响了毕业论文（设计）的质量。

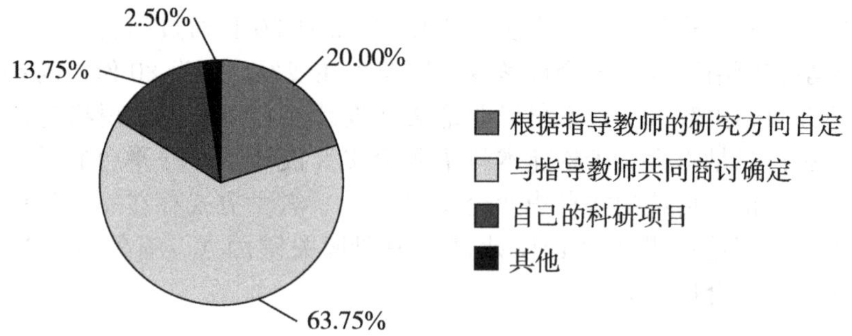


**图 1　论文题目来源**

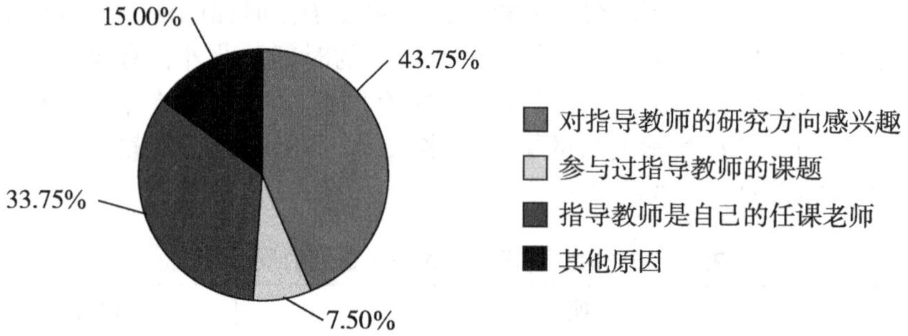


**图 2　选择指导教师的原因**

### （三）对毕业论文重视程度不够

从图 3 中可看到，42.5%的学生花费了一两个月完成毕业论文（设计），有 21.25%的学生花费 2~3 周完成毕业论文（设计），反映出许多学生对于毕业论文的重视程度比较欠缺。对毕业论文（设计）的不重视不仅体现在学生中，也体现在学校内，有的学校对于毕业论文并没有一个完善的管理机制，大多流于形式，很难保证质量。此外，在传统的毕业论文（设计）教学管理机制中，基本采用纸质存档，不利于保存和记入网络数据库中。

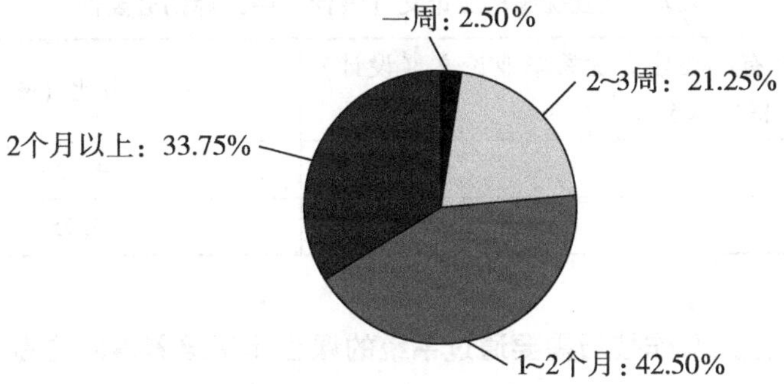


图3 毕业论文（设计）用时

## （四）毕业生对于构建本科毕业论文（设计）工作平台的态度积极

由表2、表3、表4可知，本科毕业论文（设计）工作平台的构建受到了大家广泛的关注与欢迎。很大一部分学生都对构建本科毕业论文（设计）工作平台表现出了强烈的赞许。其中，对于建立优秀毕业论文数据库的呼声最高，占比96.25%。表明大家对于优秀毕业论文（设计）的主动探求。但是，目前国内建立本科优秀毕业论文（设计）数据库并能够提供校内检索服务的平台数量不多。

表2 上传和下载毕业论文资料的必要性

| 你认为在学校网站上设置一个平台用于上传和下载毕业论文的相关资料是否有必要？ | 百分比（%） |
|---|---|
| 是 | 93.75 |
| 否 | 6.25 |

表3 为教师和学生组建交流平台的必要性

| 你认为是否有必要为教师和学生组建一个统一交流的平台，并进行及时的信息反馈？ | 百分比（%） |
|---|---|
| 是 | 82.50 |
| 否 | 17.50 |

**表 4　建立优秀毕业论文（设计）数据库的必要性**

| 你认为是否有必要建立优秀毕业论文（设计）数据库系统供大家查阅？ | 百分比（%） |
| --- | --- |
| 是 | 96.25 |
| 否 | 3.75 |

### （五）论文写作技巧需要通过系统的课程体系培养得以提高

在论文写作、专业知识等方面的教学不足是许多学校的通病。许多课程的考核方式仍然采用卷面考试，本科阶段也较少开设论文写作课程，学生的文献检索能力和论文写作能力缺少系统锻炼。叶敏等（2020）提出了毕设、学风、到课率三位一体的培养体系，围绕提升本科毕业设计质量、加强学风建设和提高大四到课率这一核心，通过质量监控，利用各类评价方式及时反馈评价信息，督促教师和教学管理人员反思并有针对性的改进，有效地提高了广大师生的教学质量意识。

## 二、本科毕业论文（设计）工作平台的优势

当前，许多学校仍然采用传统的毕业论文（设计）教学模式，在当前不断扩招的大学中，逐渐暴露出许多弊端。传统毕业论文指导基本是学生和老师点对点的沟通来确定题目，到最终完成毕业论文（设计）的整个过程都需要指导教师的参与，甚至要求教师和学生投入大量精力。而电子版论文仍需通过微信或电子邮件等方式进行传送，容易发生文件过期和查收不便等问题，学生的论文（设计）完成进度难以控制和全面掌握。

随着校园信息化的高速发展，网络逐渐成为许多学生学习、教师教学的平台，在这种情况下，毕业论文（设计）工作平台的构建也逐渐成为一种必然的趋势，它能够很大程度上缓解指导教师和学生的压力，从而有效地提高毕业论文（设计）的管理水平和写作水平，为指导教师和学生带来便利。经过总结，构建本科毕业论文（设计）工作平台有以下优势。

### （一）强大的交互性

程思嘉（2017）在《基于 QQ 软件平台的会计学本科毕业论文指导改革实践》中指出，毕业论文（设计）工作平台所具有的强大交互性，为其

在毕业论文指导中的应用提供了空间与可能，将毕业论文的选题、撰写和答辩的全过程集合在一起，能够解决临近毕业时期学生分散在各地实习的问题，更好地解决了指导教师和学生的时间与空间无法协调的问题。在平台中，指导教师和管理员可以上传毕业论文统一的要求，供学生查阅，并统一回复学生在毕业论文（设计）中出现的问题。平台的论坛功能也为学生提供了从“一对多”到“多对多”的指导，学生可以在论坛上共同探讨毕业论文写作（设计）中出现的问题和交流经验，不仅使得毕业论文（设计）的效率大幅度提升，也有效地减轻了指导教师的压力。

### （二）优秀毕业论文（设计）的共享

优秀本科毕业论文或毕业设计具有选题新颖，理论性、系统性较强，阐述详细等特点，对问题的解析比较详细和全面，能够很大程度反映学科专业，特别是行业的最新发展和前沿动态，具有较高的学术价值和应用价值。学校和专业教师可根据本科毕业设计或毕业论文的具体完成情况，改善和规划今后的本科教学和科学研究等活动。将本校历年优秀毕业论文、毕业设计建立数据库，然后通过本科毕业论文（设计）工作平台与该数据库链接，从而可以提供往届学生的优秀毕业论文、毕业设计供学生学习与参考，吸收和借鉴优秀毕业论文（设计）的优点，为学生提供更多灵感，同时优秀毕业论文的公示也会对教师和学生产生正向引导作用。

### （三）丰富的民族特色课题研究

民族院校往往拥有大量的民族特色的课题研究，作为民族院校，在构建本科毕业论文（设计）工作平台时，可以为学生列示一些民族学与会计学交叉的课题研究，从而给大家更多关于毕业论文和毕业设计的思考，并且许多教师也具有丰富的民族地区经济管理方面的课题研究经验，可以给学生更好的指导，同时也可以更好地展现民族院校的特色。

## 三、民族院校会计学专业本科毕业论文（设计）工作平台功能设计建议

### （一）选题阶段

在选题阶段，通过平台实现指导教师和学生的双选制，学生登录平台中可以查看会计学各个指导教师的研究方向、科研成果等信息，同时平台

可向指导教师征集论文题目并经过审核后发布在平台上，学生可查看每位教师的论文（设计）参考题目并填报志愿，最多可填报三个，每一位教师可指导的学生人数选满之后顺延到下一志愿，每位导师同样可以查看到学生的实践内容、学习成绩和平时的论文执行情况等，从而实现更完美的匹配。此外，平台可以列示一些能够反映会计学结合民族特色的选题供参考，诸如民族地区的会计学发展、民族高校金融会计教学探究等方向。平台通过与往届优秀本科毕业论文（设计）数据库链接，可以为学生的选题带来更多参考价值，归纳、总结前辈的理论和方法，避免重复选题和低水平选题。

此外，对于少数没有选到导师的学生和指导学生数量未达到上限的教师，可以通过进行第二次双选或者行政干预的方式进行调剂。① 学生基于此功能在规定时间内选择指导教师和确定题目。

### （二）撰写阶段

在毕业论文撰写阶段，许多学生存在拖延情况、无法及时上交保质保量的论文等问题，而部分指导教师也存在着不能按时反馈修改意见、程序化评语严重等问题，论文写作格式的不规范也给指导教师带来了大量重复性工作。因此，在论文撰写初期，平台管理员可将论文写作标准、流程和要求等文件统一上传至平台，保证论文格式的规范化，解决了论文格式千变万化的问题，减少不断修改论文格式等重复性的工作。通过平台，实现对学生的论文（设计）全过程的监督，学院及教务处对其进行进度统计，对于没有按时完成任务的同学，学院给予批评。通过平台也可以实现对指导教师辅导全过程的监督，学院和教务处通过平台监督指导教师是否准时、保质地进行评阅。

此外，由于每个小组中不同学生的论文写作能力、学习能力、领悟能力等方面各不相同，指导教师对于小组中的学生可以进行差异化指导。教师可以提前辅导能力较强的同学，在小组中形成优秀学生的带头氛围，并可以对其他同学的问题进行指导，促进整个小组完成毕业论文的高效率、高质量，也可以在一定程度上缓解指导教师的压力。

最后，在论文（设计）过程中适当地采用多对多的指导模式代替“一对多”的模式，学生和指导教师可以通过平台进行交流。在论坛模块中，

---

① 景熠：《本科毕业论文全过程跟踪管理网络平台设计》，载《科学咨询》2015 年第 9 期，第 32-33 页。

学生和教师可以查看自己收到的所有信息，并可以在平台中回复他人，学生还可以在平台中进行分享，相互交流写作中的经验和问题，提高学生的自主思考能力和论文修改效率，方便师生之间交流。

### （三）答辩阶段

在学校层面启用学术不端检测系统，强化论文质量及抽查力度，根据抽查结果，来决定学生是否可答辩。传统的论文答辩大多是指导教师和评审专家进行评分，缺少学生对于指导教师的评分环节。因此，应设计论文指导质量调查问卷，只有学生填写完该问卷，才能查询自己的论文成绩。

学生将最终论文上传至平台数据库中存档，改变了以往纸质论文存档不易保存的弊端，学校后续通过学生对于平台和指导教师的评价与反馈，做出相应的改进。一方面，教师可以通过反馈了解自己的不足，进行相应的调整；另一方面，统计学科、学院、学校各层次范围内在指导质量方面存在的突出问题，为不断改进论文指导工作提供参考依据。

学校、学院应指定相关的毕业论文奖惩制度，对于优秀毕业论文（设计）的学生和指导教师进行奖励，还可以将其与教师的考核、晋升等相联系，从而更好地调动教师在指导学生毕业论文（设计）的积极性。

## 四、结　语

在本科毕业论文（设计）质量管理过程中，有必要借助网络媒体探寻一套由多元主体构成的、融质量监控与机制保障为一体的创新型管理体系。[①] 利用高校信息化的不断发展去构建本科毕业论文（设计）工作平台，更好地解决本科毕业论文（设计）中的许多困难。本科毕业论文（设计）工作平台的构建将网络交流与面对面交流相结合，能够更好地协调学生和教师的时间和空间，同时有助于营造浓厚的科研氛围，积极推动开放式教学。

---

① 王凤花、陈浩、汪晓华：《基于网络平台的本科毕业论文质量管理体系的构建》，载《高教论坛》2011 年第 7 期，第 99-102 页。

## 参 考 文 献

[1] 刘波粒、刘泽军:《浅析本科生毕业设计(论文)质量滑坡的原因及其对策》,载《中国高教研究》2007 年第 7 期,第 89-90 页。

[2] 覃征、单来祥、杜晓敏:《依托国家重大项目平台指导本科生毕业设计》,载《中国大学教学》2013 年第 12 期,第 74-76 页。

[3] 王德朋:《本科毕业论文的功能应重新定位》,载《中国大学教学》2017 年第 5 期,第 49-52 页。

[4] 王凤花、陈浩、汪晓华:《基于网络平台的本科毕业论文质量管理体系的构建》,载《高教论坛》2011 年第 7 期,第 99-102 页。

[5] 张笑、区灶芳:《财务管理专业本科毕业论文质量管理探讨——以 LG 学院为例》,载《对外经贸》2020 年第 3 期,第 133-135 页。

[6] 李静梅、刘杰、张国印等:《衡量高校本科毕业论文(设计)质量标准的研究》,载《高教学刊》2016 年第 7 期,第 106-107 页。

[7] 马忠、屈波、张金鑫:《基于提高自主学习能力的本科生毕业论文训练体系》,载《清华大学教育研究》2008 年第 1 期,第 113-118 页。

[8] 叶敏、顾海荣、徐信芯:《毕设、学风、到课率三位一体教学质量保证体系研究》,载《高教学刊》2020 年第 30 期,第 19-22 页。

[9] 郭闯、贺宽军:《民族院校本科毕业论文教学现状与应对策略》,载《现代交际》2019 年第 17 期,第 207-208 页。

[10] 裘慧奇:《本科毕业论文管理与服务系统设计与实现》,载《软件》2018 年第 9 期,第 54-58 页。

[11] 朱芷艺、杨晨:《大学生毕业论文管理平台设计》,载《电脑编程技巧与维护》2019 年第 1 期,第 77-79 页。

[12] 程思嘉:《基于 QQ 软件平台的会计学本科毕业论文指导改革实践》,载《梧州学院学报》2017 年第 6 期,第 74-77 页。

[13] 景熠:《本科毕业论文全过程跟踪管理网络平台设计》,载《科学咨询》2015 年第 9 期,第 32-33 页。

[14] 赵华美:《"老少边"地区高校优秀本科毕业论文数据共享平台建设思考——以百色学院图书馆为例》,载《贵图学苑》2018 年第 3 期,第 54-55 页。

[15] 朱银芳:《网络平台下本科毕业论文的教学改革研究》,载《宜春学院学报》2013 年第 4 期,第 152-154 页。

(作者单位:管理学院)

# 民族院校本科生普通话水平测试培训模式新探索

## ——以中央民族大学为例①

李帮琼

国家普通话水平测试是测查应试人运用普通话规范程度和熟练程度的考试，以口头测试的形式进行，经历了人工测试和计算机辅助测试（机测）两个阶段。我国具有丰富的语言文化资源，汉语方言和各民族语言的复杂性和特殊性在一定程度上凸显了规范普通话使用的难度。2001 年开始实施的《中华人民共和国国家通用语言文字法》规定，以普通话作为工作语言的相关从业人员，如播音员、节目主持人、影视话剧演员、教师、国家机关工作人员等必须使用普通话且须分别达到国家规定的普通话等级标准，同时首次从法律上将普通话水平测试的培训列入专项语言文字工作范围。自此，普通话水平测试、培训迅速发展。

关于普通话水平测试、培训的研究，主要集中在作用、教材和内容、培训模式、机测的影响等方面。

在培训与测试的关系上，范瑶辉（2002）、汪应乐（2003）等认为，测前培训是提高测试质量的关键环节；言岚（2004）、裴锦花（2015）等指出，当前普通话培训模式存在培训目标模糊、师资力量缺乏、重实践轻理论、培训模式单一、培训内容陈旧等问题，故而需要对此进行改进和完善。在培训教材和内容方面，吴慧（2007）、王晖（2009）等认为，当前的培训教材过于简略。有些学者对培训内容进行了讨论，罗家佑（1998）较早关注到培训内容应根据对象特点有所不同。于洪涛、田宗会、孟晨（2006）指出，普通话水平培训的对象、培训的内容有其自身的特点，应根据不同学习者的特点，依据培训内容的学习结果分类，采用不同的培训方法。此外，语感教学

① 本文是 2018—2020 年度中央民族大学校级教学改革立项项目“民族院校普通话水平测试培训模式新探索——以中央民族大学为例”的阶段性成果。

的重要性、语感训练策略等也受到一定关注，如岳辉（2001）、全玉莉（2009）等，教学、培训模式上，“分层教学”是比较受关注的一种。朱慧（1999）最早提出该模式。此后，王玲玲（2002）、汪应乐（2005）等也提倡这一模式。于祝年（2006）根据培训本身的特殊性及对象的特点等因素倡导“自主学习”；吴慧（2007）则提出“支架式教学”。21 世纪后，多媒体与信息化技术对普通话水平测试培训研究产生了影响。首先是信息化对测试培训的影响及其运用，如贾晓玲（2010）、何振生（2011）；其次是信息化引入对测试培训模式的冲击与促进，如王玲玲（2002）、赵德韵（2010）等；此外，还有一些成果关注机测背景下普通话培训的应对和改进措施及新的培训系统，如陶晓燕（2010）、李春喜（2010）等。

上述成果的研究对象多为普通高校学生，而专注于民族院校本科生普通话水平测试培训的研究成果很少。民族院校作为语言文化最丰富的机构，学生在普通话运用、测试方面存在更多的问题，因此对其研究具有特殊的意义。本文基于中央民族大学 2011—2019 年本科生普通话水平测试数据，归纳总结了历年工作实践中本科生普通话水平测试及培训工作等方面的特点，展开相应测试培训模式的探讨，以期对加强民族院校本科生普通话水平测试培训提供参考。

## 一、基本情况

### （一）中央民族大学语言文字测试分中心简介

中央民族大学语言文字测试分中心（以下简称“民大分中心”）于 2010 年 10 月成立，承担了学校推广普通话工作及面向全校师生组织实施普通话水平培训、测试工作。学校高度重视普通话水平测试工作，于 2011 年和 2012 年先后建设完成两间普通话水平测试专用机房，可同时容纳 19 位学生单间单机测试。2011—2019 年，民大分中心先后进行了 43 次国家普通话水平测试，共有 15959 人次参加。在民大分中心参加测试者的显著特点是：民族成分多，母语为非汉语的多；地域分布广，中西部学生多。

### （二）参加测试的本科生的特点

1. 民族分布情况

从民族分布情况来看，56 个民族的学生均有参与普通话水平测试，参与人数从多到少，依次为汉族、藏族、回族、蒙古族、土家族、维吾尔族、朝鲜族、满族、壮族、哈萨克族、彝族、苗族等。

2. 地域分布情况

从地域分布情况看，本科生参加普通话水平测试人数由多至少，依次为西南、西北、华北、东北、华东、华中、华南。具体见表1。

**表1 2011—2019年参与普通话水平测试的本科生地域分布情况**

| 地 域 | 人数（人） | 百分比（%） |
|---|---|---|
| 西南（重庆、四川、贵州、云南、西藏） | 3546 | 22.22 |
| 西北（陕西、甘肃、宁夏、新疆、青海） | 3253 | 20.38 |
| 华北（北京、天津、河北、山西、内蒙古） | 2463 | 15.43 |
| 东北（黑龙江、吉林、辽宁） | 2021 | 12.66 |
| 华东（上海、山东、江苏、安徽、江西、浙江、福建、台湾） | 1786 | 11.19 |
| 华中（湖北、湖南、河南） | 1637 | 10.26 |
| 华南（广东、广西、海南、香港、澳门） | 1253 | 7.85 |

参加测试的本科生分属不同民族、来自不同省份，操着不同的民族语和汉语方言，既受各民族地区语言文字相关政策差异如双语教育政策、民族语教育政策等的影响，又受到语言环境、民族母语及观念因素的影响，其普通话水平参差不齐。如果沿袭和遵循普通院校传统的培训模式，难以兼顾和提高所有参考的本科生的普通话水平，因此应针对具体情况，突破传统模式，因材施教，及时修订测试培训计划，分层教学、分类指导，探讨适合多民族、多区域的本科生普通话水平测试培训新模式。

## 二、民大分中心的培训模式

多年来，民大分中心不断总结经验，从报名宣传、测试及后期管理，已形成一整套科学规范的工作流程，如推广普通话工作宣传（含测试报名）、测试场地安排、培训教师安排、发放培训资料等每一个环节都有条不紊地进行，为推广普通话工作提供了有效的机制保障。基于普通话培训师资短缺、培训任务繁重、测试对象普通话水平不一且需求多样化等特点，民大分中心在工作实践中，结合考生的具体情况，及时调整工作方案，主要从考前宣传、测前培训、师资队伍建设三个方面采取措施，完善我校本科生的普通话水平培训和测试模式。

### （一）考前宣传

1. 引导学生认识到提高普通话表达能力，对提高综合素质及就业竞争力的重要性

首先，将《中华人民共和国国家通用语言文字法》的相关内容，如播音员、节目主持人、影视话剧演员、教师、国家机关工作者等必须使用普通话并达到相应的普通话等级标准等普及学生个人，让他们了解到普通话水平可影响到自身的发展及今后的就业竞争力。其次，激发学生的学习兴趣和学习动机，如爱因斯坦所说："兴趣是最好的老师。"学生对学习产生兴趣，在学习过程中才能发挥积极性和主动性。此外，还应让学生意识到普通话表达能力的提高，有利于学生语言文化素养的提升，具有重要的教育意义和文化意义，普通话的表达、理解和运用能力与专业课程的学习效果也有着直接的关系，进而让学生意识到获得相应的普通话水平等级是重要且必要的。

2. 加大普通话水平免费测试的宣传力度，让更多的学生了解政策并受益

根据北京市语言文字工作委员会《关于免费对高校学生进行普通话水平测试的通知》，自 2011 年 7 月 1 日开始，面向北京市所有高校学生提供一次免费测试的机会，政策刚推行时，学生关注度不高，为让更多的学生了解普通话水平测试的优惠政策，民大分中心工作人员通过校园网、校园广播站、校报、与学院积极沟通等方式，让学生多渠道了解并关注相关信息。参与测试人数从 2011 年的 600 余人稳步增长至 2019 年的 2000 余人。

### （二）测前培训

测前培训直接决定本科生的获证情况，一直是民大分中心的关注点，经过多年探索和改进，目前已建立了一套科学规范的培训工作流程和培训体系。在培训模式上，民大分中心采取了线上线下相结合的方式，创新培训形式。

1. 线下集体培训

民大分中心自设立以来，共组织 21 次考前培训，培训方式最初采用由一位具有测试员资格的语言学教师讲授的模式，调整后采用"主讲教师+辅导教师"相结合的模式。

主讲教师由具有国家测试员资格并了解少数民族学生特点的教师担

任，其拥有扎实的专业知识和实践经验，熟悉我校学生的普通话水平现状及国家普通话水平测试的评分规则，在培训中能有针对性地指导学生复习备考，主要负责讲授与普通话语音相关的专业知识、普通话发音技巧，使考生在考试中更能从容应对、准确答题。

辅导教师由考点长期负责普通话水平测试考务工作的教师担任，其熟悉普通话水平测试的相关政策，并了解我校学生在备考及实测中的常见问题，在培训中给学生针对性的意见和建议，主要负责讲解考试流程、题型及注意事项。

2. 线上模拟测试

民大分中心设立之初，由于部分学生不了解测试流程就直接上机考试，导致测试成绩较低。为了让学生能在真实的测试环境进行模拟学习，民大分中心于 2016 年搭建模拟测试和学习平台，建立“普通话模拟测试与学习系统”，开始在部分年级推行线上模拟测试与学习，积极引导学生充分运用现代科技手段提升普通话水平。在考前定期开放普通话专用测试机房，安排专人值班，督促学生利用“普通话模拟测试与学习系统”平台进行自主学习和测试，指导学生掌握及了解设备使用、测试流程、备考技巧、发音缺陷等。

通过培训和辅导，参加测试学生的普通话水平得到明显提高，90.81%以上的考生取得了二级以上等级证书。学生普通话表达能力的提高，不但增强了学生就业竞争力，还成为推广普通话工作的名片，起到很好的辐射推广作用。

### （三）师资队伍建设

民大分中心还注重师资队伍的建设，自成立以来，建立了一支稳定的工作研究团队。其中，国家级测试员 1 名，省部级测试员 2 名，培训教师 3 名，兼职人员 4 名。在开展普通话水平测试工作的同时，民大分中心还重视研究工作，加强面向少数民族师生和民族地区的普通话推广研究，为推广普通话脱贫创新工作提供新思路。

## 三、新模式下本科生参测及获证情况

### （一）本科生参考情况

2011 年至 2019 年，我校共组织 43 次机试，本科生参考人数共计

15959 人次。从参测人数看，我校本科生参与普通话水平测试人数从 2011 年至 2014 年逐年增加，2016 年至 2019 年参测人数稳定在 2000 人以上，约占整个年级的 80%左右。具体人数见表 2。

**表 2　2011—2019 年本科生参加测试情况**

| 年份 | 2011 | 2012 | 2013 | 2014 | 2015 | 2016 | 2017 | 2018 | 2019 | 总计 |
|---|---|---|---|---|---|---|---|---|---|---|
| 参测人数 | 648 | 1216 | 1581 | 1891 | 1438 | 2285 | 2227 | 2426 | 2247 | 15959 |
| 对应年级参与百分比（%） | 22. 82 | 42. 82 | 55. 67 | 66. 58 | 50. 63 | 80. 46 | 78. 42 | 85. 42 | 79. 12 | - |

## （二）本科生获证情况

2011—2019 年，本科生 99%以上的学生都可以拿到证书，且二级及以上等级的比率平均在 91%左右。本科生不同等级获证分布为：二级甲等>二级乙等>一级乙等>三级甲等>三级乙等，需要注意的是，2019 年，一级乙等的获证率明显高于二级乙等，说明本科生普通话水平得到明显的提升。由表 3 可知，本科生获证率不断增加，尤其是在 2016 年实行测前线上自主学习和模拟测试后，一级乙等的获证率呈明显的增势。

**表 3　2011—2019 年本科生获证情况**（单位：%）

| 等级 | 年份 | | | | | | | | |
|---|---|---|---|---|---|---|---|---|---|
| | 2011 | 2012 | 2013 | 2014 | 2015 | 2016 | 2017 | 2018 | 2019 |
| 一级乙等 | 12. 19 | 10. 69 | 17. 46 | 16. 29 | 9. 67 | 11. 47 | 14. 68 | 19. 79 | 24. 39 |
| 二级甲等 | 47. 22 | 49. 75 | 48. 51 | 50. 77 | 52. 85 | 52. 12 | 50. 56 | 52. 56 | 46. 19 |
| 二甲及以上 | 59. 41 | 60. 44 | 65. 97 | 67. 06 | 62. 52 | 63. 59 | 65. 24 | 72. 35 | 70. 58 |
| 二级乙等 | 34. 10 | 31. 91 | 27. 39 | 23. 69 | 28. 37 | 24. 68 | 22. 41 | 20. 82 | 21. 05 |
| 二级及以上 | 93. 51 | 92. 35 | 93. 36 | 90. 75 | 90. 89 | 88. 27 | 87. 65 | 93. 17 | 91. 63 |
| 三级甲等 | 6. 33 | 6. 74 | 6. 33 | 8. 09 | 8. 48 | 10. 81 | 11. 50 | 6. 55 | 7. 88 |
| 三级乙等 | 0. 00 | 0. 25 | 0. 13 | 0. 90 | 0. 35 | 0. 61 | 0. 58 | 0. 16 | 0. 31 |
| 不入级 | 0. 15 | 0. 66 | 0. 19 | 0. 26 | 0. 28 | 0. 31 | 0. 27 | 0. 12 | 0. 18 |

综上，民大分中心在采取考前培训、师资队伍建设相结合的培训模式

基础上，不断总结经验，及时调整完善，形成了考前培训+测前线下集体培训、线上模拟测试+师资队伍建设的新模式，取得了显著成绩：本科生获证率不断提升，尤其是二级甲等及以上的获证情况较大提高，一级乙等的获证率有明显的增幅。

经过多年的建设和发展，民大分中心还为学校的人才培养提供支撑，组织开展了中国少数民族语言文学专业和民族语+应用型专业学生的国家通用语言水平测试，为相关学院开展分级教学提供参考，同时在预科教育学院设立国家通用语应用能力提高班，切实提升预科生普通话应用能力。民大分中心直接或间接为民族地区培养了大批人才。据统计，“国家通用语+民族语+应用型专业”方向毕业生到民族地区就业比例为61%。其中，“国家通用语+藏语+法学”班自2018年起由青海省委组织部成建制接收到青海省基层法院就业。“国家通用语+藏语+新闻学”班2018级除两个毕业生继续升学之外全部回到民族地区就业；“国家通用语+少数民族语”方向毕业生去边疆民族地区就业率为37%。其中，非母语零起点学习少数民族语毕业生到民族地区就业率为35%。民大分中心已成为民族地区推广普通话脱贫的一个重要基地。

## 四、结　语

中央民族大学作为培养少数民族人才的高等院校，由民大分中心面向全校师生、少数民族地区继续教育民族干部组织实施普通话水平测试、培训及推广工作具有重要意义。在民大分中心参加普通话水平测试的本科生绝大多数为来自西南、西北的少数民族，受母语、心理和观念因素等方面的影响，其普通话能力多数处在中下等次水平。针对这种情况，首先，需要尽可能转变学生的观念，使他们认识到提高普通话表达能力并不意味着放弃母语，少数民族学生可以借助普通话来更好地研究自己的母语；其次，单纯的课程教学已经难以大幅提高本科生的普通话水平，对此应该因材施教，不仅要给学生讲授应试技巧和知识，还要保证其熟悉测试流程，避免因错误操作导致成绩受影响。根据数据分析，“线下集体培训+线上模拟测试”相结合的新模式非常适合我校的本科生。学生通过线下集体培训获取相关的普通话语音知识、应试技巧及操作流程，课后与培训教师交流，及时反馈、纠正出现的问题。同时，学生借助“普通话模拟测试与学习系统”进行自主学习，真实体验普通话水平测试，在模拟测试过程中，可以根据系统指出的错误不断学习、改进。从新模式实施结果看，新模式成效显著。

## 参 考 文 献


[1] 范瑶辉、陈冬季、海滨:《谈普通话培训与测试的关系》,载《昌吉学院学报》2002年第4期,第48-51页。

[2] 何振生:《基于多媒体的内蒙古普通话培训研究》,内蒙古师范大学学位论文,2011年。

[3] 贾晓玲、田宗会:《不同方言区师范生普通话水平测试的培训对策》,载《内蒙古民族大学学报》(社会科学版)2010年第2期,第91-93页。

[4] 李春喜:《试论语音的模糊性对计算机辅助普通话测试的影响及对策》,载《第四届全国普通话培训测试学术研讨会论文集》,语文出版社,2009年版。

[5] 罗家佑:《浅谈普通话测评前的培训》,载《玉溪师专学报》1998年第1期,第93-95页。

[6] 裴锦花:《构建普通话水平测试培训新模式》,载《海南广播电视大学学报》2015年第1期,第22-25页。

[7] 全玉莉:《测试培训中的语感训练》,载《首都师范大学学报》(社会科学版)2009年第3期,第5-10页。

[8] 陶晓燕:《普通话机测背景下的教学与培训改革》,载《吉林省教育学院学报》2010年第12期,第41-42页。

[9] 汪应乐:《试论南方方言复杂地区普通话培训与测试的关系》,载《上饶师范学院学报》(社会科学版)2003年第2期,第85-87页。

[10] 汪应乐:《方言复杂地区高师针对普通话水平达标的训练对策》,载《上饶师范学院学报》(社会科学版)2005年第1期,第100-104页。

[11] 王晖:《英国EFL课程对普通话培训课程的启示——以威斯敏斯特大学为例》,载《第四届全国普通话培训测试学术研讨会论文集》,语文出版社,2009年版。

[12] 王玲玲:《高师普通话水平测试培训中几个相关环节的把握》,载《首届全国普通话水平测试学术研讨会论文集》,语文出版社,2002年版。

[13] 吴慧:《普通话水平测试说话项目应试失误分析与培训教材、教学模式研究》,载《第三届全国普通话水平测试学术研讨会论文集》,语文出版社,2007年版。


(作者单位:教务处)

# 民族高校维吾尔语零起点班学生词典使用情况调查研究[①]

吾麦尔江·吾吉艾合麦提　王子祯

## 一、文献综述

虽然民族高校开设维吾尔语专业已有半个多世纪的时间（刘曙雄，2017），在中国少数民族语言文学专业中算是开设较早的特色专业班之一[②]，但是维吾尔语作为第二语言教学进行系统研究近二十年才开始引起学者的关注。虽然学者结合语言习得理论，从第二语言教学角度进行了一定的研究，尤其在维吾尔语专业学生的现状和改革（华锦木，2003；夏迪亚、李中耀，2018）、学习动机（葵崇尧，2004）、学习有效性（范志强，2016）等方面发表了相关的研究成果，但是尚未专门讨论词汇学习和词典使用方面情况。词汇学习在语言习得中占有十分重要的地位。词典是第二语言学习中不可缺少的工具之一。在现行纸质版词典中，由新疆维吾尔自治区语言文字工作委员会编著、2006 年民族出版社出版的《汉维大词典》是学习者保有量及使用率最高的一部词典。该词典编撰时着眼于维吾尔语学习者及研究人员，收录了现代维吾尔语正在使用的一般性词语、词组、常用科技术语和专业术语，以及部分古代维吾尔语词汇和部分可用的方言词汇，共计七万余条。该词典中的词条均依照现代维吾尔语书面文学语言标准进行录入，在注释方面通常是在给出本义后举例给出转义。该词典的附录中收入了地名翻译的汉维对照，收入了维吾尔语语法知识、民俗文化相关术语及图例等资料，为学习者提供

---

① 本文是 2018—2020 年度中央民族大学校级教改项目“校维吾尔语零起点班初级维吾尔语综合课的教学设计研究”（项目编号：XJ-JGLX181018）的阶段性成果。中央民族大学中国少数民族语言文学学院的关雅婷、陈昱茜、祖木热提·加肉拉、艾克旦·阿布都热依木同学参与了调研资料的搜集与输入，特此致谢。

② 刘曙雄：《中国外语非通用语种类专业建设和发展报告 1949—2012》，外语教学与研究出版社，2017 年版。

了检索及拓展知识的便捷。

除此之外，随着信息技术的高速发展和少数民族语言文字信息处理技术的进步，各类电子网络词典的开发和研究得到了重视，如 1996 年以来新疆大学软件学院的教师开始从事汉维机器翻译研究工作。从 2005 年起，新疆大学哈力木拉提等开始计算机辅助翻译方面的研究。2003—2010 年，新疆大学的吐尔根・依布拉与中国科学院计算技术研究所刘群、新疆信息产业有限公司合作研发汉维、维汉、多语种电子词典软件。此外，2000 年乌鲁木齐市一帆电子有限公司研发了《汉维—维汉双向一帆掌上电子词典》。2005 年乌鲁木齐市安卡维文软件开发有限公司研发了《维软大词典》软件和网络版词典①，还有新疆穆安利姆电子科技有限公司也研发了《汉维—维汉电子词典》。凭借可存储于智能设备中携带方便、功能丰富、查询快捷等优势，这类词典也深受学习者的喜爱。

本文将通过问卷调查和访谈的方式对部分民族高校维吾尔语零起点班学生词典使用情况和需求进行了调查，并利用统计软件对调查结果进行讨论与分析，为学习者词典编纂提供一些依据和参考，以便提高利用词典的有效性。

## 二、调查情况

### （一）调查对象

本次问卷的调查对象为将维吾尔语作为第二语言的学习者，主要以部分民族高校本科专业为维吾尔语零起点的在校或已毕业的同学为主，也收集到少量自主学习者与专业学习相结合的习得者数据。受客观因素影响，本次问卷调查仅采用线上问卷收集方式，共收集有效问卷 35 份。调查对象多为中央民族大学、新疆大学、喀什大学维吾尔语零起点专业在校学生。

### （二）问卷设计及数据处理

本次问卷的核心目标为调查维吾尔语习得者词典使用情况，问卷主要内容包括习得者学习基本状况、词典使用策略、词典认知情况三个部分，

① 刘连芳、海银花、那顺乌日图、黄家裕、吐尔根・依布拉音、玄龙云：《壮、蒙古、维吾尔、哈萨克、柯尔克孜、朝鲜语信息处理研究进展》，载《广西科学院学报》2018 年第 1 期，第 18-26 页。

共 18 道小题。问卷设计过程中，在牢牢把握核心目标的基础上，根据数据处理需要及被调查者作答感受，在题目的设置与编排上均进行了适当修改及预调查测试。最后问卷以先易后难、类别排序、封闭式问题与开放性问题相结合的总体构造，运用简洁的语言及较为清晰的逻辑，借助“问卷星”线上调查平台呈现在被调查者面前。

本次问卷的数据处理主要依托 Excel 及 SPSS 两款数据处理软件进行。调查结果采用百分比进行比较，在下文中将会配合图表做具体展示。

## 三、调查结果及分析

### （一）习得者学习及词典使用的基本情况

数据显示，本次被调查者年龄多集中在 20~22 岁，占比达 65.7%，维吾尔语习得时长多集中在 1~4 年，占比达 62.9%。图 1 为被调查者学习时长与其自我评价间的关系，学习状况的横坐标数值越大则代表评价越好，图 1 中圆形代表人数，圆圈越大则证明处于该学习时长与评价中的样本人数越多。故从图 1 中我们可以清晰地看到，习得者的习得时长与其自我评价呈正相关性，即学习时间越长则自我认为对维吾尔语的掌握情况越好。图 2 显示，本次调查中的被调查者来源以新疆地区为主（51.43%），其次是北京（11.43%）及东三省地区（17.14%）。

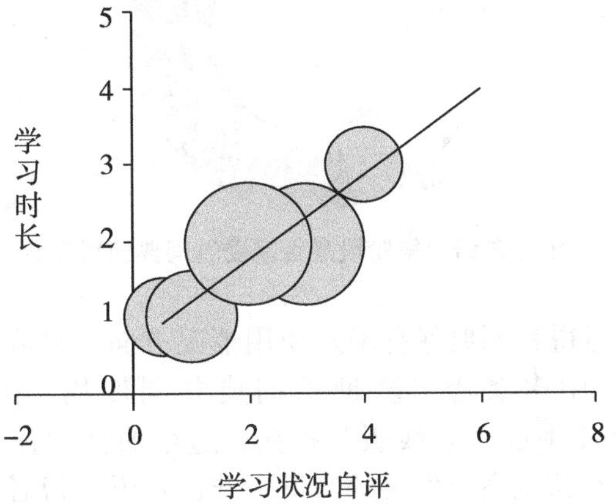


**图 1　被调查者年龄与习得水平散点**

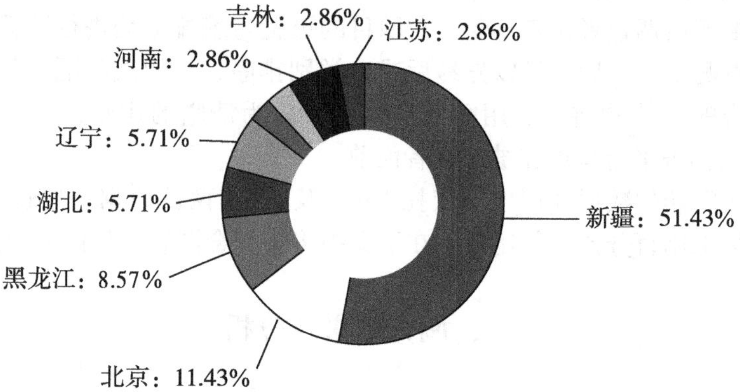


**图 2　被调查者地域来源分析**

如图 3 所示，维吾尔语学习者在学习阶段，在维吾尔语词典的使用过程中，接受专业训练和未接受专业训练基本持平，数据仅相差 10%左右。据了解，未接受过词典使用专业训练的学习者也会根据以往学习经验自觉寻找、选择、学习关于词典的相关技能，经过一定时间的了解与实际操作，其词典使用情况相较于接受过专业训练的习得者来说无明显差异。

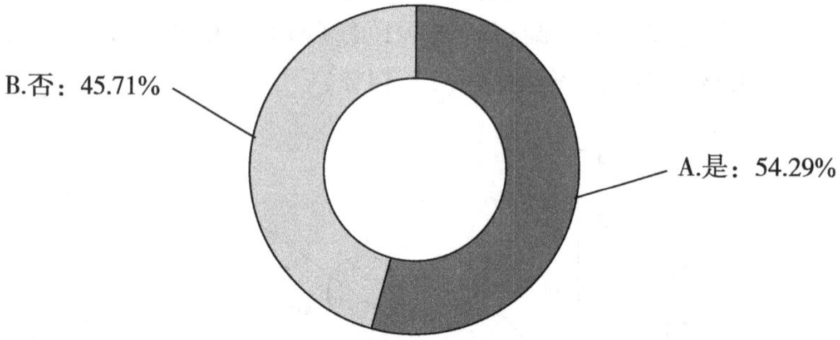


**图 3　维吾尔语习得阶段是否接受过词典使用专业训练**

在维吾尔语习得者词典保有率及使用情况方面，普遍存在的情况是学习者在学习过程中多类型、多种类词典共同使用。由图 4 可知，有 82.86%被调查者使用过“在线版”词典，过半的被调查者使用过“电子版”词典，说明在信息高速发展的当下，维吾尔语习得者更青睐于使用便捷、高速、无存储负担的电子化词典来完成学习目标。此外，仅有 25.71%的被调查者有使用过纸质版词典的经历，据了解被调查者虽有纸质版词典使用经历，但其保有率极低。究其原因，被调查者均表示由于纸质版词典购买困难、存储不便、查询费时等原因，不会将纸质版词典作为日常学习时的首选或常用工具书。

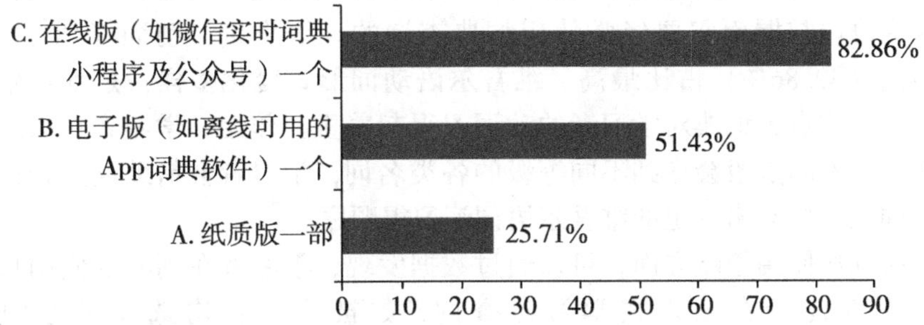


**图 4　维吾尔语习得阶段拥有或经常使用的词典类型（多选）**

## （二）习得者使用词典的策略及目的

**表 1　使用者词典使用策略调查统计结果**

| 问题 | 选项 | 结果占比（%） | 问题 | 选项 | 结果占比（%） |
|---|---|---|---|---|---|
| 词典使用频率 | 每天都使用 | 17. 14 | 难以掌握需要经常使用词典查询的词语 | 名词 | 42. 86 |
| | 一周 4~5 天使用 | 40. 00 | | 形容词 | 5. 71 |
| | 一周 2~3 天使用 | 40. 00 | | 动词 | 48. 57 |
| | 基本不用 | 2. 86 | | 其他 | 2. 86 |
| 词典使用目的主要集中于（多选） | 阅读 | 65. 71 | 查词时最为关注词条的信息（多选） | 发音 | 20. 00 |
| | 写作 | 28. 57 | | 释义 | 80. 00 |
| | 文字性翻译 | 80. 00 | | 同义词与反义词 | 22. 86 |
| | 口语交流 | 48. 57 | | 惯用法及搭配 | 65. 71 |
| | 扩大词汇量 | 40. 00 | | 例句 | 51. 43 |
| 在查词过程中对一个词条中的所有释义 | 全部看完 | 14. 29 | 对现行可查的各类词典的掌握情况 | 完全熟练掌握 | 17. 14 |
| | 大部分看完 | 57. 14 | | 大部分掌握 | 31. 43 |
| | 会看一小部分 | 25. 71 | | 掌握程度一般 | 37. 14 |
| | 只看第一个 | 2. 86 | | 较为生疏 | 14. 26 |

通过表 1 可以看出，学习者的词典使用频率多集中在一周 2~5 天使

用，占比达 80%，可得出学习者一般在工作日学习时基本都会使用词典来学习维吾尔语，而调查中在学习过程中基本不用词典的情况仅有 1 人，这也说明学习者的词典使用率整体较高。在运用词典查词的过程中，被调查者认为难以掌握而需要经常使用词典查询的词语类别，动词（48. 57%）和名词（42. 86%）占比最高。维吾尔语动词形式变化多样，是维吾尔语学习的重难点，词典对学习者的动词习得起着重要作用。学习者在第二语言习得的不同阶段会遇到不同等级的各类名词，学习者会借助词典查询名词类词汇也体现出一定的维吾尔语词汇习得顺序。

在词典使用策略方面，可以通过数据发现，学习者在词典的使用目的方面更偏向于在输入式学习时查询，如被调查者均选择了在阅读（65. 71%）与文字性翻译（80. 00%）时使用词典，而在输出式学习时较少查询词典，如在写作（28. 57%）与口语交流（48. 57%）这两种学习方式时。这也从侧面反映出目前将维吾尔语作为第二语言的教学与学习时存在一定误区，即重输入型教学与重语法而轻输出型教学与轻应用。这样会导致学习者不能完整而系统地习得维吾尔语，在交流与写作等输出方面呈现出薄弱的状态。

在词典使用习惯及方法上，可以发现虽然近五成被调查者认为自己可以掌握一定的词典使用技巧，但在查词的过程中仍存在部分误区。在查词过程中对于词条中所有的释义，仅有 14. 29%的被调查者表示会全部看完词条释义，有超过四分之一的被调查者只会看其中的一小部分。这体现出学习者在学习未知词汇过程中往往满足于词典的靠前的释义，假若正确释义出现在靠后位置难免会造成一定程度的错漏。而在维吾尔语中一词多义的情况也多有存在，且同一词语也存在不同词性的多义状况，如若学习者仅查询词典中靠前释义便停止，会对习得维吾尔语产生一定的不良影响。

在被调查者最为关注的词条信息中，“释义”的关注度最高占比 80. 00%，对于“惯用法及固定搭配”被调查者也体现出较高关注占比 65. 71%，随后被调查者较为关注“例句”占比 51. 43%，关注度相对较低的两项为“发音”（20. 00%）和“同义词与反义词”（22. 86%）。该数据也反映出学习者在学习过程中的部分策略问题。学习者应多关注词典词条中所提供的词语惯用法、常见固定搭配及例句，理解并记忆目标语词语的正确使用方法。由于维吾尔语在写法与读法方面大部分无明显差别，因而被调查者在查词时对“发音”的关注度最低。但是由于维吾尔语正字法及口语仍存在部分差别，学习者如果完全不关注词语的读法，在口语交流时会出现发音生硬、不连贯等情况。对于词条中提供的“同义词”与“反义词”，近八成的被调查者并不注意，其实由该词扩展而出的同义词与反义词是拓展目标语词汇的最好材料。

### （三）学习者对于现行词典的认知及需求

由图5可知，100%的被调查者表示，词典对于维吾尔语习得起着重要的作用，且认为重要程度为“非常重要”的比例为88.57%。

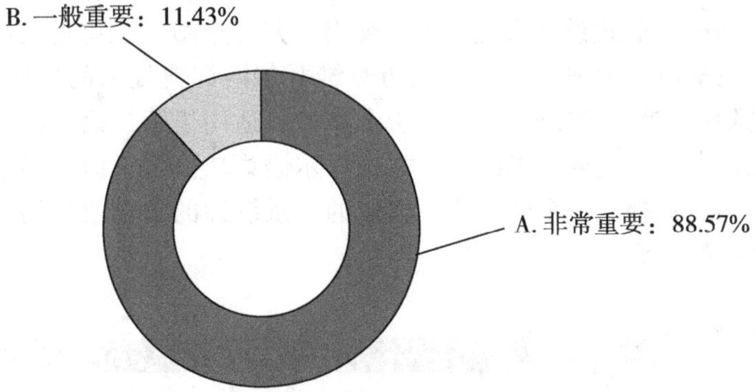


**图5　词典对于维吾尔语习得的重要程度**

由图6可以看出，被调查者认为现行词典对自己维吾尔语学习的满足程度较高，大部分被调查者认为，现行可使用的各类词典基本满足大部分

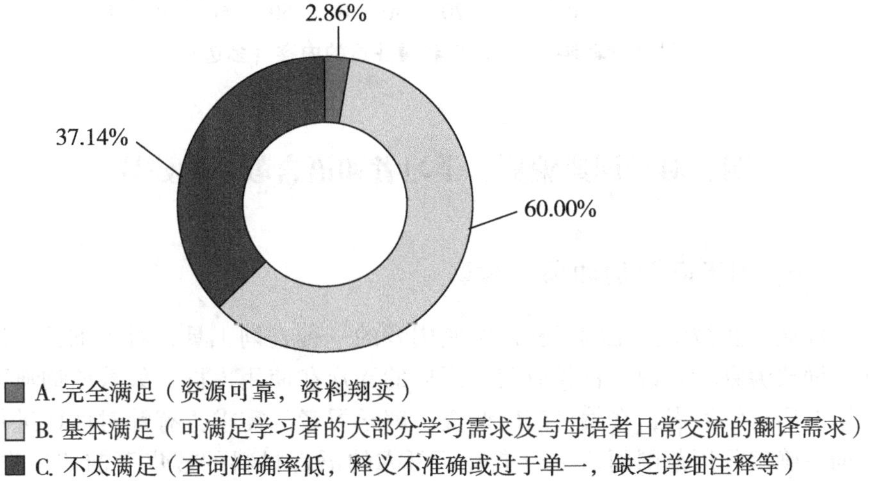


**图6　现行词典对于维吾尔语学习提供帮助的满足度**

学习需求，有 2.86%的被调查者认为，现行词典资源可靠、资料翔实，完全满足各类、各阶段学习需求。

由图 7 可以得出，被调查者对于一本优秀词典应具备的内容的注重程度，体现了维吾尔语学习者对于词典的部分诉求，也从侧面为词典编纂者提出了编撰词典时的重心。图 7 显示，被调查者对于“选词恰当、释义准确、例句丰富”的注重程度最高达到 91.43%，对于“提供常用搭配及格位搭配”与“提供疑难解释及相关引申词”的关注度基本持平，在 75%左右，对于词典“版式设计合理、重点突出、方便查阅”也有近七成的较高关注度。在学习者根据自身学习经历对维吾尔语词典提出的这些诉求中，可以感受到目前维吾尔语学习者对于专业性、适用于第二语言习得者的词典的强烈需求。虽然近年来已有各类维吾尔语词典面世，但大多数维吾尔语学习者仍表示缺乏一个全面的、权威的、系统性的适合第二语言学习者长时间使用的词典。

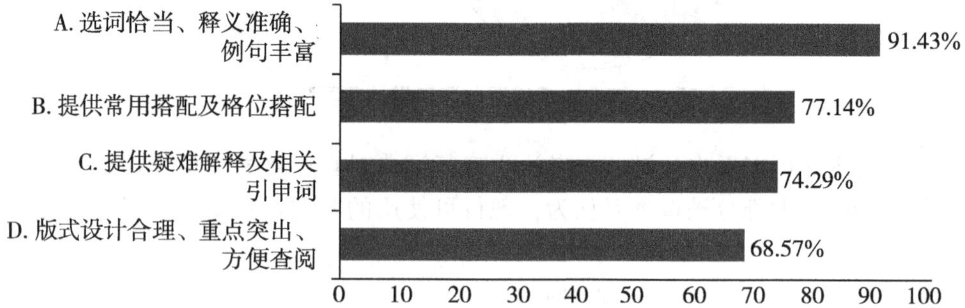


图 7 词典在编纂时应着重注意的内容（多选）

## 四、对于词典编纂、学习者和语言教学的建议

### （一）对于词典编纂的相关建议

词典一直被认为是编者提供给使用者的一种查询工具，对于维吾尔语相关词典编纂者来说，首先应明确词典的受众和使用人群。如若该词典面向第二语言学习者，在编订前应调查了解学习者的需求，有针对性地进行选词，确定收词范围而后进行准确而可靠的语言材料的搜集等前期工作。对于电子版词典的开发者来说，语料库的建设尤为重要，应利用检索统计

软件得出词汇的使用频率，以更好地筛选收录词汇。

其次在释义方面，词典编纂者应尤其重视，要尽量避免母语负迁移影响，在词条中要尽量翔实准确地提供维吾尔语与汉语对照的释义，并给出维吾尔语常用固定搭配短语及词语所用的格位，能提供相配套的简明例句为更好，以便体现词典的实用性。

最后在版式方面，应做到书面文字规范且美观。对于文字方向不同的两种文字在词典中应做到不凌乱、合规范。从查询者视角来说，编纂者应做到简便、易于查找。

### （二）对于学习者和语言教学的建议

通过本次的问卷调查发现，在语言教学的各阶段中未能对学生的词典使用进行专门的指导，对于学生的词典使用情况缺乏清晰的认知与把握，因而导致学生在词典使用时存在误区，在查询不到词语时感到无助和迷茫。

因此，教师应在不同的学习阶段根据学生需求与自身教学经验，给学生一定的词典使用策略帮助与建议，并组织开展“查词比赛”等趣味性活动以提高学生词典使用的积极性。而对于学习维吾尔语的第二语言学习者来说，应注重自身参考技能的提升，主动地、多元地去使用词典，自觉培养词典使用能力，为更好地学习维吾尔语打下基础。同时应摒弃一些词典使用的不良习惯，如过分依赖电子版词典而忽视纸质版词典查询能力，在查询词语时浅尝辄止仅看靠前的释义等。

## 五、结　语

通过本次调查中的问卷调查与访谈，笔者对于现今维吾尔语学习者的词典使用状况有了初步的认识，了解了学习者词典使用的基本状态和使用情况。通过本文文献综述，笔者发现维吾尔语的二语学习词典使用研究仍处于起步阶段，存在较大空白，通过词典学和语言习得理论来指导词典编纂上仍待进一步深入研究。希望更多的专家学者关注少数民族语言学习词典领域，积极借鉴其他语种语言学习词典中先进的词典编纂理念和技术，尽早为维吾尔语零起点学者编纂出符合他们学习特点和需求的学习词典。

## 参考文献

[1] 蔡崇尧：《维吾尔语专业学生的学习现状与学习动机的培养》，载《语言与翻译》2004 年第 4 期，第 63-65 页。

[2] 范志强：《提高维吾尔语言专业零起点大学生学习有效性浅探——以喀什大学中语学院学生为例》，载《喀什大学学报》2016 年第 2 期，第 113-116 页。

[3] 新疆维吾尔自治区民族语言文字工作委员会：《维汉大词典》，民族出版社，2006 年版.

[4] 洪显利、刘电芝、冉瑞兵：《外语词汇学习策略研究述评》，载《宁波大学学报》（教育科学版）2004 年第 1 期，第 55-60 页。

[5] 林青、林慧：《对非维吾尔语专业零起点大学生的维吾尔语教学实效性调查与分析》，载《喀什师范学院学报》2015 年第 4 期，第 98-102 页。

[7] 刘连芳、海银花、那顺乌日图、黄家裕、吐尔根 · 依布拉音、玄龙云：《壮、蒙古、维吾尔、哈萨克、柯尔克孜、朝鲜语信息处理研究进展》，载《广西科学院学报》2018 年第 1 期，第 18-26 页。

[8] 刘曙雄：《中国外语非通用语种类专业建设和发展报告（1949—2012）》，外语教学与研究出版社，2017 年版。

[9] 刘雪花：《维吾尔语作为第二语言教学的若干问题》，载《中国培训》2016 年第 14 期，第 191 页。

[10] 夏迪娅 · 伊布拉音、李中耀、袁芳丽：《维吾尔语作为第二语言教学研究现状述评》，载《语言与翻译》2018 年第 2 期，第 69-72、第 78 页。

（作者单位：中国少数民族语言研究院、中国少数民族语言文学学院）

# 傣族元素与健身操的结合研究[①]

李宛纯　李俊怡

## 一、傣族健身操创编原则

### （一）健身性

民族健身操的主体是健身操，所以动作编排上不仅要体现民族文化，还要达到健身效果，这才是重点。通过伸展性的动作使身体得到舒展，动作应多样化，起到活动各个关节的目的。动作强度要适中，既要起到锻炼效果，让表演者得到一定的热量消耗，又要保证运动负荷与动作难度不可过大，才能保持普及性。

### （二）民族性

民族健身操是具有民族特色的健身操项目，因此在进行编排时，要凸显民族风格。关于傣族的起源，《蛮书》中记载的“茫蛮部落”即今西双版纳一带傣族的祖先。[②] 郑晓云认为，古滇国为傣族建立的第一个王国。[③] 也有人认为，中国古籍上记载的哀牢可能是早期的傣泰民族之一，其一部分可能融入了中国的傣族中。

无论哪种说法，我们都可以看出傣族的历史悠久，这也注定了傣族文化的鲜明性与多样性。傣族舞种类繁多，是傣族人民生活的派生，在傣族健身操的编排中，也可以借助傣族舞的思路，追溯源头，重点考究傣族传统生活方式。

---

① 本文是 2020—2021 年度中央民族大学校级教学改革项目“民族健身操课程内容设计与教学案例探索”的阶段性成果。

② 刀承平、彩荣男：《傣族文化史》，云南民族出版社，2014 年版。

③ 郑晓云：《全球化背景下的中国及东南亚傣泰民族文化》，民族出版社，2008 年版。

## 二、傣族元素在健身操中的应用

### （一）傣族舞蹈动作元素在健身操中的应用

傣族舞蹈中有许多独具特色的姿态、手、步伐，受自然崇拜和风俗习惯的影响。

傣族的三道弯，起源并非单纯模仿孔雀的体态。早期的民间孔雀舞艺人，将道具（孔雀的翅膀及孔雀的尾巴）用线拴在身上，同时为了能让翅膀和尾巴张开，需要将手肘向后，这就形成了手臂的三道弯。而身体要带动繁重的道具，就形成了整体的三道弯。① 而傣族的“一顺边”，实际在许多民族舞蹈动作中都存在，它主要出现在高原民族中。由于高原缺氧，山路崎岖，劳动艰辛，往来不便，因此人们在高原上劳动或者负重前行时，身体重心不由自主地向一侧倾斜，则倾斜侧的脚更为吃力，同侧的手也就随着摆向一边。这种体态更为省力且能够减少危险，就逐渐演变为“一顺边”的动作特点。

可见，傣族舞蹈动作与历史上的生产生活方式息息相关，在傣族舞蹈动作的创编中，也应更多地去考究傣族从古至今的民风民俗，作为健身操动作创编的主要元素。

1. 头眼动作

傣族舞蹈动作整体风格祥和含蓄，但从舞蹈中可以看到许多头部、眼部微动作。例如，头顶稍稍向一侧偏倒，同时配合向一侧抬眼；身体前倾的同时下巴向外微探，或者身体后靠同时下巴微收。这都可以从细节中展现出表演者的内心活动。健身操与舞蹈剧目不同，没有故事情节，但在民族健身操中依然可以加入头部眼部配合来使动作更加饱满。

在第十一届少数民族运动会的民族健身操规定套路“我们美丽的家”中，第二段动作第二个八拍的傣族风格，头部在第二拍手腕下压和第四拍双手于头部上方拍掌的同时分别向左侧和右侧偏倒，使动作更为俏皮。第三段第一个八拍的傣族风格中，五、六拍用两次踏步带动身体旋转 360°，在旋转过程中头部向右偏倒。这就打破了健身操中通常是身体笔直状态下进行旋转的常规，使转身动作更灵活。

---

① 陈旭：《云南傣族音乐文化研究》，载《贵州民族研究》2013 年第 5 期，第 61-64 页。

2. 肩部动作

傣族的绕肩更多是对水的模仿，展现的是傣族女子的温婉。除此之外，肩部动作还有对禽鸟类的模仿。傣族的碎抖肩，动作幅度更小，就像鸟类清洗羽毛后尝试将身上的水珠抖落的样子。

当傣族的肩部动作应用到健身操中时，可以和较为平稳的踏步结合，尤其在鼓点较有力、节拍鲜明、节奏比较丰富的音乐段落，可以用到碎抖肩、跳肩、拱肩。当音乐到了较为和缓的过渡阶段，也可以用到一些穿绕肩的元素，与音乐配合。

“雀跃京腾”在进行到 1 分 14 秒左右时，有一段四个八拍的音乐主要以敲击、击打乐器为伴奏，在这一段音乐的第四个八拍，就分别用到了傣族的拱肩和碎抖肩元素，配合脚步进行队形的变换。紧接着这段节拍鲜明的音乐，伴奏再次变为以葫芦丝为主，节奏相对和缓，此时的第一个八拍和第二个八拍，运动员逐渐分为三拨，由中间部分的运动员和场地前方的两拨运动员用傣族的碎抖肩配合勾踢步完成走位。这部分傣族肩部元素的运用，既不会由于队形的变化被隐藏，又很好地与音乐节奏融合。

3. 手部动作

除了叶形、嘴形、鱼形等一些源于自然界的基本手形，傣族风俗礼仪中的手势也可以应用到健身操中，如表示尊重，表达问候、感谢、告别等姿势，在健身操表演中，可以将其融合在开头或结尾部分，暗示作品的开始或结束。

傣族孟连的礼仪乐舞中也包含了众多手形和脚步。礼仪乐舞的主要目的在于教化，表演形式上对音乐更为突出，所以舞蹈动作幅度相对较小，这就使得手形动作更为重要。这一特征在傣族乐舞中的长甲舞中更为突出。原始的长甲舞中傣族人民将竹子削成指甲状戴在手上，由于长甲，长甲舞中的手形会与传统傣族手形有所不同。例如，傣族中的掌形手，常见的掌形手五指并拢，但在长甲舞中，常见表演者将五指张开或手指逐一向掌心旋转，做出类似健美操中的花掌形状，我们也可以将其运用到民族健身操中。

在“雀跃京腾”操化部分的第五个八拍，运动员双手顺时针方向画圆后手腕相对，两手指尖指向上下两个方向，这就是长甲舞中常见的动作。作品 2 分 35 秒左右的过渡阶段，音乐变缓，队列整体呈弧形，外侧弧形的运动员由跪地至起身过程手臂张开缓缓向上，之后又跪地手臂呈 180° 上下缓缓摆动，整个过程中手掌五指张开，也是与长甲舞元素的结合。该作品中融合了众多傣族手形手位，除了前面所提，还有掌形、拳形甚至是嘴形。

除了手形，“雀跃京腾”更多地融合了孔雀和大鹏鸟的元素。大鹏鸟在传说中身形巨大，身姿矫健，因此该作品手臂动作用了大量的低展翅、平展翅和高展翅手位，配合以运动员的张力和控制力，一改我们在傣族舞蹈中对傣族人民温婉的印象，传递了一个大气但不失灵动的傣族。仍旧是2分35秒左右的过渡阶段，外侧运动员双臂张开，身体朝内，仰面向上，模仿的是鸟类沐浴后出水的动作，该作品在这里的编排中，要求运动员在五指张开的同时手掌做小幅度抖动，很好地体现出动物出水后将羽毛上的水珠抖落的场景，惟妙惟肖。

4. 脚步动作

在动态形象上，傣族舞蹈动作多保持半蹲的舞姿，重拍向下，均匀的节奏中，膝部的屈伸带动身体上下颠动和左右轻摆。脚步或踏或踩，看似着力而下，却是重起、轻落，全脚掌平稳着地等，是动律的基本特征。而动作富有弹性也是健身操的特点之一，屈膝弹动可以避免运动员的动作过分僵硬和关节的过度伸展。因此，两者相似的动律就已经为傣族元素融入健身操奠定了基础。另外，傣族中模仿禽类走路的点步和踮步，实际上与健身操中的点步和小马跳非常相似。可见，傣族元素本身就与健身操有许多共同之处。

傣族男子的舞蹈是由拳术发展而来的，男子步伐的幅度和起伏通常较大。例如，傣族舞蹈男子动作中有一些半蹲伏的弓步就是源于古代战场上战士持盾握刀御敌的姿势。而这样的姿势，很适合融入健身操中。因此，除了两者之间已经共有的步伐，将其他傣族步伐加入，只要遵循屈膝弹动的动律，就不会破坏健身操本身韵律，反而起到丰富动作的作用。

在“我们美丽的家”傣族元素部分就运用了傣族的踮步和勾踢步。还有“雀跃京腾”操化部分第二个八拍，运动员们利用勾踢步配合双手展翅位进行队形的变换，整个动作干净大气。

### （二）傣族音乐元素在健身操中的应用

傣族音乐有很多种，分为民歌类、歌舞类、说唱类和戏曲类。傣族乐器种类也非常齐全，有打击类、吹奏类、弹弦类和拨动类。① 其中我们较为熟悉的是打击类中的象脚鼓和吹奏类中的葫芦丝。

发展到今天，象脚鼓已经变成傣文化的标志之一，尤其是以鼓为核

① 赵然：《浅析傣族打击乐器与舞蹈活动》，载《音乐时空》2015年第7期，第55页。

心，配合铓锣、镲的器乐合奏形成，在中国传统音乐文化中被视为具有典型的民族特征。[①] 不论是作为乐曲中的主奏乐器，还是合奏时的伴奏，象脚鼓都能以其丰富的鼓点烘托音乐的气氛，丰富作品内涵。

葫芦丝由天然葫芦和竹管制作而成。吹奏时，左右的竹管发出单音与主管的旋律形成和音。葫芦丝的音色圆润质朴，轻柔细腻，非常富有表现力，加上其音域较窄，常以演奏云南民歌小调为主，也就更具有民族特征。[②]

除了傣族的音乐和乐器，还有很多自然的元素也非常具有民族气息。作为有着自然崇拜的少数民族，乐曲中加入鸟鸣声、流水声及山民“哟”“啰喂”“嘿啰嘿”等的衬词都能起到丰富民族元素的作用。

“雀跃京腾”中，音乐开头就是以鸟鸣和葫芦丝作为引子，紧接着出现两个八拍的象脚鼓鼓点将氛围烘托。从一开始就奠定了乐曲的基调，确定了主题。随着单一的鼓点结束，立即又加入铓锣和镲进行合奏，配合着运动员快速由小方块散开铺满全场。傣族勾踢步与健身操踏步的结合完美，切合伴奏，还有手臂由下向上缓缓托起的展翅位，在作品开始就以高昂的气氛点明“雀跃京腾”的主题。而在乐曲 2 分 35 秒的过渡部分，一改健美操的快节奏，完全由葫芦丝的悠扬占据了旋律，与前面的激昂形成对比，也为之后的又一轮高潮做了铺垫。这部分的动作跟随旋律放慢，运动员昂首向上抖动手臂，呈现出一幅晨光下鹏鸟出浴的怡然自得景象，也是北京队拼搏向上、万事俱备的象征。

### （三）傣族服饰在健身操中的应用

一个地区的历史文化和社会生活都会在其服饰上有所体现。傣族作为一个历史悠久的少数民族，其服饰有强烈的民族气息。

傣族男子大都穿无领对襟或大襟小袖的短衫，下着长管裤。女子基本为筒裙，但特点因地而异。西双版纳傣族妇女上衣较短，内穿贴身内衣，外套无袖大襟或对襟外衣，下穿或长或短的筒裙。德宏地区的傣族由于与边疆邻近，服饰也与边疆地区较为接近，更为大方且上衣长度较长，遮住腰部。[③] 除此以外，由于地理位置环境的不同，服饰布质也会有所不同。

---

① 董宸，张晨：《边疆行（之五）：傣族传统乐器合奏》，载《音乐生活》2015 年第 5 期，第 37-38 页。

② 李超：《浅析葫芦丝艺术的发展》，载《黄河之声》2019 年第 15 期，第 16 页。

③ 蒋碧琼：《浅析云南傣族服饰文化》，载《中国民族博览》2017 年第 5 期，第 13-14 页。

例如，西双版纳傣族由于气候炎热，服饰的材质都较为柔软单薄，方便劳作的时候挽起；而居住在高山地区的傣族，海拔较高温度有所下降，因此衣服的材质较厚。

傣族女子腰间文化也是其特色之一，西双版纳傣族女子会在腰间佩戴银腰带。银腰带常由家族传承，在女子出嫁时由母亲赠予作为嫁妆或订婚时男方给予作为信物。德宏地区女子除了系上银腰带，还会再系上绣花围腰，绣花内容有莲花、菩提、孔雀、大象等，都是傣族的美好象征。①

健身操是人们达到健身目的的一种手段，因此健身服饰要求方便运动。在比赛或表演中，运动员的服装能够给观众带来视觉冲击，如果适当加入民族元素，能够更好地突出主题。

傣族的筒裙虽然不适用于健身操，但可以将筒裙改良为管裤，其鲜艳的颜色和具有地方特征的花纹都能运用到运动员的下装中。女子系银腰带的习惯也可以与健身操服结合。对于戴银饰的习惯，由于较大的装饰也许会影响到运动员的动作幅度，可以将银饰转化为相似的图案缝制在服装上。傣族的图案纹样有很多，傣族女子裙子上的花纹是最多的。我们常常可见筒裙上有宽度不一的条纹，有的条纹中还织有图案。

“雀跃京腾”的服装就用到了大量民族元素。上衣是带有一侧肉色长袖的紫色胸卦，服装左侧装饰有水晶，一块带有傣族特色花纹的条形绸缎由左胸口延伸至上衣右下端。下身是管裤，腰间缝有银腰带，裤腿上盘绕着傣族风格花纹，裤脚上饰有三圈不同颜色不同宽度的条纹。

## 三、傣族元素与健身操结合的价值与优势

### （一）文化价值

傣族历史悠久，从一开始的采集狩猎时代，到后来的奴隶农耕，又到文明之际的封建领主制社会。生产资料与生产关系的变革，社会的变迁，意味着傣族更丰富的生活内涵。

傣族对自然的崇拜比较典型。生物崇拜，傣族一直以来有许多关于孔雀的神话传说，民间艺人更是不断研究孔雀的神情身姿创作孔雀舞；水崇拜，泼水节中傣族人民将互相泼水作为传送祝福的方式；农林崇拜，傣族选择村寨有依山傍水靠田的执念。

---

① 杜平：《傣族女装服饰——腰间文化》，载《西部皮革》2017 年第 39 期，第 58 页。

傣族有着非常丰富多元的文化内涵，同时有着很高的辨识度。艺术源于生活，傣族丰富的历史为我们的艺术创作提供了更多思路，也能赋予我们的创作更高的文化价值。

### （二）健身价值

2007年民族健身操被列为第八届少数民族运动会表演项目；2015年被列为竞赛项目；2019年第十一届少数民族运动会时，该项目的参赛队伍已达到29支，较前一届又增加了9支。

民族健身操逐步流行的背景，是全民健身意识不断增强、地域文化特色日益受到重视。1995年我国印发了《全民健身纲要》，强调突出体育活动、赛事活动的群众性。之后的《2001—2010年中国体育改革与发展纲要》又强调民族资源的开发。傣族健身操，结合其生活方式、劳作习惯、健身方式等特有的习惯性行为，具有良好的普及性。根据傣族人民的特性，健身操吸取傣族人民头部、肘部、手形、腰部、胯部和膝关节动作，既表现傣族人民灵动祥和的特点，又全面地活动了身体关节。再者，傣族舞蹈本身也有着与健身操相似的屈膝弹动，这让两者的结合具有一定基础，让健身操在风格元素多样化的前提下保持了健身操的健身作用。

## 四、结　论

傣族舞蹈元素的丰富多样使其具有和健身操融合的基础，不论是整体风格、手形、步伐、服饰还是音乐，都可以通过改变融入健身操中。

傣族舞蹈元素和健身操的结合不是舞蹈和健身操的结合，民族健身操的创编要注重健身性，尤其可以将傣族的手形手位与健身操的步伐结合，既符合健身操的动律，又具有民族辨识度。

民族健身操涉及民族传统和健身操等多领域，要注重培养各方面人才共同科学推广民族健身操，全面提升民族健身操的内涵。

（中央民族大学：体育学院）

# 课程建设与改革

# 运用图表组织器技术使抽象概念可视化

## ——以跨文化教育课程经验为例的分析

李　莎　王昭晖　常永才

概念尤其是抽象概念是专业课程的基础。这是因为概念是同类事物基本含义的简约性共识标签，是理论的基石。特别是其中关键的抽象概念，更是理论思维的产物，不能直接或间接观察，需弄清其理论结构，厘清概念的维度和基本指标。显然，这是有效进行理论课教学的重点和难点之一。笔者在教学和作业批改中发现，很多学生仅仅是低层次地记专业概念的定义，故理解多是笼统模糊的。这不利于学生有效地运用这些概念，进一步实现高阶思维和解决复杂的问题。的确，研究表明，我国大学生学业挑战度与美国相比存在较大差距，尤其表现在课程认知目标上。我国高等教育多重视对低阶知识的传授，而轻视高阶知识。[①] 对高阶思维的培养没有做到位，学生思辨能力也没能得到充分训练，导致其难以理解复杂的抽象概念。

笔者发现，图表组织器（Graphic Organizer）有助于切实解决上述问题。它作为一种简明且实用的可视化思维工具（Visual Thinking Tool），可广泛应用于高校教育中，不仅利于学生提取知识、基于已有图式与新知识建立联系，从而达到整合零散知识、构建知识结构的目的。更重要的是，它能够外化学生的思维，促使他们生成批判性、抽象性、创造性等高阶思维能力，达到深度学习。图表组织器对学生学习的这种积极影响，已为国外大量的研究所证实。Hattie 使用无分析法统计了图表组织器对学生学习的广泛影响，并总结了每种影响的平均效应。他在各种荟萃分析中总结了

① 罗燕、史静寰、涂冬波：《清华大学本科教育学情调查报告 2009——与美国顶尖研究型大学的比较》，载《清华大学教育研究》2009 年第 5 期，第 1-13 页。

287 项研究，其总体效应量为 0. 57，在影响学生学习方面远远高于平均水平。[①] Fiorella 和 Mayer 认为，涉及矩阵图表组织器的八个实验表明，创建图表组织器的大学生比没有创建或没有完成图表组织器的学生成绩高。[②] Ponce 和 Mayer 发现，大学生在学习时，可以从填充交互式图表组织器中受益。[③] 研究表明，通过创建图表组织器学习可以让学生记住更多知识并能对此做出自己的推论，这就是思维发展的过程。

对此，本文进一步结合笔者自己执教的跨文化教育课程中的有关体会，略加论述。这是新开设的专业选修课，专业参考资料较少，但该课程包括的有关文化和文化多样性问题的概念多具有表征抽象、意义复杂的特点，需要学生经过深入思考、深度加工才能更好理解，故笔者将图表组织器应用于该课程。由于国内高校教学界对此较为陌生，下面先简要论述该技术工具的基础知识和国外成果，结合本课程中的若干概念教学体会进一步说明。

## 一、原理：图表组织器的含义、功能与教学构建

### （一）图表组织器的含义与功能

图表组织器是知识可视化视觉表征工具的一种。可视化是将个体知识通过图解的形式表征出来，形成直接能由人的视觉感官感知到的知识，即将人头脑中的知识外显出来。[④] 该工具改编自奥苏贝尔（David Pawl Ausubel）的先行组织者。他认为，“它特别适合成为含有大量复杂概念的学习材料的组织者”[⑤]。一个高级组织者（图表组织器）能够使学习者将预览到的

① 常桐善：《中美本科课程学习期望与学生学习投入度比较研究》，载《中国高教研究》2019 年第 4 期，第 10-19 页。

② 吴凡：《中美研究型大学本科生学业挑战度的比较研究》，载《中国大学教学》2012 年第 10 期，第 92-96 页。

③ 罗燕、史静寰、涂冬波：《清华大学本科教育学情调查报告 2009——与美国顶尖研究型大学的比较》，载《清华大学教育研究》2009 年第 5 期，第 1-13 页。蔡映辉：《评估与“金课”建设》，载《中国大学教学》2019 年第 5 期，第 49-54 页。

④ H. R. Ponce, & R. E. Mayer, “An Eye Movement Analysis of Highlighting and Graphic Organizer Study Aids for Learning from Expository Text,” *Computers in Human Behavior* 41, (2014a): 21-32.

⑤ H. R. Ponce, & R. E. Mayer, “Qualitatively Different Cognitive Processing During Online Reading Primed by Different Study Activities,” *Computers in Human Behavior* 30, (2014b): 121-130.

新知识与已有图式联系起来。[①] 从这个角度看，我们可为图表组织器下一个定义："它是用来处理视觉信息的含义、图片或模型，并将图式中已有的知识与新概念挂钩，产生新认知的一种组织概念工具。当在给定的有限时间内有大量信息需要处理时，它可以帮助我们理解知识，使知识和思维可视化，最终促进思维活动的发展，培养高阶思维能力。"

的确，"一幅图画胜过千言万语"，图表组织器是学习者学习，尤其是学习复杂概念的好帮手。它是一种视觉学习风格的工具，对所有学习者都有益，且具有多方面的功能或作用，包括学习者角度、促进学习者认知或思维活动发展角度、学习工具角度等方面的功能。[②] 由于本文探讨的是图表组织器对学生高阶思维发展的作用,因此仅从促进学习者认知或思维活动发展的角度谈论其功能。从该角度看,有研究总结了图表组织器的 10 大功能:(1)辅助学习者勾勒出大量文本中重点内容;(2)通过图解或图形辅助学习者进一步阐释信息;(3)辅助学习者结合自身理解运用自己的语言复述文本信息;(4)辅助学习者确认和解释与文本相关的关键词汇的功能;(5)反映学习者文本分析能力(诸如表明要点、人物行为、问题解决、因果关系、事实/意见或观点);(6)辅助学习者对文本进行推理(诸如整体阅读);(7)辅助学习者比较/对比(如人物、场景、事件);(8)辅助学习者产生对文本的感受(与个体经验或感情相关联);(9)辅助学习者从目标出发选择恰当参考资源;(10)辅助学习者验证其对文本的理解(如通过预测结果或行为)。[③] 这些功能分布在学生思维发展的整个过程中，能够有效辅助学生实现低阶思维到高阶思维的转变。

### (二) 图表组织器的构建与运用

图表组织器一般由教师构建，学生拿来直接理解或填充。在构建图表组织器前，首先需要清楚，有两种图表组织器：最终式和参与式。最终式是填写完整的图示，将零散的知识构成体系，从而简化了知识，学生可拿

---

① B. K. Beyer, *Improving Student Thinking: A Comprehensive Approach* (Boston, MA; Allyn and Bacon, 1997).

② D. Jairam, & K. A. Kiewra, "Helping Students Soar to Success on Computers: An Investigation of the SOAR Study Method for Computer-Based Learning," *Journal of Educational Psychology* 102, no. 3 (2010): 601-614.

③ H. R. Ponce, R. E. Mayer, & M. J. Lopez, "A Computer-Based Spatial Learning Strategy Approach that Improves Reading Comprehension and Writing," *Educational Technology Research and Development* 61, no. 5 (2013): 819-840.

来直接理解，带动思维运转。参与式组织器留有空间供学生填写定义和详细信息，填充的过程也是思维发展的过程。许多教师认为，使用参与式组织器更有助于学生学习，因为它提供了另一种知识进入大脑的途径，能促使学生思维主动运转，进而通过图示将思维可视化，因此教师需要就知识属性和学生特点选择合适的图表组织器。

图表组织器多由教师搭建，但也有教师为了训练学生更高的思维能力，给学生提供一张白纸，完全由学生自己创作。教师在阅读完文章后，会就新的术语和重要观点/概念做笔记，由一名教师担任记录员，他们开始讨论新材料，并就学生要学习的重要内容达成一致。下一步是决定选择什么样的组织器。做出决定后，组织器的实际建设工作就开始了。

开发图表组织器的第一步是挑选对学生而言全新的概念。在学生学习新材料之前，他们必须要先对学习的概念有一个表层认识。下一步是选择重要的核心思想，当教师审视新材料时，会发现这些思想都按逻辑融入不同的材料中，它在每一个新材料中都是不一样的，因为不同的材料有不同的逻辑组织，所以也有助于保持学生的学习兴趣。每一章都会有一种方案出现，并组织核心思想，然后将这些核心思想融入学生的认知结构中，于是，组织器就在不同材料之间起到了“挂钩”的作用。用箭头、括号、数字等技术将这些基本符号组织成图表、表格或其他图形形式，可以激发学生的兴趣。它还促使视觉上的聚焦，从而防止学生被大量的材料所淹没。故以这种方式设计的图表组织器可以将材料呈现在可管理的小块中，方便学生构建知识系统，理解复杂的抽象知识。当构建过程完成后，教师便依据组织器的定稿制定测试。测试应包括知识、理解、应用和分析层面的问题，可以采用多种测试形式，如匹配题、多项选择题、简答题、论文等。

由此可见，不论是图表组织器的构建还是使用，思维运转总占核心位置。它把抽象的概念严谨、明确分解成多个知识块，以图示形式表现知识间的联系和内容结构，为学习者搭建连接新旧知识的桥梁，是一种十分有效的思维可视化学习工具，能够促进学习者有意义学习。国内对图表组织器的研究多以中小学为研究对象，以英语阅读教学和语文阅读/写作教学为研究内容，设计诸如 KWL 图、概念图、鱼骨图、思维导图之类的组织器。[①] 大学生理应具备更高的抽象思维能力去理解、分析、应用、创新知识。高阶思维能力才是大学生的核心竞争力，需要运用该技术从实践层面切实提高大学生高阶思维能力。

## 二、试验：图表组织器在跨文化教育课程专业概念学习中的应用

跨文化教育是教育领域较为前沿和新兴的专业选修课。它是基于宽容、同理心、尊重、团结和互助等价值观的教育，其目的是培养具有心理社会机制和社会交往知识的个人，使其能够欣赏不同文化，重视多元文化社会，并在与不同文化接触的过程中将发展中的个体融入，从而使这些个体能够持续地相互作用，以多样的形式丰富文化、社会和经济生活。[②] 显然，无论学生所属什么样的文化或群体，跨文化教育对他们来说都是有益的，它能够教导学生重视自己的文化或民族，帮助他们发展自尊和个人认同。如果我们教他们尊重文化多样性、正确地评价其他文化或民族、拒绝歧视和偏见，那么就能帮助他们在社会中自然发展。这些知识无疑具有特别的现实意义，但是理论性的专业参考资料较少。特别是该课程中有许多复杂、近似的抽象概念需要学生理解。我们发现，图表组织器尤其有助于简化、区分这些复杂的抽象知识，学习者可以通过学习结构性知识训练自己的思维能力，改善自己思考问题的方式。

### （一）在核心基本概念教学中的应用：以文化概念为例

“文化”是跨文化教育的核心概念，许多学者对此概念有着不同的解释并用图形加以说明。本课借鉴了心理学家格尔特·霍夫斯泰德（Geert Hofstede）1991 年提出的一种文化模型。它将文化实践看作一个洋葱，其外层可以被一层一层地剥开，文化实践要素呈现包含式关系。如图 1 所示。其他研究人员已经使用并进一步发展了这一模型。[③]

用冰山隐喻是说明“文化”概念，是本课所用的另一种模式。该模型

① 赵国庆、黄荣怀、陆志坚：《知识可视化的理论与方法》，载《开放教育研究》2005 年第 1 期，第 23-27 页。D. P. Ausubel, J. D. Novak, & H. Hanesian, *Educational Psychology: a cognitive view* (2nd ed.) (New York: Holt, Rinehart, and Winston, 1978), p. 172.

② D. P. Ausubel, "The Use of Advanced Organizers in the Learning and Retention of Meaningful Behavior," *Journal of Educational Psychology*, (1960): 267-272.

③ 邱婷、钟志贤：《论图表组织器》，载《远程教育杂志》2009 年第 6 期，第 61-66 页。

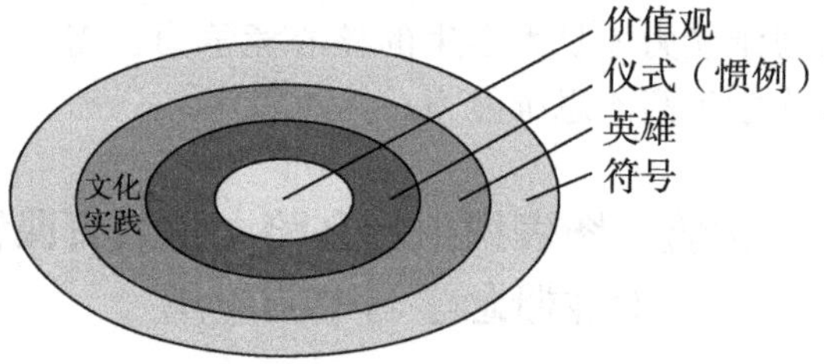


**图 1　“洋葱”模型说明了如何在不同的层次上展示文化①**

旨在说明文化的组成部分，特别是强调文化最大部分是无形的这一事实。像洋葱模型一样，冰山模型也是分层表示的。例如，罗榭（G. Rocher）提出了三层次文化模式：冰山表层文化、水下文化和深层文化。如图 2 所示。

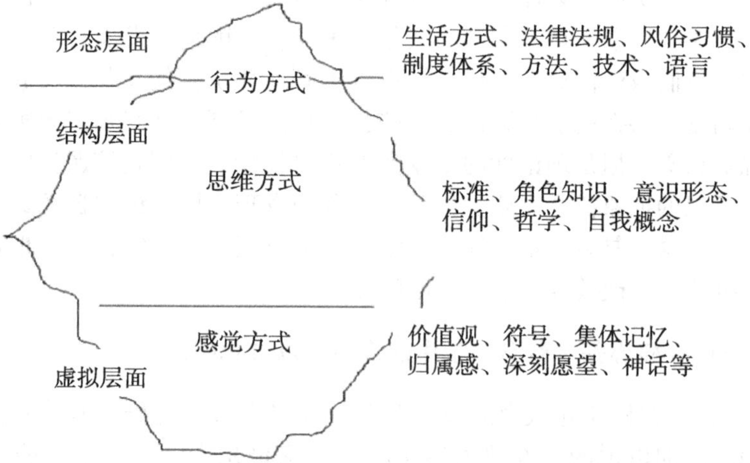


**图 2　文化的冰山概念②**

## （二）在区别相似概念中的应用

在跨文化教育中，帮助学生正确认识文化多样性和文化间的互动，是特别重要的目标和教学难点。这涉及对多元文化（Multicultural）、跨文化

① G. Hofstede, *Cultures and Organizations: Software of the Mind* (London: McGraw-Hill, 1991).

② G. Rocher, 1969, Introduction à la sociologie générale, Tome 1, Centre d'apprentissage interculturel, Institut canadien du service extérieur, www.intercultures.gc.ca (August 2007).

(Cross-cultural) 和文化间性 (Intercultural) 三个概念的准确理解。但这三个概念含义较为相关，表面上很相似，经常被混用，故应对其进行区分，图表组织器能够通过简易的图形生动形象地将三者区分开来。

在多元文化社会中，往往只注重表面工程。我们生活在一起，彼此间相互宽容，欣赏彼此间的文化特色美食、服饰、音乐、舞蹈及相关的文化外在表现。因此，“多元文化”通常只需要表面上和出于礼貌的社会互动。通常表现出：社会包容那些地位平等的但各不相同的文化群体；来自不同文化群体的人可以肩并肩地站在一起，也可以彼此隔离；人们常常只对食物、民俗和节日进行浅显的庆祝，但缺乏深入的学习；权利差异没有得到解决，不关注文化群体之间的交流。如图 3 所示。

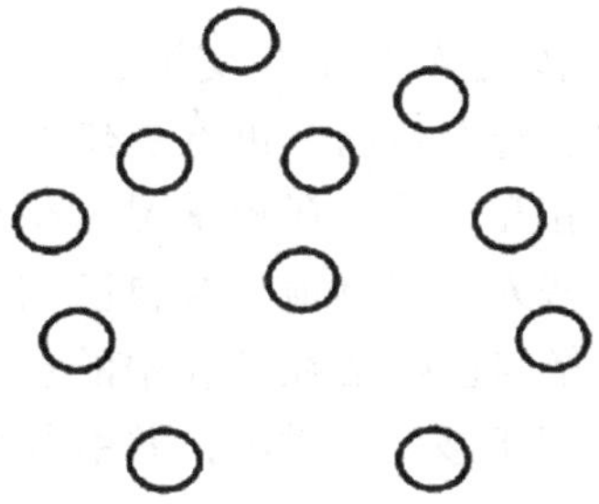

**图 3　多元文化概念图示**

在跨文化社会中，文化差异可以被理解或承认，不允许个人或集体改变之。但有些人会跨越边界，试图通过分享、倾听和学习的方式在我们所属文化社区之间建立联系的桥梁，并对种种变化持开放态度。它通常需要个人的主观意向、教育计划和社区建设方面的共同努力。通常表现出：两种或两种以上的文化被认为相互尊重或相互关联；人们常常把不同的文化进行比较或对比，认为一种文化优于或劣于另一种文化；权利差异问题仍然没有得到解决，不同文化相互间的学习和文化群体之间的交流都很有限。如图 4 所示。

在文化间性模式社会中，不同文化人们间存在着全面的相互性、互惠性和平等性关系。我们的社会结构和日常互动被定义为正义、互惠、尊重、平等、理解、接纳、自由、多样及和平。文化间性模式往往比多元文化或跨文化模式更能深入社区。这通常表现出：文化之间存在着相互依存

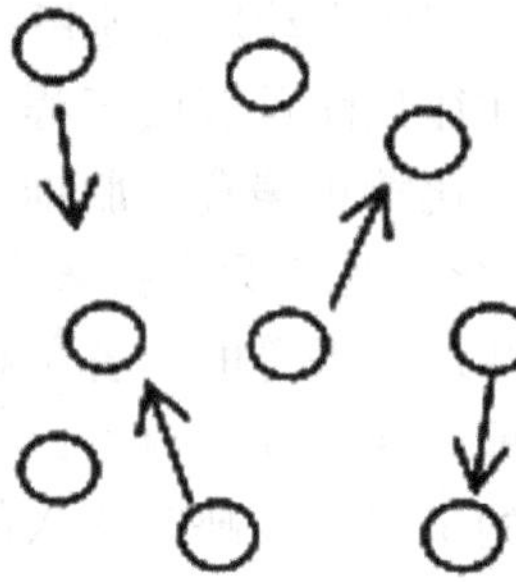

图 4　跨文化概念图示

的关系；来自不同文化群体的人们相互交流、共同学习和成长、建立关系，从彼此的经历中转变、塑造自己、重点是建立关系（而不仅是共存），深入联系、互动、互惠、相互尊重、互相学习；在文化互动的过程中，没有人是一成不变的——有些人更深刻地审视自己的文化，有些人通过与他人互动而改变，从而更了解自己生活在社会中的意义。这就既解决了种族和文化差异问题，又使人们能够互相学习，并引导所有民族实现变革。如图 5 所示。

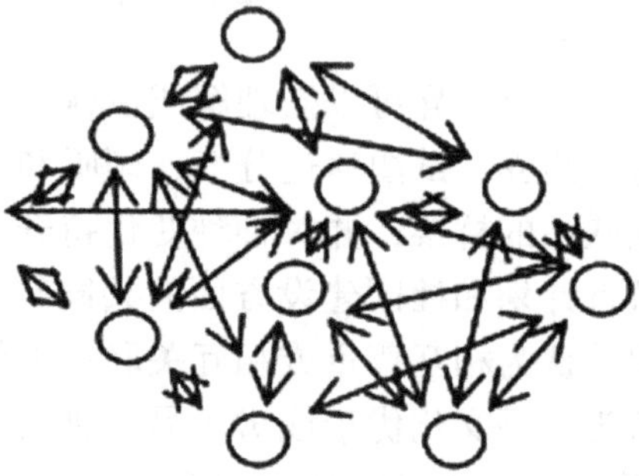

图 5　文化间性概念图示

上述最终式图表组织器在跨文化教育中的应用表明，通过简明图形不同的排列布阵，有助于生动形象地解释上述复杂的文字，将知识和思维可视化，对学生理解知识和记忆都起到了促进的作用。此外，参与式图表组织器在教学中也得到了广泛应用，即要求学生在其中故意空白处填充，以及自主建构图表组织器。

## 三、拓展：运用参与式图表组织器技术，促进学生对概念建构和运用的高层次参与

学生的积极参与是教学改革的重要目标，但他们要高层次参与知识的建构和应用，较为困难。故我们进一步说明这方面如何借助参与式图表组织器的体会。图表组织器可以是教师的“半成品”，也可以完全是学生的创造性作品。前者由教师构建，学生填充，后者全部由学生完成。与最终式相比，参与式图表组织器能够更好地促进学生思维发展，学生在填充组织器的过程中思维飞速运转，主动建立知识间的联系，习得的知识不仅记忆深刻而且还经过了深度分析，能够灵活运用，还存在创新知识的可能。

例如，学生以“我们学校的文化多样性”为主题，结合文字和图片说明在课堂上如何促进文化多样性的实践。学生需要从图片中提取能够反映文化多样性的信息，进而能够培养他们的识图能力、提取信息的能力及思维转换能力。首先，学生需要确定一系列可能在课堂上采用的方式，以凸显文化多样性。然后，请同学们画画、拍照片或从网上下载一些图片来说明他们的想法。最后，学生要在活动挂图上画出图表组织器，并用文字和图片填充。如图 6 所示。图表组织器填充完毕后，进入讨论分享阶段。要求每一个学生介绍自己的作品，并讲明自己选择照片的标准，即为什么选择这些照片表示文化多样性，如此便可反映出学生理解的文化多样性是什么样子的。在此过程中，教师需要帮助学生选取具有代表性的图片，因为网上图片庞杂，品质参差不齐，学生有偏离正能量文化的可能。

通过填充上述图表组织器，能够外化出学生对文化多样性行为的认识及影响文化多样性行为因素的认识，而且基于已有图示，加之教师施加了少许干预，每个学生都搭建了自己的文化多样性行为与其影响因素的因果框架，将学习活动从简单而乏味的聆听中剥离出来，在学习的过程中做到“心动”“眼动”“手动”，进而促进思维转动。在此情况下，学生学习到的知识不仅可以深刻留存在记忆中，还可以灵活迁移到下一段学习任务中。例如，进一步设计一个关于“我的家庭和文化多样性”的图表组织器。

你可以找到哪些文化多样性的影响？

姓名：　　　　　　　　　　　　　　　　日期：

给每一个活动施加两种影响

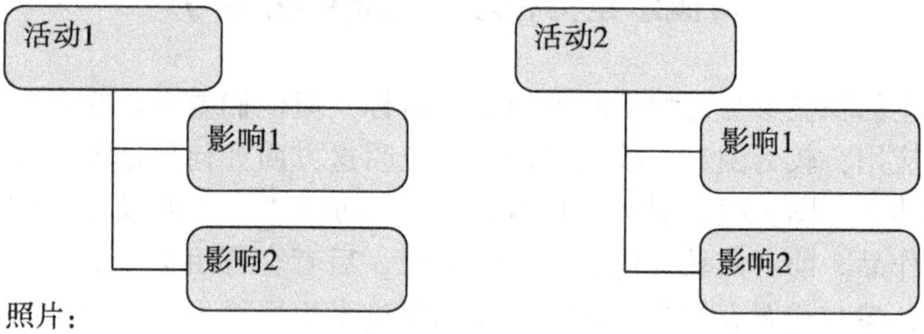


照片：

**图 6　因果型图表组织器①**

## 四、结论与展望

综上所述，我们在跨文化教育课程中切实体会到，图表组织器是将知识、思维可视化的一种有效工具，对学生“分析”“综合”“评价”等高阶思维发展有着显著的积极促进作用。学生通过图表组织器进行学习时，能找出庞杂信息背后隐藏的逻辑和规律。学习者填充图表组织器的过程，就是对知识了解、分析、加工、综合和评价的过程，涉及多种高阶思维。有时也能帮助学习者找出自己思维中的错误。

在“金课”建设的背景下，大学生使用图表组织器能够有效帮助他们学习课程中常有的抽象的知识，除了能培养高阶思维外，还有其他优点。首先，教师对教材的介绍更加系统和深入。建构图表组织器的过程要求教师识别出材料中对学生来说重要的内容。其次，学生在使用过程中也学习到了组织技能，这种习得过程相当于教师查看学生自主记录的笔记。然而，很少有课程能包含组织技能的教学。值得注意的是，使用图表组织器不会改变教师的教学方法。无论教师使用什么样的教学方式——教学中心、活动、实地考察、趣闻逸事等，图表组织器都不会限制其使用。

我们认为，这方面应进一步探讨的问题是，将信息技术与图表组织器

① Liliana C. “Using Graphic Organizers in Intercultural Education,” *Acta Didactica Napocensia*, 2, s1 (2009): 9-18.

运用实现更充分和深度地与内容融合。这是因为信息技术显然已成为干预教学的重要手段，而我国对基于技术的图表组织器的研究还停留在使用计算机软件绘图功能绘制组织器阶段，如利用 Word 的插入功能，组合形状和线条，形成组织器或利用 SmartArt 功能直接插入图表组织器。① 其实，国外基于计算机技术的图表组织器的开发早已如火如荼地进行着。具有代表性的是，阿尼亚·叶夫梅诺娃（Anya Evmenova）和凯利·里根（Kelley S. Regan）基于多方面技术，研发了一款名为基于计算机的图表组织器（CBGO）来帮助学生写作②，目前已在中小学阶段使用，其技术特征也能够满足学习障碍型学生的特定需求。该工具旨在为那些努力撰写高质量作文的学习者创建写作框架，以完成一篇层次分明、条理清晰的作文。高校教学可以借鉴该理念，尝试开发适合中国大学生的基于技术的各种图表组织器。总之，应加强探讨和开发基于技术的图表组织器教学方法。

## 参考文献


[1] 罗燕、史静寰、涂冬波：《清华大学本科教育学情调查报告 2009——与美国顶尖研究型大学的比较》，载《清华大学教育研究》2009 年第 5 期，第 1-13 页。

[2] HATTIE J. Visible learning: A synthesis of over 800 meta-analyses relating to achievement. New York, NY: Routledge, 2009.

[3] FIORELLA, L, MAYER, R E. Learning as a generative activity. New York, NY: Cambridge University Press, 2015.

[4] PONCE, H R, MAYER, R E. An eye movement analysis of highlighting and graphic organizer study aids for learning from expository text. Computers in human behavior, 2014a, 41: 21-32.

[5] PONCE, H R, MAYER, R E. Qualitatively different cognitive processing during online reading primed by different study activities. Computers in human behavior, 2014b, 30: 121-130.

[6] BEYER, B K. Improving student thinking: A comprehensive approach. Boston, MA: Allyn and Bacon, 1997.

[7] JAIRAM, D, KIEWRA, K A. Helping students soar to success on computers: An investigation of the SOAR study method for computer-based learning. Journal of educational


① How and Why Graphic Organizers Work. (2008-09-12). http://www.upub.net/products/usareads_info.htm.

② 汤文学、边艳杰：《图形组织者在语文阅读教学中的应用》，载《电脑知识与技术》2011 年第 4 期，第 952-953、第 963 页。

psychology, 2010,102(3):601-614.

[8]PONCE, H R, MAYER, R E, LOPEZ, M J. A computer-based spatial learning strategy approach that improves reading comprehension and writing. Educational technology research and development, 2013, 61(5):819-840.

[9] 赵国庆、黄荣怀、陆志坚:《知识可视化的理论与方法》, 载《开放教育研究》2005 年第 1 期, 第 23-27 页。

[10] AUSUBEL, D P, NOVAK, J D, HANESIAN H. Educational Psychology: a cognitive view (2nd ed.). New York: Holt, Rinehart, and Winston, 1978:172.

[11] AUSUBEL, D P. The use of advanced organizers in the learning and retention of meaningful behavior. Journal of educational psychology, 1960: 267-272.

[12] 邱婷、钟志贤:《论图表组织器》, 载《远程教育杂志》2009 年第 6 期, 第 61-66 页。

[13] How and why graphic organizers work. (2008-09-12). http://www. upub. net/products/usareads_info. htm.

[14] 汤文学、边艳杰:《图形组织者在语文阅读教学中的应用》, 载《电脑知识与技术》2011 年第 4 期, 第 952-953、第 963 页。

[15] 徐国辉:《例析图表组织器在中学英语阅读教学中的有效运用》, 载《中小学外语教学》2017 年第 40 期, 第 18 页。

[16] KERZIL, J, VINSONNEAU G. L'interculturel. Principes et réalités à l'école. Paris, SIDES. 2004,109.

[17] HOFSTEDE, G. Culture's consequences, comparing values, behaviors, institutions, and organizations across nations. sage publications, second edition. 11,2003.

[18] 黄林慧、陆薇:《信息技术环境下图表组织器在英语写作教学中的运用》, 载《高教论坛》2014 年第 11 期。

[19] MELISSA D. H, REGAN K S, and EVMENOVA A. A computer-based graphic organizer with embedded self-regulated learning strategies to support student writing. Intervention in school and clinic, 2019:1-10.

(作者单位: 教育学院、外国语学院)

# 新工科背景下微控制器课程设计的教学创新与实践[①]

程卫军　陈文欣

当前，新工科概念已引起工科类专业高校教师的广泛讨论并形成共识。[②] 以前国内高校培养目标多是培养适应社会需求的人才，以就业为导向，培养当下的人才，而新工科代表的是面向未来的技术和经济形态，是引领社会经济发展的人才，培养的是未来人才，高校培养目标定位要由过去“适应服务”转变为“引领支撑”。[③]

同时，随着5G通信网络和技术的逐渐实施和推广，对电子信息类人才的培养也提出了更高要求，需要学生具有在复杂工程背景下解决实际问题的综合处理能力。针对这一要求，不仅要在理论教学环节加强学生主动学习，学会分析问题和解决问题，更要在实践教学环节通过一系列的相关实验和实训来提高学生在电子通信等相关领域复杂工程问题下的设计、研究、分析和测试等综合解决问题的能力。

微控制器课程设计是我院电子信息类专业一门实践类课程，属于实践必修环节，在第三学年上学期开设，是在C语言、数/模电、单片机课程之后的一个综合性实践课程，让学生针对单片机外围功能及其应用进行设计和实现。目的是加深学生对模拟电路、数字电路和单片机知识和概念的理解，从系统的角度加强学生的综合运用能力和软硬件结合的动手能力，

---

① 本文是2019年度教育部产学研合作协同育人项目“新工科背景下电子信息类专业认知课程实践平台建设”和“新工科背景下通信类课程群实验平台建设”及2021年度中央民族大学教改项目“新工科背景下专业工程认知教育与思政教育融合引导的探索与实践——以电子信息类专业为例”的阶段性成果。

② 《“新工科”建设复旦共识》，载《高等工程教育研究》2017年第1期，第16-17页。

③ 古天龙、魏银霞：《以新工科理念推动地方高校建设一流本科教育》，载《中国大学教学》2018年第2期，第32-35页。

提高学生的逻辑思维能力和创新意识。[①] 这门课自 2010 年开设以来，已经历了 10 年的实践和探索，由最初的 0.5 学分改为 1 学分，18 课时改为 36 课时，在教学内容、教学方式和教学考核等方面紧跟电子信息技术的发展不断与时俱进，下面将针对这些方面进行探讨。

## 一、教学内容的改革与创新

我们针对本课程设计规划了三个实践环节，即理论学习、基本功能设计和综合功能设计。[②] 目前的改变主要表现为缩短了前两个环节的实施时间，对综合设计环节则提出了更高的要求。其创新表现如下。

### （一）在课设题目设置方面引入智能物联的功能要求

随着 5G 应用的不断推进，万物互联将进一步改变人们的生活方式和习惯，如今关于智能物联的应用创新层出不穷。在传统设置的题目中大多采用本地数据采集、处理和控制，如智能交通灯和智能万年历等，而目前需要增加无线传输实现远程的采集、处理和控制，以及友好的人机接口，如利用 RFID、蓝牙、WiFi 或红外遥控等模块实现短距离无线传输，利用 4G/5G、北斗短报文、LoRa 等实现远距离的无线传输。在 2019 年秋季学期开展了以智能校园为主题的设计活动。图 1 是 2017 级通信班同学设计并实现的校园智能瓶类收集箱功能图。该设计采用 Arduino 控制器实现了不同瓶类的识别、计数和报警等功能，然后通过校园 WiFi 把数据传输到远端服务器，用户可通过手机 App 获知查询投放的瓶类个数，并可得到相应的积分。图 2 是 2017 级通信班同学基于 STM32 设计并实现的校园智能路灯功能图。该设计可根据人流量和时间实现灯光的智能调节、曲面屏可实现广告和紧急通知的投放，还具有一键报警功能，维修部门通过手机 App 获知路灯的实时状态。在 2020 年秋季学期开展了以智能家居为主题的设计活动，如智能座椅、智能水龙头、智能养花小助手、智能水杯和智能窗帘、智能医药箱等题目。

### （二）引入作品设计产品化的要求

任何智能物联产品的出现都要经过用户的体验和评价，一个好的产品

---

① 程卫军：《微处理器系统课程设计实践教学的设计与探讨》，载《北京邮电大学学报》（社会科学版）2016 年第 8 期增刊，第 88-91 页。

② 程卫军：《微处理器系统课程设计实践教学的设计与探讨》，载《北京邮电大学学报》（社会科学版）2016 年第 8 期增刊，第 88-91 页。

更要经得起市场的考验，设计的作品要来自于生活实际并服务于生活。因此，在市场调研、题目确立和方案设计中，同学们要扮演一个开发工程师的角色，必须从实际需求出发，要从企业或公司的角度、用户的角度综合考虑作品的实用性、便利性和优良的性价比等因素。在实施过程中，小组成员以项目团队的方式一方面要团队协作，缜密分工，各司其职，一方面要进行阶段性讨论，对项目进展和存在的问题进行总结，做好技术文档的整理和撰写，形成一个标准的产品化流程。在作品验收阶段，其他组成员作为用户要对作品做出用户评价。

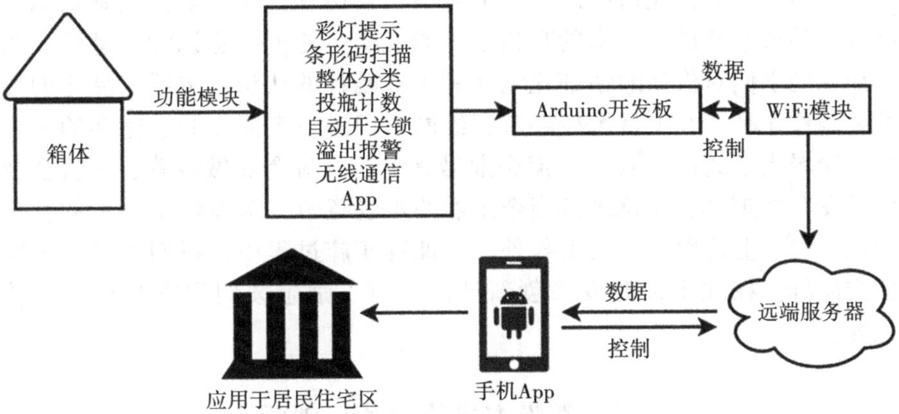


图 1　校园智能瓶类收集箱功能图

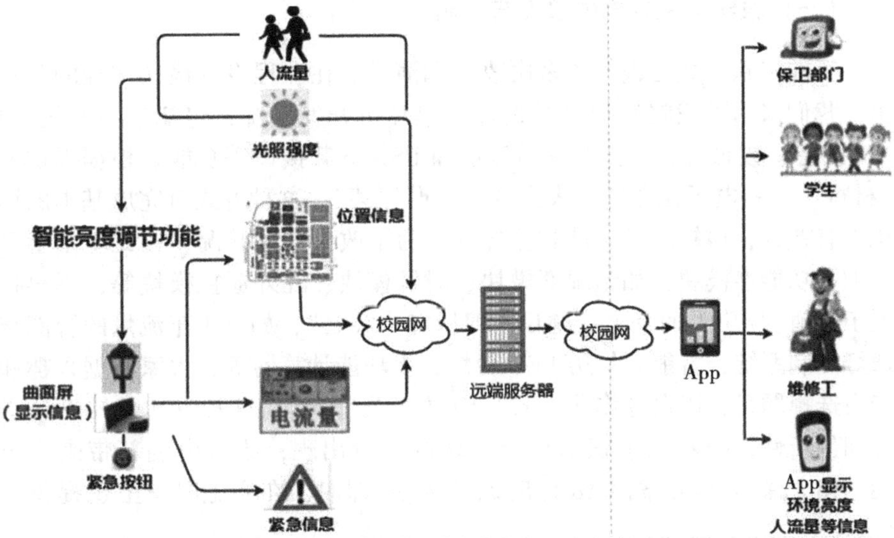


图 2　校园智能路灯功能图

### （三）加强了思政教育的引导

当前，课程思政教育是引导当代大学生树立正确的世界观、人生观和价值观的一个有效措施，对于工学专业的学生，培养其科学精神、科学思维和工匠精神等尤为重要，树立学生履行新时代赋予的使命担当，激起学生科技报国的理想情怀。因此，本课程在理论学习环节，引入了国内的科技创新实例，如华为“5G”创新、大疆“无人机”等。在项目实施环节，针对使用的美科电子积木智能模块和测量仪器 Rigol 示波器等设备，给同学们讲述这些产品的诞生与创业历程，让同学们正确认识产品开发的艰辛和成功带来的自信心，激发学生的创新意识和主动性。为了加深同学们对作品的精细化制作和工匠精神的认识，按照产品化的要求去制作作品，在项目考核环节，给同学们讲述产品专利、标准的重要性，诠释当今通信领域“一流企业做标准、二流企业做运营、三流企业做研发”的道理，正确理解当今激烈的市场竞争，培养学生将来的竞争意识。除了上述面对面的引导外，在课程实施过程中，我们还建立了微信交流群，在线上适时发布创新产品案例、励志案例和本学科专家传记等。

## 二、教学方式的改革与创新

### （一）教学实施方式的改变与创新

目前实施方式已进行了多次改革和演进。在课程设计最初实施的几年里，我们采用了我院教师自行设计的单片机开发系统，包括最小系统、4 * 4 按键、数码管、字符型液晶显示和 USB 下载接口等功能。根据提供的“材料”——电子元器件，大家共做一道“菜”。这种方式对完成基本的训练很有益处，但缺乏扩展性和差异性。为了改善这种状况，在此基础上又增加了功能性模块，如温湿度模块、时钟模块、红外遥控模块等，不再拘泥于一道“菜”，而是给定题目，即指定“菜名”，如基于车流量的智能交通灯控制系统、智能万年历 LED 台灯、多功能计算器等，大家根据兴趣和能力选择题目，以命题作业方式分组做“菜”。然而这种方式仍缺乏灵活性和创新性，随着电子积木功能模块的大量出现，给自由创新带来了可能，18 版新培养方案由 18 课时调整为 36 课时，在实施时间上也提供了保障。

为此，我们给学生准备了大量的原材料，即多种单片机开发板和多种外围输入输出模块，让同学们根据原材料自拟题目进行方案设计。在数据采集方面，给学生提供了包括温湿度、光强、声音、超声波、人体红外、心率、气压、酒精、电流和电压，各种气体和烟雾等几十种传感器模块，这些模块具有简单的模拟或数字接口和标准的5V或3.3V电压；在控制平台方面，主要有Arduino、STC单片机、STM32单片机和嵌入式开发板等，具有丰富外围功能接口；在无线传输方面，包括蓝牙、WiFi、红外遥控、4G/5G、RFID、GPS/北斗、LoRa等各种无线通信模块；在人机接口方面，有数码管、字符或文字型液晶屏、触摸屏、全彩点阵屏和多彩LED、触摸按键和按键阵列等，其他方面包括各种接口电路和功能模块，如USB转232、232转485等，继电器模块、各种小型舵机等。

指定题目和自拟题目这两种实施方式就如食堂大师傅炒菜一样，一个是指定“菜名”，按要求做“菜”，一个是提供原材料（萝卜、白菜、土豆等），按师傅的特长做“菜”。另外，目前智能物联已进入我们的生活，改变了我们的生活方式。本课程设计提出在自由做“菜”的基础上，要做出“新菜”，也就是说课程设计要有创新有突破，要结合电子通信专业的特色，做到集数据采集、处理，无线传输和控制于一体，如图1和图2展示的作品。这样基本电子积木模块加上我们的大脑就可以创新出各种各样的智能产品，就如各种各样的菜品经过大厨师的煎炒烹炸做出“满汉全席”一样。

### （二）与学科竞赛相结合，以赛促学

随着智能物联应用的不断推进，面向大学生的物联网应用学科竞赛提供了一个高校间的创新竞技平台。为了激发学生的学习兴趣、积极性和潜能，我们参加了2019年华北五省及港澳台计算机应用大赛，在移动互联智能硬件感知与控制方向上提交我们的课程设计作品，五个作品全部获奖。其中，两个作品获得北京市二等奖；三个作品获得北京市三等奖；一个优秀组织奖。让学生获得了成就感和荣誉感，同时也提升了我校在物联网创新应用方面的影响力和知名度。图3是同学们进行作品制作时的场景。

图 3 学生在积极地进行作品制作

### （三）线上线下互动

随着微信等即时通信软件的应用，教师和学生的部分互动也从线下转到线上，实现了信息的及时互通和分享。除了利用 App 加强思想政治教育的引导外，更多地在群里讨论作品设计中遇到的问题、电路设计和软件编程技巧及一些电路理论和基本学科知识的别样理解，如阻抗测试方法、卷积的幽默本质、麦克斯韦到底有多牛等文献，科技前沿领域发展趋势，如深度学习、6G 和毫米波等新知识及新概念。

## 三、考核方式的设计与完善

在考核方式上，除了多重考核和加大过程考核外，我们还增加了分组间的相互评价和组内成员的自我评价，在作品展示和答辩期间，鼓励其他组成员对其提出质疑和建议等方式。尽管这些评价仅占有很少部分的成绩，但体现了对作品存在的不足和问题有一个正确的认识，对提高作品的质量很有帮助。

## 四、教学成果与展示

经过近 10 年的教学实践，教学内容不断丰富，教学措施因势而新，考核方式正趋于完善，教学效果显著。学生的积极性和主动性空前提高，充分发挥了他们的自由创新能力，深度挖掘了自身潜能，主要体现在作品的完整性和创新性等方面。2016 级同学的避障小车（图 4）、室内空气质量检测仪（图 5）等；2017 级同学的智能瓶类收集箱（图 1）、校园智能路灯（图 2）、校园旧书收集屋（图 6）等；2018 级同学的智能水龙头、智能水杯罩、智能垃圾桶等。

图 4　避障小车

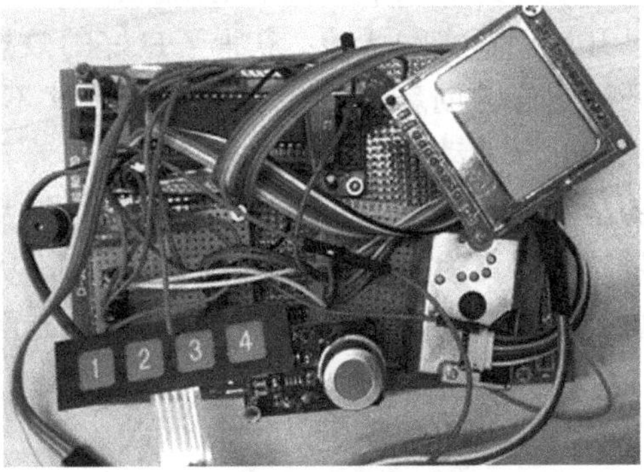


图 5　室内空气质量检测仪

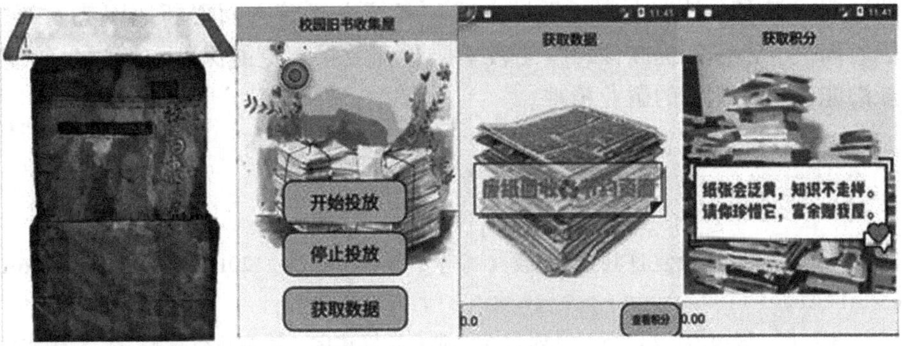


图 6　校园旧书收集屋

## 五、存在的问题与改进措施

尽管本课程设计经过10年的探索和不断的与时俱进，取得了不错的成绩和实践效果，但也面临新的问题，亟待改进。首先，原材料库的建设，即各种电子积木模块的购置，模块的消耗和损坏也比较大，需要投入较大的资金和时间去维护。其次，随着学生数量的增加，学生作品数量也在增加，一个指导老师很难完成多组同学的指导，尤其有些作品需要更专业的教师指导，因此除了增加资金和时间投入外，宜组建一个指导教师团队，构建一个实践平台或创新基地。

另外为了更早激发学生创新意识和专业兴趣，部分高校在大一新生中已开展创新实践活动，获得了良好的效果。在我校电子信息类大一新生中开展这样的创新活动也是可行的，这不仅培养学生对专业产生直观的认识，并激发动手实践的兴趣，进而培养正确的价值观。这个阶段有利于培养学生的专业兴趣和自学能力，建立终身学习和团队合作的意识，为全面发展打下更为坚实的基础。① 因此，若从大学一年级着手培养，对电子信息类学生在嵌入式技术一条线的培养方面更具积极意义。

## 六、结　论

微控制器课程设计是一门实践性专业课程，有益于培养学生的动手实践和创新能力，以及在复杂工程背景下解决实际问题的综合处理能力。实践证明，只有在教学内容、教学方式和考核方式等方面不断地因势而新，因时而进，不仅能提高该课程的教学质量和效果，更能深度挖掘学生的创新潜能和培育他们的敬业精神。

## 参考文献

[1]《“新工科”建设复旦共识》，载《高等工程教育研究》2017年第1期，第16-17页。

[2] 古天龙、魏银霞：《以新工科理念推动地方高校建设一流本科教育》，载《中国大

① 纪阳、吴振宇、尹长川：《新生工程教育问题与引导方式创新》，载《高等工程教育研究》2018年第4期，第61-66页。

学教学》2018 年第 2 期，第 32-35 页。
[3] 程卫军：《微处理器系统课程设计实践教学的设计与探讨》，载《北京邮电大学学报》（社会科学版）2016 年第 8 期增刊，第 88-91 页。
[4] 纪阳、吴振宇、尹长川：《新生工程教育问题与引导方式创新》，载《高等工程教育研究》2018 年第 4 期，第 61-66 页。

（作者单位：信息工程学院）

# 基于软件质量的非计算机专业程序设计课程的教学改革研究①

王志娟　王淑琴　孙　媛　赵小兵

程序设计是给出解决特定问题程序的过程，是软件构造活动中的重要组成部分，往往以某种程序设计语言为工具，给出这种语言下、实现特定的功能的一系列指令代码。

程序设计不仅是计算机专业的核心课程，也是非计算机理工科专业（以下简称“非计算机专业”）的专业必修课。该课程的学习，可为非计算机专业学生今后开发本专业相关的软件、硬件程序奠定程序设计基础。

相对于计算机专业较为完整、系统的程序设计课程体系，非计算机专业的程序设计课程存在相关课程少、学时短等特点。而对于非计算机专业的学生而言，他们后续的课程学习、毕业设计等环节对于程序设计的需求同样较高，如何在现有的课程体系和有限的学时条件下提高非计算机专业学生的程序设计能力是本文重点研究的内容。本文首先分析非计算机专业程序设计课程的现状，然后梳理目前程序设计课程的教学改革研究现状，在第三部分重点介绍基于软件质量的非计算机专业程序设计课程的教学改革方案，最后给出结论。

## 一、非计算机专业的程序设计课程现状

经前期调研，目前非计算机专业的程序设计课程现状如下。

### （一）基于 C 语言学习结构化程序设计方法

程序设计方法分为结构化程序设计和面向对象程序设计两种方法，计

① 本文是 2021—2022 年度中央民族大学“一流本科课程”建设项目“自然语言处理”（KC2117）的阶段性成果。

算机专业通常在必修课环节基于 C 语言学习结构化程序设计，基于 C++、Java 或者 Python 学习面向对象的程序设计；由于非计算机专业有关程序设计的课程学时少，并且电子、通信、自动化等非计算机专业在后续专业课程学习中还会涉及单片机、DSP 等相关的硬件程序设计，因此非计算机专业通常基于既可以开发应用软件又可以开发系统软件的 C 语言学习结构化程序设计方法，然后在后续选修课环节基于 C++、Java 或者 Python 学习面向对象程序设计。

### （二）学生学习该课程的难度较大

非计算机专业学生在基于 C 语言学习程序设计方法的时候感觉学习难度较大，经前期调研，发现困难主要存在两个方面。

一是由于没有先修课程介绍计算机组成、二进制等基本概念，学生在遇到 C 语言的数据类型、整数除法等时通常根据自己以往的知识处理问题，进而在编程实现时犯一些简单的语法错误，而他们的疑问通常是：思路都是对的，为什么结果不对呢？

二是由于没有相关课程体系的引导，学生在学习时将 C 语言的学习和程序设计等同起来，一些学生存在重 C 语言语法学习、轻程序设计方法学习的情况；一些学生虽然能够熟练设计、实现一些典型编程任务，但是遇到新的、没有见过的任务时，常常感到无从下手。

### （三）学生的程序质量有待提高

一些非计算机专业的学生在编程完成后，经常发现以下问题：设计有遗漏，程序时而好使时而不好使，调试程序、修改错误需要花费大量时间，无法保证设计的程序完全符合要求，感觉测试工作无穷无尽。

导致以上问题的主要原因是非计算机专业的学生没有学习过软件工程、需求分析、软件测试等内容，对程序的整个开发流程不是很了解，他们往往将主要精力放在编码阶段，编码实现前没有进行需求分析或者分析不到位，对设计的模块之间的相互关系不是很明确，测试用例的设计通常基于自己的经验，因此非计算机专业学生的程序质量有待提高。

## 二、程序设计课程的教学改革研究现状

目前有关程序设计课程的教学改革论文无论题目中是否强调非计算机专业，其研究重点主要有以下方面。

### （一）关注教学方式的改革

随着计算机网络、远程教学等技术的推广及众多优秀教学资源的网络化，一些文献介绍了线上与线下教学的有机结合及 MOOC 等优秀网络学习资源的利用。① 这些文献重点介绍了如何将传统面授教学与网络教学进行有机结合、如何通过多媒体网络教学平台，进行线上与线下的结合教学及如何利用多样化的教学资源开展翻转课堂，达到较好的教学效果。

### （二）基于计算思维训练的教学改革

如何培养学生的计算思维能力是程序设计课程的重点，一些文献②提出将计算思维能力培养引入程序设计课程中来，并从教学内容、教学方法、上机实践和考核方式等方面介绍如何培养学生计算思维能力和程序设计实践动手能力。

### （三）基于案例加强实践教学环节

程序设计是一门实践性非常强的课程，如何基于案例及如何加强实践环节也是一些论文重点研究的方面。张长海等③提出以“程序设计”为主线、以“案例”为驱动的程序设计教学改革，伞宏力等④提出“以案例式教学为主，进行理论知识教学”及“加强上机实践环节”的教学改革理

① 鱼涛、尤建清、王遵刚：《C 语言程序设计教学研究之混合式教学》，载《高教学刊》2019 年第 4 期，第 103-105 页。张丽华、叶利华：《基于微课程的 C 语言程序设计教学改革探索》，载《计算机教育》2014 年第 6 期，第 48-49 页。韩庆龙、李瑛、吕洁：《混合教学模式下的程序设计课程 MOOC 建设》，载《计算机教育》2017 年第 4 期，第 58-60 页。

② 文海英、陈友明、吕兰兰：《基于计算思维能力培养的“C 语言程序设计”教学方法探索》，载《电脑知识与技术》2013 年第 32 期，第 7291-7293 页。李文生、吴舜歆：《面向计算思维能力培养的程序设计课程》，载《计算机教育》2014 年第 3 期，第 57-60、第 69 页。王会婷、何兰：《面向计算创造性思维能力培养的“C 语言程序设计”课程教学改革》，载《软件工程》2019 年第 7 期，第 57-59 页。徐利军、冯国富、葛艳等：《面向计算思维能力培养的程序设计课程教学方法探索》，载《教育教学论坛》2017 年第 17 期，第 132-133 页。杨静、王浩、方宝富等：《程序设计课程教学改革探讨》，载《吉林大学学报》（信息科学版）2005 年第 S2 期，第 7-10 页。杨颖、曹红兵、王诗兵等：《基于 MOOC 的 C 语言程序设计课程混合式教学探究》，载《阜阳师范学院学报》（自然科学版）2015 年第 4 期，第 116-121 页。

③ 张长海、陈娟：《以“程序设计”为主线、以“案例”为驱动的程序设计教学改革》，载《计算机教育》2008 年第 8 期，第 141-144 页。

④ 伞宏力：《电子信息工程专业 C 语言程序设计课程教学改革建议》，载《教育教学论坛》2019 年第 4 期，第 136-137 页。

念；莫玲等[①]提出“激发学生的学习热情，培养学生兴趣和自信心”“改进传统的教学方式”“重视实践内容的教学”等内容的教学改革。

综上所述，目前计算机专业和非计算机专业有关程序设计课程的教学改革主要集中在教学方式、计算思维、实践环节等方面开展。

## 三、基于软件质量保证的程序设计教学改革

基于以上的问题，结合非计算机专业的特点，本文提出了针对非计算机专业的程序设计课程的改革方案，本方案主要包括以下内容。

### （一）以瀑布模型介绍软件开发模型

图 1 所示的瀑布模型（Waterfall Model）是一种简单、应用广泛的软件开发模型，学生通过该模型的学习可以深刻认识到整个程序开发过程中编码仅仅是一部分，影响软件质量的还有需求分析、设计（概要设计、详细设计）和测试环节。假如在编程实现之前不进行需求分析和设计、直接进行编码或者边设计边编码都可能导致软件质量无法得到保证、测试修改需要花费较多人力和时间成本。

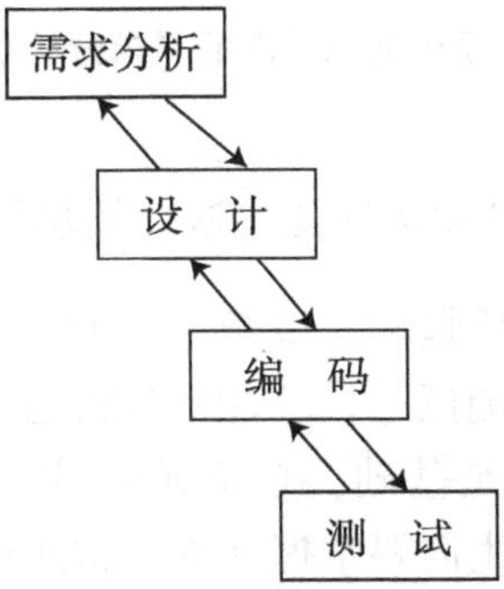


**图 1　瀑布式开发模型**

### （二）基于数据流图介绍结构化的需求分析方法

非计算机专业学生在进行程序设计时通常采用程序流程图阐述设计思

① 莫玲、姚屏：《非计算机专业 C 语言教学方法探讨》，载《教育教学论坛》2019 年第 8 期，第 191-192 页。

路，无法满足较为复杂的设计要求，结合非计算机专业学生基于 C 语言进行结构化程序设计，因此有必要让学生学习并掌握结构化需求分析方法——数据流图（Data Flow Diagram，DFD）。图 2 所显示的数据流图，通过逐层描述系统由哪些部分组成、各部分之间有什么联系等，可以清楚描述结构化设计中的各个模块及模块之间的关系，清晰化设计思路的同时，也便于后续的设计、编码和测试。

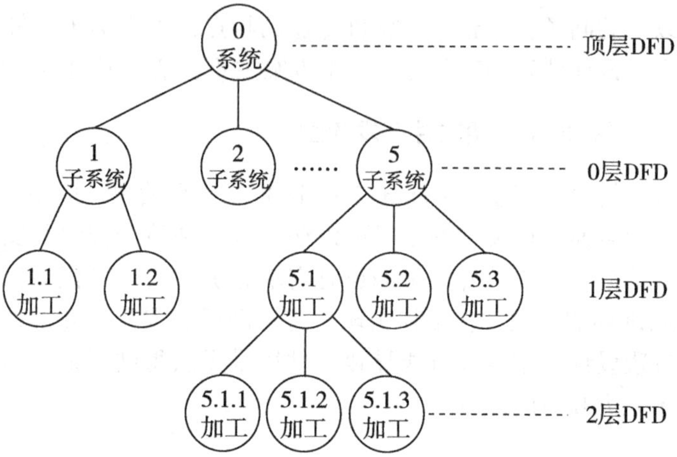


图 2　基于数据流图的需求分析示意图

### （三）基于等价类划分和边界值方法介绍功能测试方法

软件测试是保证软件质量的重要环节，软件测试类型有单元测试、集成测试、系统测试、验收测试等。功能测试和性能测试是软件测试的两个主要方面。其中功能测试是基础，是单元测试、系统测试等的必测内容。因此，非计算机专业的学生需要掌握基本、常用的功能测试方法。

设计功能测试用例的方法有等价类划分、边界值、决策表、因果图等，建议学生掌握等价类划分和边界值测试方法，并在此基础上根据经验进一步补充测试例。

下面以 NextDay 任务（输入一个日期，给出这个日期的下一天）说明基于等价类划分的测试用例设计方法。根据任务涉及的三个输入年、月、日可以按表 1 的方式设计对应的有效等价类和无效等价类。

**表 1　NextDay 任务的等价类表**

| 输入条件 | 有效等价类 | 编号 | 无效等价类 | 编号 |
|---|---|---|---|---|
| 日 | D1＝｛day：1≤day≤27｝ | 1 | D6＝｛day：day<1｝ | 12 |
| | D2＝｛day：day＝28｝ | 2 | D7＝｛day：day>31｝ | 13 |
| | D3＝｛day：day＝29｝ | 3 | | |
| | D4＝｛day：day＝30｝ | 4 | | |
| | D5＝｛day：day＝31｝ | 5 | | |
| 月 | M1＝｛month：month 有 30 天｝ | 6 | M5＝｛month<1｝ | 14 |
| | M2＝｛month：month 有 31 天，除去 12 月｝ | 7 | | |
| | M3＝｛month：month 是 2 月｝ | 8 | M6＝｛month>12｝ | 15 |
| | M4＝｛month：month 是 12 月｝ | 9 | | |
| 年 | Y1＝｛year：year 是闰年｝ | 10 | Y1＝｛year：year<0｝ | 16 |
| | Y2＝｛year：year 不是闰年｝ | 11 | | |

在基于等价类划分设计测试用例的时候，针对有效等价类的测试用例要尽可能多地覆盖有效等价类，而针对无效等价类的测试用例每次仅覆盖一个无效等价类。表 2 是根据表 1 设计的测试用例。其中，针对有效等价类的测试用例有七个，针对无效等价类的测试用例有五个，我们还可以根据经验补充三个测试用例（不可能的日期）。

**表 2　NextDay 的测试用例**

| No. | 输入 | 期望的输出 | 等价类覆盖情况 | 说明 |
|---|---|---|---|---|
| 1 | 2019. 6. 15 | 2019. 6. 17 | 1、6、11 | 针对有效等价类的测试用例 |
| 2 | 2020. 2. 28 | 2020. 2. 29 | 2、8、10 | |
| 3 | 2019. 2. 28 | 2019. 3. 1 | 2、8、11 | |
| 4 | 2020. 2. 29 | 2020. 3. 1 | 3、8、10 | |
| 5 | 2020. 4. 30 | 2020. 5. 1 | 4、6、10 | |
| 6 | 2019. 5. 31 | 2019. 6. 1 | 5、7、11 | |
| 7 | 2020. 12. 31 | 2021. 1. 1 | 5、9、10 | |

续表

| No. | 输入 | 期望的输出 | 等价类覆盖情况 | 说明 |
| --- | --- | --- | --- | --- |
| 8 | 1000. 1. 0 | 错误的日期 | 12 | 针对无效等价类的测试用例 |
| 9 | 2019. 12. 32 | | 13 | |
| 10 | 2017. 0. 5 | 错误的月 | 14 | |
| 11 | 2016. 13. 7 | | 15 | |
| 12 | -100. 1. 1 | 错误的年 | 16 | |
| 13 | 2020. 4. 31 | 不可能的日期 | — | 根据经验设计的测试用例 |
| 14 | 2020. 2. 30 | | | |
| 15 | 2019. 2. 29 | | | |

前期的教学实践发现，很多同学通过科学、充分的测试可以发现自己设计程序中的问题，并且学生对于非法及不合理输入的处理必要性等有了深入的认识。

### （四）教学内容、学时分配、教学方法的调整

以上介绍的基于软件质量的非计算机专业程序设计课程与传统的教学内容相比，增加了结构化需求分析和基于等价类和边界值的测试用例设计等内容。为了不增加课程的总学时，建议按以下方案进行学时分配，即利用优秀的网络资源让学生通过网络进行自学，建议课程最后基于一个案例从需求分析、概要设计、详细设计、编码实现、测试等方面给学生介绍一个较为复杂的结构化程序设计流程，如表 3 所示。

**表 3　基于软件质量的非计算机专业程序设计课程的教学内容、教学方式及学时分配**

| 教学内容 | 教学方式 | 学时 |
| --- | --- | --- |
| C 语言程序设计 | 面授+网络自学 | 30 |
| 需求分析 | 面授 | 2 |
| 软件测试 | 面授 | 2 |
| 案例设计 | 面授 | 2 |
| 共计 | 36 | |

## 四、结　语

程序设计是非计算机专业的一门专业必修课，该课程为非计算机专业学生后续的软件、硬件设计奠定了结构化程序设计基础，鉴于非计算机专业的程序设计存在课时少、相关课程缺乏等情况，在改进传统教学方式、鼓励学生通过网络学习优秀教学资源的同时，将影响软件质量的结构化需求分析和常用的功能测试方法引入本课程中，进而让非计算机专业学生对整个程序设计流程、结构化需求分析方法、基本的软件测试方法有较为全面、深入的认识，进而提高非计算机专业学生的程序设计能力，保证程序质量。

（作者单位：信息工程学院）

# 人工智能背景下理科运筹学课程教学探索与实践

郑 嘉

当前，人工智能迅猛发展，应用已经渗透到社会生产、生活的各个领域，人们的生产生活方式也相应产生了重大变革。本质上，人工智能领域通过训练集确定模型和参数的过程，通常都是求一个损失函数或能量函数在一定约束条件下的最小值的过程，最终也就归结为运筹优化问题。运筹学是运用数学方法研究工程、经济、管理等领域问题进行最优决策的交叉科学。学习运筹学课程的目标是使学生掌握整体优化的思想和构建优化模型的基本思路，掌握定量分析的优化技术，培养和优化科学思维、方法和创新能力。

## 一、学情分析及存在的问题

理学院运筹学课程是面向信息与计算科学、统计学、应用统计学、信息与计算科学民族实验班四个专业的专业课，历年各专业选修人数均在95%以上，平均分均为80分左右，课程具有良好的口碑，是学生心目中的“金课”。运筹学课程为各专业学生参加各级数学建模竞赛、大学生创新创业项目等提供了直接的知识技能库，同时也为多数学生毕业后继续深造及就业提供了选择支撑。运筹学课程是各专业“重实际”的体现，是培养各专业创新型、复合型人才的核心课程。

理学院运筹学课程面向对象为经过数学分析、高等代数、解析几何、概率论与数理统计等数学专业训练的高年级（一般为三年级）学生，具有扎实的数理基础。除了本课程必要的数学基础训练外，学生还学习了数学建模课程，约四分之三的同学参加了各类数学建模竞赛、大学生创新实践项目、大学生市场调查大赛等。这些课程和竞赛实践活动使得同学们已经掌握了提出问题、建立模型、设计算法、解决问题的工作模式，因此学生均具有一定的基础。

运筹学课程在各专业人才培养方面发挥了重要作用，也取得了一定成效，但在不断步入人工智能时代的进程中也出现了一些亟待解决的问题。

### （一）课程内容缺乏前沿性与时代性

近年来，信息与计算科学专业、统计学专业、应用统计专业学生由于具有较扎实的数理基础，也经历了计算机能力训练，在就业和继续深造选择时有较大比例选择了人工智能方向，运筹学学科在其中确实发挥了重要的底层引擎作用。但反观运筹学课程内容仍以经典的线性优化、运输问题、排队论、决策论等机械优化内容为主，而对于启发式搜索算法和支持向量机等智能优化和大数据优化内容并未涉及。这既不利于学生职业发展，也成为学生科研道路上的障碍。因此，应将相关学术研究前沿成果、具有时代特征的科技应用引入运筹学课程中。

### （二）课程实践环节缺乏高阶性和挑战性

目前运筹学课程的实践教学环节实施主要是在学校机房完成的，由教师围绕本章节的模型、算法设置一些小型应用题，让学生在计算机完成程序编制与调试并给出计算结果，形成实验报告，同学们均能较好地完成。但这种实践教学过程注重学生对知识的理解，不利于帮助学生完成从理论到实践应用的知识内化过程。通过对 2016—2019 届毕业生访谈发现，运筹学课程所学知识确实在实际工作中有着广泛的应用，如网络路由器路径分配方案、首都机场地勤调配工作、12306 网站恶意抢票拦截工作等；但在实际工作中，学生面对问题背景稍微复杂时便不能辨识问题关键，不能将所学知识和技能转化为实际问题的解决方案。因此，运筹学课程在培养学生解决复杂问题的综合能力和高级思维方面还很欠缺，应加强课程实践环节的高阶性和挑战度。

随着人工智能领域的飞速发展和在生产生活中的普遍应用，传统的运筹学课程教学已经不能满足人工智能时代的需要。因此，综合考虑本课程的客观现状及面向理科专业的学生特点，立足经济社会发展需求和人才培养目标，优化重构运筹学课程教学内容与课程体系，强化实践环节，建设优质的理工科运筹学课程，这对提高学生升学率和就业率具有直接促进作用，对提高学生实践能力和创新能力，培养应用型、复合型、创新型人才具有重要意义。

## 二、优化课程教学内容，突出人工智能背景下的创新性与实践性

从前沿性、学情分析、学生多级发展需求等角度对课程内容进行优化设计，重点突出人工智能时代课程内容的创新性与实践性。

### （一）剖析运筹学经典算法在人工智能领域的应用路径

运筹学课程中众多经典算法在人工智能上有极其重要的应用。如分支定界法是一种求解整数规划问题的最常用算法。在传统运筹学课程中以整数线性规划问题为背景讲授，这使得学生先入为主地认为分支定界法只是在解决线性规划问题添加整数约束时可以发挥作用，而实际上分支定界法的“分枝、确界、剪枝”的基本思想正是人工智能领域知情搜索中“统计代价搜索”的灵魂。又如，传统运筹学课程中决策树算法是决策论中处理序贯决策问题的重要方法，但决策树更重要的应用是在人工智能机器学习中进行分类。类似这种“旧酒装新瓶”的内容在运筹学课程中有很多，在人工智能大背景下，在教学中剖析传统算法的新应用，建立知识与应用之间的索引，使学生在后续研究及应用中能得心应手。

### （二）增加人工智能领域科技前沿性与时代性课程内容

课程内容增加有关人工智能、大数据科技前沿成果，具体包括启发式搜索（遗传算法）、支持向量机（有约束二次规划问题）、神经网络（无约束优化问题）等内容；这部分内容以算法训练和实际应用为主，结合文献综述、汇报等方式促进知识的内化。

### （三）以学情分析为基础系统整合

根据以往教学过程发现，课程部分章节的部分内容与已开设课程之间重叠或相似。如离散数学课程中“欧拉图”与本课程中的“中国邮递员问题”，数学建模课程中“线性规划”与本课程中的“线性规划”。因此，对相应教学内容进行删减，这也为增加人工智能相关教学内容提供课时条件。通过调研相应课程的教学大纲，访谈相应任课教师的教学计划，并结合学生对相应内容的掌握情况，对课程内容进行优化重构。

## 三、丰富课程教学资源，为学生自主实践学习提供载体

### （一）微视频库建设

从学生获取知识的角度出发，建设可视化教学资源，包括两个方面。

一是针对课程教学的重点、难点及特点，对课程知识点、算法、案例自主开发微课视频资源，鼓励学生自主学习，提高碎片化时间学习效率，针对一个知识点、一个算法、一个案例等制作微课，微课内容要求相对独立，时长控制在10~15分钟。

二是围绕课程内容收集优质前沿讲座、技术应用图片、音频、视频等，开阔学生视野，激发学习兴趣；收集MIT等国内外著名高校、百度、华为等企业与课程内容密切相关的科技前沿讲座视频、图片、音频等资源。

### （二）分层案例库建设

从提高学生实践创新能力角度出发，在以往案例教学积累的基础上，以场景真实、算法典型、内容与时俱进为原则，建立适用于理解知识点、算法应用、综合应用的多层次案例库，在学生自主案例分析的过程中，培养其解决复杂问题的综合能力和思维方法。

分层案例库是训练学生创新实践能力的重要载体。围绕课程教学内容，通过收集大量国内外优秀教材及教辅材料、各级各类数学建模竞赛题目、创新能力训练项目、实际工程、经济、管理问题等，建立分层案例库。具体包括如下方面。

（1）知识点案例：小型案例，旨在说明和理解运筹学教学内容的具体算法过程，供例题或者学生复习使用。

（2）应用案例：中型案例，背景简单，一般仅涉及一个算法、模型，旨在说明模型可应用的范围和领域，注意同一模型应用场景的多样性，如最大流算法应用于交通流量设计、人员安排、图像分割问题等多个应用背景，促进学生开阔视野，发散学生思维。

（3）综合案例：实际问题案例，场景现实复杂，需要搜寻资料理解问题背景，解决方案不唯一，旨在训练学生解决复杂问题的综合能力和高级思维。如GPS导航、路径规划等交通领域案例，仓储、运输等物流及供应链案例，制造业里的生产流程安排案例，电力领域的电网布局及分配案

例，火车、飞机时刻表安排、车间调度等调度案例，资产配置、风险控制等经济、金融领域案例，人像识别、文本分类等案例。

在丰富教学资源的基础上，将教材内容、课件、课程微视频、多层案例库等多种教学资源进行科学架构，建设超星网络教学平台（学习通），为学生提供可视化、多维立体的教学资源。

## 四、改革课程教学活动，提高学生创新实践能力

以微课、多层案例库为载体，对教、学、评各环节进行改革，体现学生主体地位，建设具有高阶性和挑战性的立体化实践训练模式，使学生逐步提高解决复杂问题的综合实践能力和高级思维能力。

### （一）采用翻转课堂教学模式

当前，新冠肺炎疫情为教育教学活动带来挑战的同时，也为开展线上线下混合教学提供了契机。对于新的学习方式，同学们从陌生到熟悉，从抗拒到喜欢。借此机会，我们依托丰富的可视化学习资源和案例库，灵活运用翻转课堂、案例教学等教学模式，突出了学生主体地位，强调师生互动、生生互动。

课前通过发布微视频（为主）等相关学习资源，使学生进行知识获取；课堂利用知识点案例，针对学生课前知识学习存在的问题进行重点剖析，结合应用案例重点提炼规律、方法等；课后基于综合案例进行创新实践能力训练。

对线上互动平台进行了完善，并利用课程微信群及时有效的特点进行课程相关内容的推送，丰富了答疑、辅导、讨论等活动。

### （二）建立多维评价制度

以往运筹学课程期中、期末均为闭卷笔试，以知识性和结果性评价为主，这既不利于全方位考查学生，也不利于学生能力培养。在新的教学活动中我们以提高能力性及过程性评价占比为导向，加强对学生课堂内外、线上线下学习的评价，以评促学。

我们保留原有闭卷笔试方式考查学生基本技能和应用能力，主要包括对基本概念、理论、算法的理解和掌握，以及初步建模等应用运筹学理论解决实际问题的能力，但比重有所降低，不超过50%；通过分组合作完成实验报告、文献综述、现场答辩等方式，考查学生算法实现及创新实践能

力，要求每组学生一学期编制一个运筹学算法，通过合作解决各类创新实践等实际问题。

## 五、总 结

当前，人工智能蓬勃发展，运筹学课程作为核心专业课必须及时转身，不仅向学生传授运筹学理论知识，更重要的是培养学生的创造性思维能力和解决实际问题的能力。在全新教学质量理念的指引下，以上的教学改革措施在理科运筹学课程的教学实践中取得了一定的效果，有最新科技进展和实际问题为引导的教学使得学生参与学习的积极性明显增强，解决实践问题的能力也逐渐提高，有 3 名 2017 级毕业生参加全美数学建模竞赛荣获一等奖而获得创新保研资格。目前，人工智能背景下运筹学相关教材还很欠缺，这也给学生学习带来了困难，因此今后将不断积累，系统整合运筹学及其在人工智能领域的应用，编写出与专业相适应的新教材，也为其他学校理工科专业学习运筹学课程提供便利。

## 参 考 文 献

[1] 教育部：《教育部关于一流本科课程建设的实施意见》，教高〔2019〕8 号文件。
[2] 运筹教材编写组：《运筹学》，清华大学出版社，2012 年版。

（作者单位：理学院）